《般若心經》滿文譯本析論

鄭 硯 文著

文 史 哲 學 集 成
文史哲出版社印行

國家圖書館出版品預行編目資料

《般若心經》滿文譯本析論 / 鄭硯文著.
-- 初版 -- 臺北市：文史哲出版社, 民 112.01
頁； 公分 --（文史哲學集成；748）
ISBN 978-986-314-627-8（平裝）

1.CST：般若部

221.45 111022277

文史哲學集成 748

《般若心經》滿文譯本析論

著 者：鄭 硯 文
出 版 者：文 史 哲 出 版 社
http:// www.lapen.com.tw
e-mail：lapen@ms74.hinet.net
登記證字號：行政院新聞局版臺業字五三三七號
發 行 人：彭 正 雄
發 行 所：文 史 哲 出 版 社
印 刷 者：文 史 哲 出 版 社
臺北市羅斯福路一段七十二巷四號
郵政劃撥帳號：一六一八〇一七五
電話886-2-23511028 · 傳真886-2-23965656

定價新臺幣五二〇元

二〇二三年（民一一二）元月初版

ISBN 978-986-314-627-8 01748

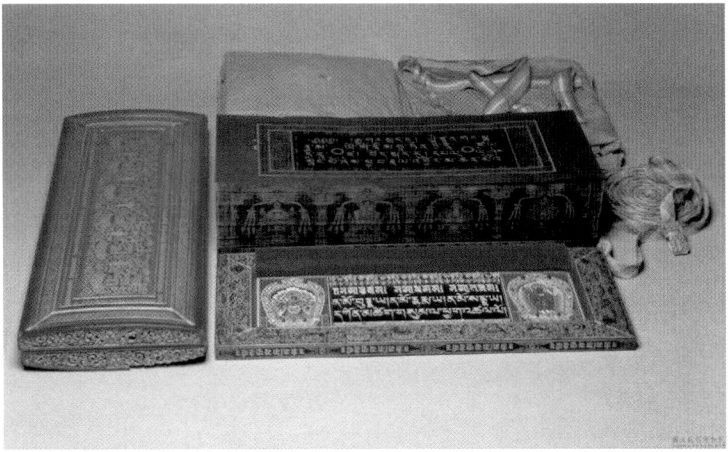

彩色圖版 1　（清）不著撰人《藏文、滿文大藏經》
國立故宮博物院藏

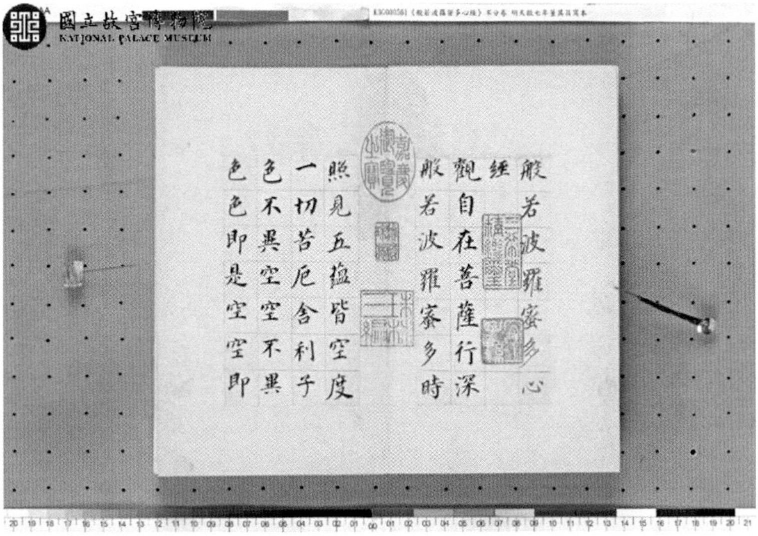

彩色圖版 2　（明）董其昌寫本《般若波羅蜜多心經》（1627）
國立故宮博物院藏

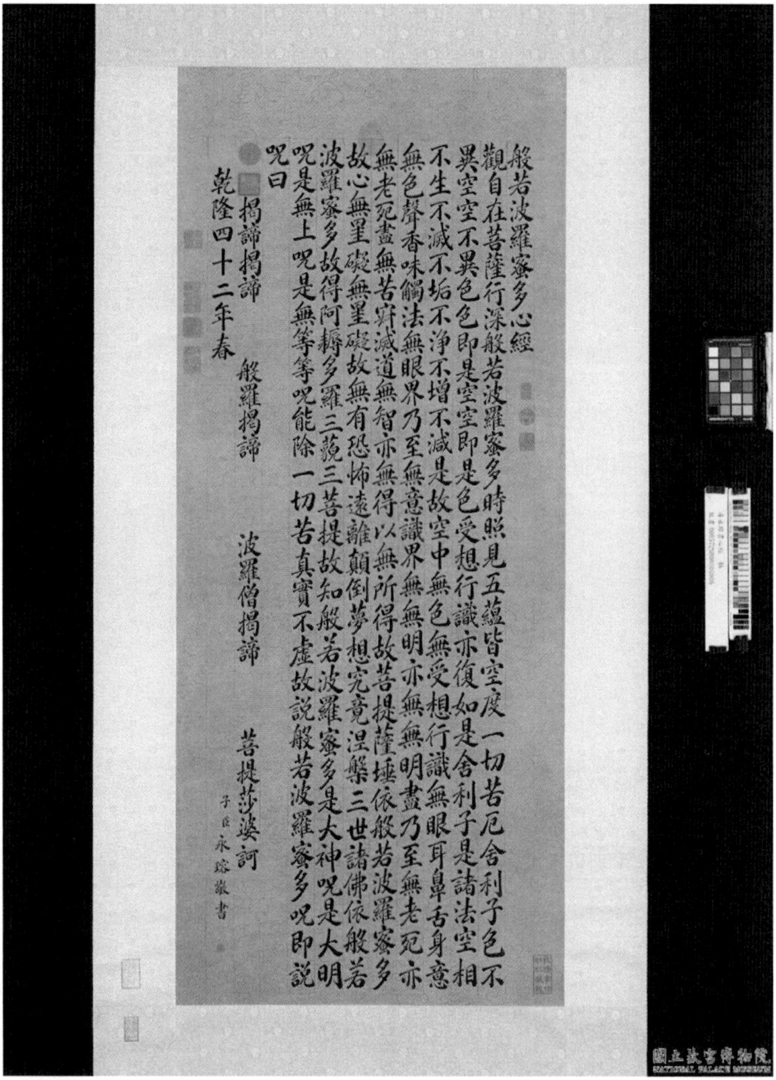

彩色圖版 3　（清）永瑢書《心經》（1777）
國立故宮博物院藏

莊　序

佛教歷經二千餘年的傳佈，久已成為世界性的宗教，佛教經典就是亞洲各民族共同的精神寶藏，對東方語文、思想的保存，影響深遠。有清一代，佛教經典譯成滿蒙藏文者，卷帙非常可觀，在譯經過程中，增加了許多詞彙，對中國少數民族語文的研究，提供了豐富的語文資料。

本書即以滿文《心經》譯本為研究對象，討論滿文佛經繙譯相關議題，選錄文本包括清高宗滿文《大藏經》中收錄的二本《心經》，此二本皆為廣本且內容相近，故一併討論，另一文本為法國國家圖書館典藏之滿漢合璧本，屬略本，皆先以羅馬拼音轉寫滿文，並譯成漢文，再參考多位佛教學者及導師對於《心經》之論述及見解，釐清滿文譯本之經文內容、詞彙繙譯，及中國境內各族語文互譯情形。此外，本書亦參考清代《心經》漢滿譯本，追溯滿文《大藏經》收錄之《心經》底本；同時也擷取不同《心經》滿文譯本中的佛教術語，討論各版本繙譯異同，了解滿文詞彙如何表達佛經教義的原本理蘊，從滿文繙譯的技巧及讀音的差異，也有助於了解清代滿文的發展變化。

鄭硯文同學於 2016 年 9 月來到我在國立臺灣大學開設的滿文課上詢問我可否旁聽，她介紹自己從臺大圖書資訊系畢業後赴美留學，於 2010 年獲得美國賓夕法尼亞大學東亞語言文明研究所博士學位，因為具有圖書館學背景，博士論文主題為宋徽宗與清高宗的皇室藝術收藏目錄，並希望能持續研究藝術目錄與檔案相關議題，尤其對清宮檔案感興趣，希望能學習滿文，了解滿人文化，閱讀滿文文獻，聽聞我在臺大開課，所以前來。我鼓勵鄭同學學好滿文確實對研究有幫助，並且提醒她可以去故宮圖書館看看《活計檔》、《秘殿珠林》、《石渠寶笈》、《國朝宮史》等檔案書籍，對她的研究都有幫助。從此，她便持續來我的滿文班學習，時而詢問她看檔案的疑問，報告她的研究進度，我也會引導她查找相關檔案文獻。

後鄭同學因疫情有段時間未能到課，等疫情緩和復課後，她說疫情期間仍在家自習滿文，並且嘗試研究《心經》滿文譯本，希望最終可以出版，詢問我是否可以給她一些建議，尤其在滿文及佛學方面仍在學習階段，希望我能給予指導。我常在課堂上鼓勵同學們應將研究成果出版，至少能「立言」，因此也勉勵她盡快完成。鄭同學完成書稿後，請我幫忙看看是否達到出版水準，我認為本書細心寫作，內容充實，具有學術價值，對研究滿文、佛學，皆提供珍貴資料，足以出版。文史哲出版社彭雅雲女士詢問我是否能為鄭同學推薦，故作此序，並期勉鄭同學能持續學習滿文，發表研究成果。

莊吉發 二〇二二年十二月

自 序

本書緣起於 2021 年因嚴重特殊傳染性肺炎（COVID-19）疫情在家自習滿文時，偶然在網路上看到法鼓佛教學院（現為法鼓文理學院）製作的《滿文藏經研究資料》網站中，收錄了北京故宮紫禁城出版社（現為故宮出版社）出版的《滿文大藏經》第 52、57、59 函的滿文佛經圖檔，其中第 52 及第 57 函各收錄一本《般若波羅蜜多心經》，再加上在美攻讀博士期間，對於清聖祖及清高宗抄寫《心經》的紀錄印象深刻，便嘗試將二本譯成漢文，後又在法國國家圖書館（Bibliothèque nationale de France）數位館藏（Gallica）中找到另一版本《心經》，其中的「註演」有助於了解經文內涵，故也著手繙譯。然在過程中產生了許多疑問，包括滿文詞彙、經文解讀、使用底本等問題，故開始查找網路及紙本資源、前人研究等，試圖解答疑惑，最終而成。

本書能完成要感謝法鼓文理學院圖書資訊館、佛光山全球資訊網、臺大佛學數位圖書館等機構所提供的網路資源，對於滿文及佛教經典的學習與研究幫助極大。同時也非常感謝財團法人台北市華嚴蓮社人員在成一圖書館閉館時，特別協助取得館藏之複印本，對於本書的研究開展大有啟發。同樣也衷心感謝國立故宮博物院將館藏數位圖像於故宮網站「Open Data 專區」公開，無償提供公眾使用。再者，本書所使用的法國國家圖書館數位館藏圖檔，已取得該機構之出版授權，因本書屬學術著作，得以無償使用，對於法國國家圖書館協助學術研究之發展，並使本書得以順利出版，在此誠摯致謝。

藉此書出版之際要特別向莊吉發教授表達感謝之意，跟隨老師學習滿文已經數年，深深感佩老師在清史研究及滿文教學上的功力與熱誠，本書在撰寫過程中，老師也協助提供了滿文材料及許多意見參考，更從老師的治學態度及研究成果中獲益甚多。老師對於我們的學習一向都是很溫暖地鼓勵與督促，本書若是對於滿文研究進展有所幫助，都要歸功於老師的諄諄教導。同時，萬分感激老師在百忙之中，能為本書推薦，撰寫序言，也期許自己能不負老師期望，持續學習並研究滿文檔案、文獻等議題。

此外，要特別感謝文史哲出版社彭雅雲女士的鼓勵及出版協助，更欽佩彭女士對於學術出版的專業及堅持，並熱心幫助許多如我一般希望能出版成果的研究者。多年前曾至文史哲出版社尋購中國目錄學相關書籍，當時社長彭正雄先生相當熱忱地協助，在得知我在美求學，並希望能朝中國古代目錄及檔案方面研究後，更豪氣地說若是以後有了研究成果就來文史哲出版，這對於一個小小研究生來說，真的是莫大的鼓勵，時至今日仍非常感動。多年過去，同樣是向文史哲購書，彭女士同樣熱心幫忙，同樣勉勵我將研究成果整理出版，從來沒想過能在這麼權威的出版社出版著作，真的由衷感激。並且要對文史哲出版社及二位提供滿文學習教材表達敬意，如此無私地付出與幫助，著實嘉惠了許多滿文學習者。

最後，要感謝父母的栽培以及家人的包容，在外人中，每日從早到晚都坐在書桌電腦前看似無所事事，實際上文史研究工作需要閱讀大量文獻、著作，查找整理各種檔案、資料，並思考、組織論述，其中樂趣，如人飲水，以此機會感謝家人的體諒。另外十分謝謝姪女鄭宇辰的支持，總是笑著聽我叨唸「般若波羅蜜多心」，聽我講述前人研究的成果，和我一起思辨這些論點，分享個人的觀點；同時作為英文母語者，也協助我釐清部分英文資料、文獻、論著等內容，確保我不致誤解或錯漏，並且為我設計了本書封面，在此謝謝她的支持與陪伴。

感謝這趟學習旅程，一路上有這麼多貴人相助。

鄭硯文於臺北
壬寅秋吉日

《般若心經》滿文譯本析論

目　次

莊　序……i
自　序……iii
摘　要……xi
壹、前　言……1
貳、《般若心經》研究概述……11
　　一、版本及譯本研究……17
　　二、注疏及宗派研究……20
　　三、疑偽問題研究……23
　　四、滿文譯本研究……33
參、《般若心經》滿文本書目資料……37
肆、《般若心經》滿文本繙譯……43
　　一、滿藏本繙譯及析論……43
　　二、法圖本繙譯及析論……94
伍、滿藏本使用底本考察……131
陸、滿文諸本比較分析……183
　　一、經題比較分析……183
　　二、經文詞彙比較分析……192
柒、結　語……323

附　錄……327
一、現存《般若心經》滿文本一覽表……327
二、《般若心經》二種數位圖檔……334
（一）滿藏本 52……334
（二）滿藏本 57……337
（三）法圖本……340
三、林光明《心經集成》書目資料……357
（一）《般若心經》漢譯諸本書目資料……357
（二）《般若心經》梵文諸本書目資料……360
四、《御製增訂清文鑑》詞彙釋義……362
參考書目……379
一、工具書及網路資料庫……379
二、檔案文獻……381
三、研究論著……382

圖表目次

彩色圖版 1 （清）不著撰人《藏文、滿文大藏經》……………………… I
彩色圖版 2 （明）董其昌寫本《般若波羅蜜多心經》(1627) ……… I
彩色圖版 3 （清）永瑢書《心經》(1777) ……………………………… II

圖 1 （明）仇英換茶圖文徵明書心經合璧…………………………… 10
圖 2 （清）張照自書《心經》 ………………………………………… 36
圖 3 （明）仇氏杜陵內史畫白衣大士像………………………………130
圖 4 （清）姚文瀚畫釋迦牟尼佛………………………………………182

表 1 清代官方繙譯《大藏經》編刊年代表………………………………5
表 2 滿文《大藏經》目錄所載《心經》二本整理表……………………8
表 3 各家《心經》結構分段簡表……………………………………… 15
表 4 《般若心經》古漢譯本列表……………………………………… 19
表 5 滿文《大藏經》漢滿《心經》經題及《大正藏》編號整理表… 44
表 6 《般若心經》滿文諸譯本研究之經題列表………………………184

摘 要

在東亞佛教信仰中，《般若波羅蜜多心經》為最常被誦持、抄寫的佛教經典之一，也是中外佛教學術界最常探討研究的主題之一，此經可謂體現了「般若」思想的奧義，且較之其他般若經典，全文篇幅甚小，故廣為流傳，並譯成多種語言。本書即選錄滿文譯本二種：一為收錄於清高宗御製滿文《大藏經》中的二本《般若波羅蜜多心經》，此二本內容基本相同，僅有細微差異，本書使用由北京故宮紫禁城出版社（現為故宮出版社）於 2002 年整理重印的《滿文大藏經》第 52 及第 57 函中各一本，並由法鼓佛教學院（現為法鼓文理學院）製作公開的數位檔；另一種為法國國家圖書館（Bibliothèque nationale de France）收藏的《般若波羅蜜多心經》，並於 Gallica 網站上公開的數位檔。

書中首先簡要整理近人對於《般若波羅蜜多心經》相關議題的研究成果，藉此對本書所觸及的問題有基礎認識，再整理目前已知的《心經》滿文譯本，包括版本、收藏地等資料，可成為延伸研究的參考資料。作為主要研究對象的《般若波羅蜜多心經》滿文譯本二種，除了轉寫成羅馬拼音（採穆麟多夫系統）並註明滿文詞義外，亦會附上漢文句義以比對漢文譯本，除了滿文繙譯外，也會探究滿文詞彙內涵、用法、來源等不同面向的問題，再據此考察滿文《大藏經》中的《般若波羅蜜多心經》所使用的底本為何。最後一部分則著重於不同《心經》滿文譯本間的比較分析，透過比對滿文佛教詞彙，亦可了解滿文的發展，以及滿文繙譯的特色。換言之，本書試圖就二種《般若波羅蜜多心經》滿文譯本，藉由不同面向的討論，了解清朝前半期滿文的發展，以及佛教對滿文發展的影響，更希冀擴展當今滿文的相關研究。

關鍵字：滿文、《般若波羅蜜多心經》、《大藏經》、清聖祖、清高宗

Abstract

The *Prajñāpāramitāhṛdaya*, or the *Heart Sutra*, is widely acknowledged one of the most commonly recited and transcribed Buddhist canons in East Asia, and is also one of the most frequently discussed and studied themes in academic circles on Buddhism all around the world. It is considered embodying the profound concept of "*Prajñā*" and, compared with other *Prajñāpāramitā* texts, is relatively short in length; hence it has been widely circulated and translated into various languages. This research project selects two Manchu versions of the *Heart Sutra*. The first is two copies of *Prajñāpāramitāhṛdaya* from the Manchu *Tripitaka* made by Emperor Gaozong of the Qing Dynasty (r. 1736-1795). The two copies, mostly similar in content with only minor differences, are included separately in case 52 and case 57 of the Manchu *Tripitaka*. This book uses the copies digitized by the Dharma Drum Buddhist College (now the Dharma Drum Institute of Liberial Arts). The second is from the collection of the Bibliothèque nationale de France. The permission of using its digitized images in this book is proved.

This book first briefly summarizes early studies on texts, annotations, authorship, and Manchu versions of the *Heart Sutra* in order to have a fundamental understanding of the issues on translation involved in the book. Next, different versions of the *Heart Sutra* in Manchu script are introduced, including information on editions, locations, and so on for future studies. Regarding the main issues discussed in this project, two versions of the *Heart Sutra* in Manchu script are transliterated into Latin script (the Möllendorff system) with Chinese meanings of the Manchu words. In addition, sentences in Manchu are translated into colloquial Mandarin in order to compare Manchu meanings with early versions of Chinese translation. Issues on Manchu in terms of word meanings, grammar, sources and so on are examined as well. By means of this examination, investigation on the original version of the *Heart Sutra* in the Manchu *Tripitaka* is also conducted in this project. The last portion focuses on the comparative analysis of the selected two versions in this book and other versions of the *Heart Sutra* in Manchu script that have been reviewed by other scholars. By comparing Manchu Buddhist vocabularies, the development of Manchu and the features of Manchu translation are conveyed. In short, this project attempts to reveal the evolution of Manchu language before mid-Qing period, as well as the influence of Buddhism on the development of Manchu and, through discussions on different aspects of the two Manchu versions of the *Heart Sutra*, hopes studies regarding issues of Manchu are getting flourished.

Keywords: Manchu Script, *Prajñāpāramitāhṛdaya* (the *Heart Sutra*), Buddhist *Tripitaka*, Emperor Kangxi of the Qing Dynasty, Emperor Qianlong of the Qing Dynasty

壹、前　言

《般若波羅蜜多心經》（梵文 Prajñāpāramitāhṛdaya，或稱《般若心經》、《心經》）因經文言簡意賅，且相傳玄奘法師（約 600-664）在取經之路上誦持此經，護衛西行有成，故成為東亞佛教信仰中，最常被誦持並研究的佛教經典，此經被認為體現了「般若波羅蜜多」（梵文 prajñāpāramitā，意為“the perfection of wisdom”，即「智慧圓滿」）最深奧的教義，常在禪宗、天台宗等宗派儀典中誦持。[1]此外，自古抄寫經文的活動也一直相當盛行，據中村元（1912-1999）研究，大乘佛教發展的特色之一，便是認為相較於出資修建寺院、佛塔等，唱誦及書寫經文的功德更多，故開始追求「書寫的功德」。[2]《心經》亦不例外，據福井文雅（1934-2017）的研究，唐朝（618-907）圓照（生卒不詳）所著《貞元錄》中即記載了關於《心經》之受持功德。[3]

歷代名家乃至於皇室成員皆承襲了書寫《心經》的傳統，如清宮藏有包括趙孟頫（1254-1322）、董其昌（1555-1636）等歷代名

1 John R. McRae, “Heart Sūtra,” in *Encyclopedia of Buddhism*, ed. Robert E. Buswell, Jr. (New York: Macmillan Reference USA, 2004), 314.

2 中村元，《般若経典》（東京都：東京書籍株式会社，2004），31、35。

3 福井文雅，《般若心経の総合的研究——歴史·社会·資料》（東京都：株式会社春秋社，2000），73-74。

家作品（彩色圖版 2、圖 1），[4]以及清帝王、名臣之寫本（彩色圖版 3、圖 2），[5]冊頁和卷軸等裝池形式皆有。根據《秘殿珠林》「聖祖仁皇帝書心經四百二十冊」條目內容可知，清聖祖（1654-1722，1662-1722 在位）共書寫了包括「金書百九十三冊、墨書二百二十七冊」，每冊「前後具有大士、韋馱像，經背俱有貝葉文」，並按撰寫日期，詳列自康熙四十一年（1702）至六十一年（1722）聖祖所書《心經》冊之形式及款識，本條末尾抄錄了清高宗（1711-1799，1736-1795 在位）跋語：

> 皇祖聖祖仁皇帝，自癸未至壬寅，每遇朔、望、萬壽節日、浴佛日，竝〔並〕書心經一卷，大內寶藏甚多，按日編次，殆無間缺。有因偶爾違和，異日補書者；亦有先期預書者，此康熙六十一年十一月十五日御筆計日在升遐之後，葢〔蓋〕是月初旬預書也。乾隆九年仲春朔日孫臣御名焚香展拜拭淚恭紀。[6]

實際上，《秘殿珠林》著錄了多筆清聖祖御書佛經，僅「釋氏經冊」一類，便計九筆，其中《心經》就有四筆，共書寫了四百二十三冊。然詳細考察本條所錄聖祖御書《心經》冊並未全如高宗所言「自癸未至壬寅，每遇朔、望、萬壽節日、浴佛日」皆定期寫經，如本條所列第一冊乃「壬午年（1702）八月十五日」所書，「癸未（1703）年」也僅有「二月初一日」、「四月浴佛日」、「四月十五日」、「十一月十五日」、「十二月初一日」、「十二月十五日」六本，另外

4 （清）張照、梁詩正等奉敕撰，《秘殿珠林》（收錄於《景印文淵閣四庫全書》，第 823 冊，臺北市：臺灣商務印書館，民 72），2：2b-5b；2：13b-14a。

5 （清）王杰等輯，《欽定秘殿珠林續編》（收錄於《續修四庫全書》編纂委員會編《續修四庫全書》，第 1069 冊，上海市：上海古籍，1995），269、277。

6 （清）張照、梁詩正等奉敕撰，《秘殿珠林》，1：5b-63a。

生日及浴佛日寫本亦不全，而每月（包括閏月）初一及十五的寫本實際僅五年達成。不過《心經》各冊的款識如實反映了聖祖的政務活動，例如在康熙四十四年（1705）第五次及四十六年（1707）第六次南巡途中，就有多次在船上寫經的記錄。此外在熱河避暑山莊建造初期，聖祖也會在款識中註明。至於高宗所言因病補書也從款識中得到印證，康熙四十七年（1708）十一月初一日、十五日、十二月十五日的三本經冊末提到「因病不能持筆，過年三月內敬補」。無論在船上、在離宮、或生病都不放棄寫經，說明了聖祖對寫經活動的重視。最令人感佩的應當是其生前所寫的最後一冊《心經》，該冊款識「康熙六十一年歲在壬寅十一月十五日敬書」，但實際上聖祖已於十一月十三日駕崩，這二日的誤差可從高宗跋語得知，因聖祖感到身體狀況無法支持到十一月十五的寫經日，因此提早完成預定書寫計畫。就本條所列詳目，聖祖似乎未如高宗所言嚴謹地定期寫經，不過《秘殿珠林》編纂時，是否完整收錄其所有定期書寫之《心經》寫本，亦未可知，故就現有資料尚無法得出定論。無論實際情形如何，這四百二十冊《心經》除作為聖祖寫經活動的具體成果外，更側寫了其對政務活動的認真，和個性中堅持不懈的部份。

相對於清聖祖的長年書寫《心經》冊的累積，高宗則更嚴謹地執行其定期寫經的活動。《欽定秘殿珠林三編》共記錄了三筆「高宗純皇帝御筆心經」條目，[7]自乾隆元年（1736）至嘉慶三年（1798）所書《心經》，第一筆詳列高宗自乾隆元年至三十九年（1774）每年元旦所書經冊，共三十九冊；第二筆詳列此三十九年間每年浴佛日（四月初八日）所書經冊，共三十九冊；第三筆則詳列乾隆自四十年（1775）至六十年（1795）於每月初一及十五、生日（八月十

7　（清）英和等輯，《欽定秘殿珠林三編》（收錄於《續修四庫全書》編纂委員會編《續修四庫全書》，第 1075 冊），1：24-25、26-28、29-50。

三日）、浴佛日所書經冊，計五百六十二冊，而自嘉慶元年（1796）至三年（1798）則僅於元旦、上元（正月十五日）、生日、浴佛日寫經，計四十六冊，此三筆條目所列經冊共計六百八十六冊，數量相當可觀。其中嘉慶元年至三年之紀年原錄作乾隆六十一年至六十三年，然高宗實際在位六十年，故乾隆六十一年至六十三年實為清仁宗（1760-1820，1796-1820 在位）嘉慶元年至三年，本書依正史體例改作嘉慶元年至三年，特此說明。

上述御筆《心經》冊除了作為二位皇帝寫經實踐的成果外，也說明了二位皇帝對佛教信仰的態度，持之以恆的自我要求，身為外來統治者對不同族群的文化兼容，更是二位皇帝日常生活的記錄。除長年書寫經文外，聖祖及高宗亦在佛經繙譯上有極大成就，莊吉發（1936-）研究整理了滿文《大藏經》繙譯刊刻的緣由及梗概，[8]並指出清朝官方繙譯刊刻的《大藏經》「主要是中國境內各族文字的互譯」，自康熙二十二年（1683）聖祖命刊藏文《甘珠爾經》（彩色圖版 1）開始，歷經世宗（1678-1735，1723-1735 在位），至高宗乾隆十四年（1749）已完成藏、蒙、漢三種文字的《大藏經》，後高宗於乾隆三十七年（1772）感於印度佛經已先後譯有三種文字，獨缺滿文，故設「清字經館」並由章嘉國師（章嘉呼圖克圖第三世，1717-1786）主其事，將漢文《大藏經》繙譯成滿文，至乾隆五十五年（1790）告成（參見表 1），歷時十九年。其中滿文《大藏經》的編刊年代主要據昭槤《嘯亭續錄》所錄「清字經館」條內容定年。[9]

8 莊吉發，〈國立故宮博物院典藏《大藏經》滿文譯本研究〉，收錄於《清史論集》（臺北市：文史哲，民 87），3：27-28。

9 （清）昭槤，《嘯亭雜錄、嘯亭續錄》（收錄於《續修四庫全書》編纂委員會編，《續修四庫全書，第 1179 冊》），1：602。

表 1 清代官方繙譯《大藏經》編刊年代表

年代	題名	語文	備註
康熙二十二年（1683）	《甘珠爾經》（bKaḥ-ḥGyur）	藏文	聖祖命刊藏文《甘珠爾經》。相當於漢文《大藏經》的「經藏」及「律藏」二部。
雍正二年（1724）	《甘珠爾經》	蒙文	北京黃寺土觀呼圖克圖第一世（？-1679）奉命將藏文《甘珠爾經》譯成蒙文。
雍正十一年至乾隆四年（1733-1739）	《大藏經》	漢文	命博通教義的僧人及學者在北京賢良寺校閱編刊漢文《大藏經》。
乾隆六年至十四年（1741-1749）	《丹珠爾經》（bsTan-ḥGyur）	蒙文	將藏文《丹珠爾經》譯成蒙文。相當於漢文《大藏經》的「論藏」與雍正初年譯刊的蒙文《甘珠爾經》合稱蒙文《大藏經》。
乾隆三十七年至五十五年（繙譯告成）（1772-1790）	《清文全藏經》	滿文	「乾隆壬辰（1772），上以大藏經有天竺番字、漢文、蒙古諸繙譯……。故設清字經館於西華門內，命章嘉國師經理其事，達天（1701-1782）、蓮筏（生卒不詳）諸僧人助之，考取滿謄錄、纂修若干員，繙譯經卷先後凡十餘年，大藏告蕆，然後四體經字始備焉。」自漢文《大藏經》譯成。

資料來源：莊吉發，〈國立故宮博物院典藏《大藏經》滿文譯本研究〉，27-28。

然而對於滿文《大藏經》繙譯大業的起訖時間，學界看法不同，如蔣維喬（1873-1958）引清高宗親撰〈清文繙譯全藏經序〉所言，「若夫訂四庫全書，及以國語譯漢全藏經二事，胥舉於癸巳年六旬之後」定年，按癸巳年為乾隆三十八年，故認為此項目始於乾隆三十八年（1773），即清高宗六十二歲之時，至乾隆五十五年清高宗七十九歲時竣工，共十八年。另據章宏偉（1964-）、關銳（生年不詳）、洪曄（生年不詳）等學者整理各家論述，[10]可歸納為始於乾隆三十六年（1771）、乾隆三十七年（1772）、乾隆三十八年（1773），或乾隆三十九年（1774），終於乾隆五十五年（1790）、乾隆五十八年（1793），或乾隆五十九年（1794），主要在於學者們如何認定滿文《大藏經》的「起」、「訖」時間，是「起」於籌劃階段、開設清字經館階段，還是實際開始繙譯階段，「訖」於繙譯完成階段，亦或是刊印完成階段？另外因各家學者在解讀徵引文獻時或有歧異，也影響了各自論點。就目前可得的文獻僅能得知滿文《大藏經》約略起訖時間，對於本書在使用其所收錄之《般若波羅蜜多心經》定年時有些許影響，但就滿文《大藏經》官方地位及性質，在佛經繙譯及版本比較上，仍極具參考價值。

除起訖時間外，全書題名是另一個仍具爭論的議題，因全套滿文《大藏經》並無書名頁，其卷端、修書職銜、目錄前等處亦未載明書名，故學界在援引或探討本書時，常據清高宗親撰〈清文繙譯全藏經序〉而稱為「《清文繙譯全藏經》」、「《清文全藏經》」，或按

---

10 蔣維喬，《中國佛教史》（臺北市：史學出版社，民 63），4：8a。
章宏偉，〈《清文繙譯全藏經》書名、修書機構、翻譯刊刻時間考〉，《法鼓佛學學報》2（民 97）：316-321、331-347。
洪曄，〈滿文《大藏經研究綜述》〉，《滿族研究》3（2020）：51、54-56。
關銳，〈《清文翻譯全藏經》編纂時間考辨〉《滿族研究》2（2020）：77-82。

序中所言稱為「《國語譯漢全藏經》」、「《國語譯大藏經》」、「《國語大藏》」等，或依其目錄題名〈御譯《大藏經》目錄〉稱為「乾隆御譯《大藏經》」，其他尚有「滿文《大藏經》」、「《滿文大藏經》」、「滿文《甘珠爾》」、「《滿文藏》」、「《滿文藏經》」、「《滿洲大藏經》」等稱法。本書因聚焦於「中國境內各族文字的互譯」議題，故以「漢文《大藏經》」、「滿文《大藏經》」稱之。

在北京紫禁城出版社（現為故宮出版社）於 2002 年重新出版全套滿文《大藏經》後，吸引中外學者投入滿文《大藏經》相關研究，除上述關於譯刻年代及題名外，在文獻學方面，尚有包括羅文華（1967-）、關銳等學者對編纂人員、機構、費用、保存及底本源流等面向進行考證；在藝術史方面，亦有如翁連溪（生年不詳）、陳芳（生年不詳）討論佛像、插畫、裝潢等；而在語言學上，也有林士鉉（生年不詳）、莊吉發等人研究個別佛經滿文繙譯議題。整體而言，目前各研究領域仍在基礎階段，尚待更深更廣的發展，本書雖不以滿文《大藏經》為研究主體，惟因涉及所選《心經》滿文譯本，僅簡述至此，各學者研究可參見本書參考書目。

從〈御譯大藏經目錄〉可知，此滿文《大藏經》實為《甘珠爾經》，共收錄了《般若波羅蜜多心經》二本，分別藏於第 52 函及第 57 函中（參見表 2）。據莊吉發研究：

> 佛教對於中國學術的最大貢獻，便是佛經的繙譯。佛教徒的譯經事業，從東漢末年到唐朝，達到了最高潮。印度的佛教思想，藉著繙譯的佛經在中國散播，使中國人的思想和生活都發生了劇烈的變動。據統計從東漢末年到盛唐時代的六百年間，因繙譯佛經而創造的新字彙和成語，便有

表 2　滿文《大藏經》目錄所載《心經》二本整理表

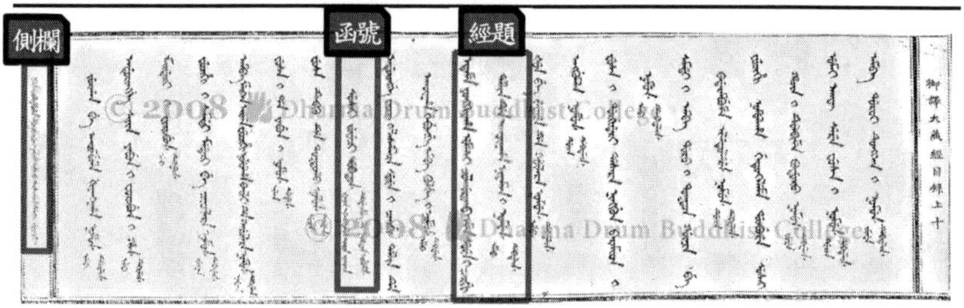

左側欄 滿文拼音	han i ubaliyambuha amba g'anjur nomun i uheri šošohon dergi juwanci,〔御譯的大甘珠爾經的總綱上第十〕
函號	susai juwaci dobton, juwan ilan nomun orin jakūn debtelin be emu dobton obuha,〔第五十二函，十三經二十八卷為一函〕
經題 滿文拼音	eteme yongkiyaha umesi colgoroko eme sure i cargi dalin de akūnaha niyaman i nomun, emu debtelin, 〔得勝全備最超群的母以智慧到河彼岸的心的經，一卷〕

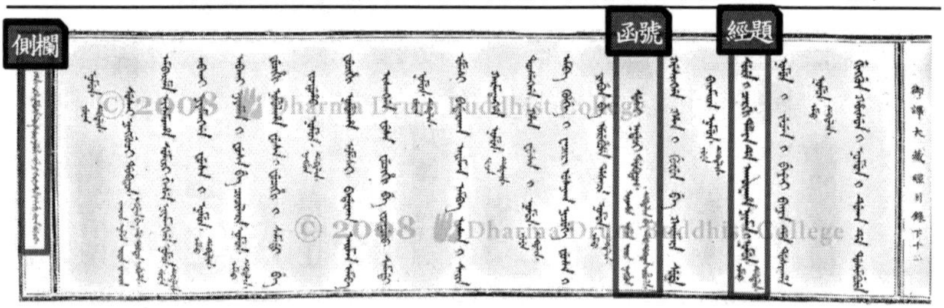

左側欄 滿文拼音	han i ubaliyambuha amba g'anjur nomun i uheri šošohon fejergi juwan juweci,〔御譯的大甘珠爾經的總綱下第十二〕
函號	susai nadaci dobton, tofohon nomun orin ninggun debtelin be emu dobton obuha,〔第五十七函，十五經二十六卷為一函〕
經題 滿文拼音	sure i cargi dalin de akūnaha niyaman i nomun, emu debtelin, 〔以智慧到河彼岸的心的經，一卷〕

資料來源：Marcus Bingenheimer, "Catalog of the Manchu Buddhist Canon," *Research Material for the Manchu Buddhist Canon*, Dharma Drum Buddhist College, accessed July 23, 2021, <http://buddhistinformatics.dila.edu.tw/manchu/cat alog.php>。

> 數萬之多，對於中國語文的發展，大有助益。佛教思想也逐漸注入中國的傳統文化之中⋯⋯。[11]

即至清朝，莊吉發以《佛說四十二章經》及《千手千眼觀世音菩薩廣大圓滿無礙大悲心陀羅尼經》滿文譯本為例，指出「清代乾隆年間繙譯佛經時，一方面創造了更多新辭彙，一方面使原來通行的滿文辭彙擴大含義，更能充分表達佛經教義的原本理蘊」，[12]並總結：

> 滿文與漢文是兩種不同語文，漢文本佛經多屬文言文體裁，文字較深奧，滿文譯本佛經多係語體文，淺顯明晰，有助於了解漢文佛經的文義，從滿文繙譯的技巧及讀音的差異，也有助於了解清代滿文的發展變化，滿文譯本佛經的大量刷印，對滿文的研究，的確提供了珍貴而且豐富的語文資料。[13]

本書即以滿文《大藏經》所收《般若波羅蜜多心經》為對象，考察此二本之滿文經文內容，包含辭彙及文法等繙譯問題，並藉此追溯所使用之底本。本書另一討論對象，乃法國國家圖書館（Bibliothèque nationale de France）所藏之滿漢合璧《般若波羅蜜多心經》，其所附「註演」亦有助於釐清時人對於此經內涵之解讀。在分別考察之餘，本書更試圖將此二種《心經》與已發表之滿文譯本一起比較分析各自所使用之辭彙，藉由滿文佛教術語的理解與繙譯，可以了解當時滿文的使用與發展。

---

11 莊吉發，〈國立故宮博物院典藏《大藏經》滿文譯本研究〉，3：47。
12 莊吉發，〈國立故宮博物院典藏《大藏經》滿文譯本研究〉，3：47-54。
13 莊吉發，〈國立故宮博物院典藏《大藏經》滿文譯本研究〉，3：54。

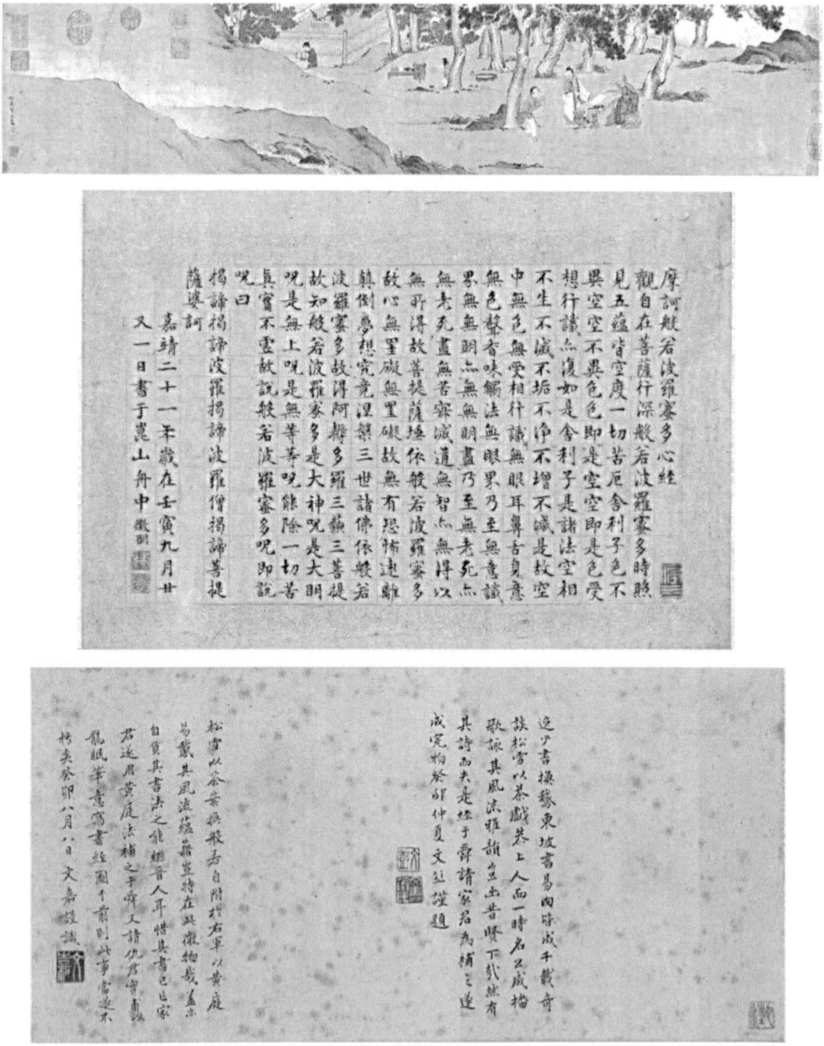

摩訶般若波羅蜜多心經
觀自在菩薩行深般若波羅蜜多時照
見五蘊皆空度一切苦厄舍利子色不
異空空不異色色即是空空即是色受
想行識亦復如是舍利子是諸法空相
不生不滅不垢不淨不增不減是故空
中無色無受想行識無眼耳鼻舌身意
無色聲香味觸法無眼界乃至無意識
界無無明亦無無明盡乃至無老死亦
無老死盡無苦集滅道無智亦無得以
無所得故菩提薩埵依般若波羅蜜多
故心無罣礙無罣礙故無有恐怖遠離
顛倒夢想究竟涅槃三世諸佛依般若
波羅蜜多故得阿耨多羅三藐三菩提
故知般若波羅蜜多是大神咒是大明
咒是無上咒是無等等咒能除一切苦
真實不虛故說般若波羅蜜多咒即說
咒曰
揭諦揭諦波羅揭諦波羅僧揭諦菩提
薩婆訶
嘉靖二十一年歲在壬寅九月廿
又一日書于崑山舟中徵明

圖 1　（明）仇英換茶圖文徵明書心經合璧

國立故宮博物院藏

貳、《般若心經》研究概述

本書聚焦於《般若波羅蜜多心經》滿文繙譯面向之相關討論，不深入探討佛教史、宗派思想、教義解讀等問題，[1]僅在經文繙譯層面上，參考佛教經文及術語定義，分析滿文譯本，然因所選材料涉及繙譯、底本、注疏等議題，故仍有必要先認識此經在版本、繙譯、注疏等面向之研究，惟因《心經》受到古今中外佛教界及學術界高度重視，相關譯本、注疏，及研究不勝枚舉，無法逐一羅列深究，且多數資料無力取得，加之篇幅有限，僅擇要簡述不同面向的研究，以供參考。

無論在佛教界或學術界普遍認為《般若波羅蜜多心經》乃「集合諸部《般若》的精要心髓而成」，然又因含有咒文，說法主為觀自在菩薩（圖 3）而非釋迦佛（圖 4），具密教信仰之特色，故一般認為《心經》亦與密教亦有深刻關係。[2]據 Conze（1904-1979）

1 關於佛教在印度的流傳及發展，以及大乘佛教的興起與思想可以參考中村元的著作，佛教在中國的發展及演變可以參考蔣維喬的著作。
Nakamura Hajime, *Indian Buddhism: A Survey with Bibliographical Notes* (Delhi: Motilal Banarsidass, 1987)。
中村元,《般若経典》(東京都：東京書籍株式会社, 2004)。
蔣維喬，《中國佛教史》。

2 東初老和尚，《般若心經思想史》（臺北市：法鼓文化事業股份有限公司，2011），29-36、41-42。
Judith Simmer-Brown, "Preface to the Vintage Spiritual Classics Edition," preface to *Buddhist Wisdom: The Diamond Sutra and the Heart Sutra*, tr. and com. Edward Conze (New York: Vintage Books, 2001), XXI-XXII.

的研究，《般若》經典（Prajñāpāramitā literature）最早在印度的發展超過千年，可分為四期：（一）基本文本的構成時期（100 B.C.E.-100 C.E.）、（二）該文本的擴充時期（100-300 C.E.）、（三）以短經和摘要形式的教義重述時期（300-500）、（四）密宗影響及引入咒語時期（600-1200）。《心經》便歸在第三期中，因《般若》系經典龐雜的內容及編排方式，不利於教義的理解與傳播，故發展出或新或濃縮的小篇幅文本，提供初學者了解「四諦」，以及銘記教義和精進之法。[3]Conze 對於《般若》系經典的研究至今影響學術界甚鉅，在其所建立的研究基礎之上，中外學者紛紛提出不同觀點，如中村元認為《心經》應出現更早，約在西元 150-200 年間，而紀贇（1973-）則認為應歸在第四期，即受密宗影響時期；另一方面，渡邊章悟（1953-）則以歷代「經錄」（佛經目錄）所著錄支謙譯《摩訶般若波羅蜜神咒經》及鳩摩羅什譯《摩訶般若波羅蜜大明咒經》的書目資料來驗證 Conze 及中村的論點，並推翻了二人對於《心經》成形的定年。[4]

在漫長的歷史中，《心經》文本發展出兩個體系，即所謂「長

---

3 Edward Conze, *The Prajñāpāramitā Literature: Second Edition Revised and Enlarged* (Tokyo: The Reiyukai, 1978), 1-18.
Edward Conze, "Text, Sources, and Bibliography of the Prajñāpāramitā-hṛdaya," *The Journal of the Royal Asiatic Society of Great Britain and Ireland* 1 (1948): 47-48.
Edward Conze, *Perfect Wisdom: The Short Prajñāpāramitā Texts* (England: Buddhist Publishing Group, 1993), 140-143.

4 Nakamura Hajime, *Indian Buddhism: A Survey with Bibliographical Notes*, 160.
紀贇，〈心經疑偽問題再研究〉，《福嚴佛學研究》7（民 101）：139-140。
Jan Nattier, "The Heart Sūtra: A Chinese Apocryphal Text?" *The Journal of the International Association of Buddhist Studies* 15:2 (1992): 165-169.
渡辺章悟,〈経録からみた『摩訶般若波羅蜜神呪経』と『摩訶般若波羅蜜大明呪経』〉,《印度學佛教學研究》39：1（平成 2）：54-58。

本」(或稱「廣本」、「大本」、「longer version」、「longer text」等)及「短本」(或稱「略本」、「小本」、「shorter version」、「shorter text」等)二種系統，按日本佛教界及學術界如福井文雅、原田和宗(生年不詳)等研究者普遍以「大本」、「小本」稱之，[5]華人研究者如林光明(1949-)多採用「廣本」、「略本」指稱，[6]然如林士鉉所言，「廣本」、「略本」的稱呼，恐有「略本」乃刪節自「廣本」之誤解，[7]而「大本」、「小本」也可能造成重要性或程度差異等的誤會，故除非引用原文，本書使用西方學界以經文長短為區分的「長本」、「短本」稱呼。

所謂「長本」指包含構成正統佛典的三大部分──「序分」、「正宗分」、「流通分」──的經典;「短本」則指缺少「序分」和「流通分」的經典，最初譯成漢文的是「短本」系統，自西元 1 世紀左右在吳(今南京地方)一帶發展，後又有多次的漢譯，至今流通多種漢譯本。[8]現今在中、日等地最廣為流通的《心經》版本乃玄奘譯本，即只具「正宗分」的「短本」，而「長本」則以印、藏流通最廣。[9]所謂「序分」即「序言」、「緒論」，主要「說明佛說法的時間、地點、因緣及與會的聽眾」,「正宗分」乃「佛經的主要內

5 福井文雅,《般若心経の総合的研究──歴史·社会·資料》(東京都:株式会社春秋社, 2000)。
原田和宗,〈梵文『小本·般若心経』和訳〉《密教文化》209(2002):124-79。

6 林光明編著,《心經集成》(臺北市:嘉豐出版社,2000)。

7 林士鉉,〈清代滿文譯本《般若波羅密〔原文如此〕多心經》初探〉,收錄於《大專學生佛學論文集》(臺北市:財團法人臺北市華嚴蓮社,民 91),12:512。

8 福井文雅,《般若心経の総合的研究──歴史·社会·資料》, 547。

9 Tanahashi Kazuaki, *The Heart Sutra: A Comprehensive Guide to the Classic of Mahayana Buddhism*, (Boston: Shambhala Publications, Inc., 2014), 92.
Watanabe Shogo〔渡辺章悟〕,〈Some Questions Concerning the Title of the *Prajñāpāramitā-hṛdaya[-sūtra]*〉,《智山学報》65(2016):(21)。

容，說明該經的義理」，「流通分」在最後「點出大家聽了佛法皆大歡喜，信受奉行、作禮而去」。[10]福井文雅以施護本《心經》為例，指出此長本「序分」是從「如是我聞」句至「世尊即入甚深光明宣說正法三摩地」句，「正宗分」從「時，觀自在菩薩摩訶薩」句至咒文後之「是即修學甚深般若波羅蜜多」句，「流通分」則從「爾時，世尊從三摩地安詳而起」句至最末句（參見表 3）。

然而與日本學術界認為玄奘本《心經》乃僅具「流通分」的短本不同，東初老和尚（1908-1977）及聖嚴法師（1931-2009）仍將玄奘本分出「序分」（自「觀自在菩薩」至「度一切苦厄」）、「正宗分」（自「舍利子」至「得阿耨多羅三藐三菩提」），以及「流通分」（自「故知般若波羅蜜多」至「薩婆訶」）三段落。另一方面，Jan Nattier（1949-）在其文中雖分為三段，但分段點又與東初老和尚及聖嚴法師不同，Red Pine〔Bill Porter, 1943-〕在其《心經》譯註中，將短本分成四段討論（參見表 3）。若按聖嚴法師所言「序分」應包含「說明佛說法的時間、地點、因緣及與會的聽眾」等元素來看，則玄奘本《心經》並不符合；同樣地，玄奘本《心經》也無「流通分」應「點出大家聽了佛法皆大歡喜，信受奉行、作禮而去」的成分。即便各家對《心經》分段的見解不同，但對於分有長短本二種發展系統皆具共識，本書所討論的滿文譯本二種，一為長本，一為短本，透過解析此二種譯本，亦可了解二體系之異同。

10 聖嚴法師，《心經新釋》（臺北市：法鼓文化事業股份有限公司，2005），73-75、126-127。

表 3　各家《心經》結構分段簡表

段落／起訖	I	II	III	IV
福井文雅 ‖ 施護本（長本）				
	序分	正宗分	流通分	
	如是我聞	時，觀自在菩薩摩訶薩在佛會中	爾時,世尊從三摩地安詳而起	
	⋮	⋮	⋮	
	世尊即入甚深光明宣說正法三摩地	是即修學甚深般若波羅蜜多	聞佛所說，皆大歡喜，信受奉行	
東初老和尚、聖嚴法師 ‖ 玄奘本（短本）				
	序分	正宗分	流通分	
	觀自在菩薩	舍利子	故知般若波羅蜜多是大神咒	
	⋮	⋮	⋮	
	度一切苦厄	得阿耨多羅三藐三菩提	薩婆訶[1]	
Nattier ‖ English translation of the Shorter Sanskrit recension				
	Introduction	Core	Conclusion	
	The *bodhisattva* Noble Avalokiteśvara〔觀自在菩薩〕	Here, Śāriputra〔舍利子〕	Therefore, Śāriputra〔以無所得故〕	
	⋮	⋮	⋮	
	[And] he regarded the five *skandhas* as empty〔照見五蘊皆空〕	no knowledge (*jñāna*) and no attainment (*prāpti*)〔無智亦無得〕	*svāhā*〔薩婆訶〕	

表 3 各家《心經》結構分段簡表（續）

段落／起訖	I	II	III	IV
Red Pine || English translation of a shorter version				
	Prajnaparamita	*Abhidharma in the Light of Prajnaparamita*	*The Bodhisattva Path*	*The Womb of Buddhas*
	The noble Avalokiteshvara Bodhisattva 觀自在菩薩	Therefore, Shariputra, in emptiness there is no form 是故（舍利子）空中無色	Therefore, Shariputra, without attainment （舍利子）以無所得故	You should therefore know the great mantra of Prajnaparamita 故知般若波羅蜜多是大神咒
	⋮	⋮	⋮	⋮
	not birth or destruction, purity or defilement, completeness or deficiency 不生不滅，不垢不淨，不增不減	no knowledge, no attainment and no non-attainment 無智無得（亦無無得）	and realize unexcelled, perfect enlightenment 故得阿耨多羅三藐三菩提	Gate gate, paragate, parasangate, Bodhi svaha 揭帝揭帝，般羅揭帝，般羅僧揭帝，菩提僧莎

註：①《大正藏》本作「僧莎訶」。

資料來源：福井文雅，《般若心経の総合的研究——歴史·社会·資料》，555-557。
東初老和尚，《般若心經思想史》，45-53。
聖嚴法師，《心經新釋》，73-75、126-127。
Red Pine trans. and com., *The Heart Sutra: The Womb of Buddhas*, 6-7.
Jan Nattier, "The Heart Sūtra: A Chinese Apocryphal Text?" 155-156.

一、版本及譯本研究

目前可知現存最早的梵文本《般若波羅蜜多心經》乃日本法隆寺自西元 609 年入藏的貝葉經手稿，Müller（1823-1900）和南條文雄（1849-1927）於 1884 年將之整理並譯成英文，另做了相關議題考察，[11]Müller 對於其手稿取得之來源經過，亦曾撰文紀錄。[12]惟亦有學者如 Georg Bühler（1837-1898）、Jan Nattier 提出不同看法，認為提供其斷代的文獻資料本身並不可靠，此貝葉經可能為 8 世紀初作品，干潟龍祥（1892-1991）則認為是 8 世紀後半所作。[13]除 Müller 外，Conze 也蒐羅了包含長本及短本在內，尼泊爾、中、日等多種《心經》版本，校讎分析，並譯成英文，註解詳細，至今廣為西方學者引用以研究相關議題。[14]另一常用版本為中村元及紀野一義（1922-2013）根據 Müller 梵文長、短本，再參採包括敦煌本、

---

11 F. Max Müller and Nanjio Bunyiu[南条文雄], ed., *The ancient palm-leaves containing the Pragñâ-Pâramitâ-Hridaya-Sûtra and the Ushnîsha-Vigaya-Dhâranî, Anecdota Oxoniensia*. Aryan series, vol. I, part III (Oxford: Clarendon Press, 1884)。

12 F. Max Müller, *Buddhist Texts from Japan, Anecdota Oxoniensia*. Aryan series, vol. I, part I (Oxford: Clarendon Press, 1881), 1-12。

13 干潟龍祥,〈佛頂尊勝陀羅尼經諸傳の研究〉,《密教研究》68（1939）：50-57。
中村元,《般若経典》（東京都：東京書籍株式会社, 2004）, 182。
Jan Nattier, "The Heart Sūtra: A Chinese Apocryphal Text?" 208-209 (note 39).

14 Edward Conze, "The Heart Sutra: Sanskrit Text, Translation and Commentary," *Buddhist Wisdom: The Diamond Sutra and The Heart Sutra* (New York: Vintage Books, 2001), 79-119.（另一版本題名為 *Buddhist Wisdom Books: The Diamond Sutra & The Heart Sutra*, 1972 年由 Harper Torchbooks 出版。）
Edward Conze, "Text, Sources, and Bibliography of the Prajñāpāramitā-hṛdaya." *The Journal of the Royal Asiatic Society of Great Britain and Ireland*. 1 (1948): 33-51.（另一近似本收錄於 1968 年由 Universtiy of South Carolina Press 出版的 *Thirty years of Buddhist Studies: Selected Essays* 頁 148-167 中。）

藏文本等不同版本校訂而成，於 1960 年譯註出版的《般若心経・金剛般若経》，內含此二種佛經的解題、經文註釋，並收錄梵文拼音、漢譯本、日譯本等，另附不同語文版本之書目資料。而後中村元又於 2003 年出版《般若経典》，除收錄並校訂原《般若心経・金剛般若経》內容外，亦增加了此間的研究成果，並收錄相關著作，有助於了解「般若」思想的由來及內涵。[15]此外，尚有藤田真道（生年不詳）針對長本梵文《心經》進行研究並校讎諸本，亦極具參考價值。[16]

至於漢文譯本，學界一般認為古代漢譯本共十一種，七存三闕一疑（參見表 4），[17]其經文收錄於《大正新修大藏經》（簡稱《大正藏》）中，[18]後再有敦煌寫本、房山石經本等的發現，據林光明研究，目前已知清朝以前《心經》漢譯本共二十二本。[19]這些漢譯本又常譯成其他語文流通，如其中廣為流傳的玄奘本，以及知名的

---

15 中村元、紀野一義，《般若心経・金剛般若経》（東京都：株式会社岩波書店，昭和 36），8-36、160-183。
中村元，《般若経典》，（東京都：東京書籍株式会社，2004），143-198。

16 藤田真道，〈廣本般若心經の研究〉，《密教研究》70（1939）：1-32。
藤田真道，〈〈廣梵本般若心經の研究（補遺）〉，《〈密教研究》72（1940）：1-8。

17 後段討論滿文繙譯時，在需要參考漢文諸本內容時，不再一一詳列版本，僅以「法月本」、「施護本」等方式簡稱之。

18 若未特別標註版本，本書所用各本《心經》（T0250-T0257），皆為《大正藏》收錄版本。
大藏經刊行會編，《大正新修大藏經》（臺北市：新文豐出版股份有限公司，民 72），8：847-852。
中華電子佛典協會（Chinese Buddhist Electronic Text Association，簡稱 CBETA），已將《大正藏》全文掃描轉檔上線，亦可參考。
法鼓文理學院圖書資訊館數位典藏組，《CBETA Online》，中華電子佛典協會，1998-2022，<https://cbetaonline.dila.edu.tw/zh/>。

19 林光明，〈清康熙譯廣本心經〉，《十方雜誌》17:5（1999）：30、35。

表 4 《般若心經》古漢譯本列表

順次	經題	譯者	年代	版本	存闕	《大正藏》編號
三國（220-280）-東晉（317-420）						
1	《(摩訶）般若波羅蜜呪經》	支謙	ca. 223	短本？	闕	N/A
2	《摩訶般若波羅蜜大明呪經》	姚秦天竺三藏鳩摩羅什（350?-409?）	401 來華	短本	存	T0250
唐（618-907）						
3	《般若波羅蜜多心經》	唐三藏法師玄奘（600-662/664，627/629-645 渡印）	649	短本	存	T0251
4	《般若波羅蜜多那經》	菩提流志（572?-727，693 來華）	693	短本	闕	N/A
5	《摩訶般若隨心經》	實叉難陀（652-710）	695 來華	長本？	闕	N/A
6	《般若波羅蜜多心經》	義淨（631-713，671-695 渡印）	不詳	短本	存／疑	N/A
7	《普遍智藏般若波羅蜜多心經》	摩竭提國三藏沙門法月（重譯）（653-743，732 來華）	738	長本	存	T0252
8	《般若波羅蜜多心經》	罽賓國三藏般若、利言（共譯）	790/792	長本	存	T0253
9	《般若波羅蜜多心經》（敦煌石室本）	國大德三藏法師沙門法成（ca. 760-860）	不詳	長本	存	T0255
10	《般若波羅蜜多心經》	唐上都大興善寺三藏沙門智慧輪（9 世紀中）（奉詔譯）	不詳	長本	存	T0254
北宋（960-1127）						
11	《聖佛母般若波羅蜜多心經》	西天譯經三藏朝奉大夫試光祿卿傳法大師賜紫臣施護（奉詔譯）	980 來華	長本	存	T0257

資料來源：福井文雅，《般若心経の総合的研究——歴史·社会·資料》，11-13。

敦煌寫本 S.700《唐梵飜對字音般若波羅蜜多心經并序》，都有英譯本。[20]除《心經》在中國流傳的歷史，以及梵、漢文獻、版本等議題研究外，福井文雅亦撰有多篇專文析論敦煌各寫本及房山石經刻本，在包含復原漢字梵音本等問題上，也做了相當嚴實的研究。[21]除梵本、漢譯本及新發現手稿外，更有如英、日、藏、韓等不同語文的譯本流通於世，林光明選出共 184 本，其中亦包含了本書中提及的 Conze、Hurvitz、Lopez Jr.、Müller、Wayman、福井文雅、中村元等研究文本，另附「漢滿蒙藏《般若波羅蜜多心經》」一本（即林士鉉研究中的「四合本」），[22]收錄於《心經集成》中，各版本皆有詳細書目及考證，有助於版本、經義、緡譯等面向研究。[23]

二、注疏及宗派研究

《大正藏》除了收錄多種《心經》版本（T250-T257）外，亦收錄了多本中國古代各家注疏（T1710-T1714），其中最常為佛教界及學術界所探討的要屬大乘基所著《般若波羅蜜多心經幽贊》

20 Leon Hurvitz, "Hsuän-tsang 玄弉[sic.](602-664) and the *Heart Scripture*," in *Prajñāpāramitā and Related Systems: Studies in honor of Edward Conze*, ed. Lewis Lancaster (Berkeley : University of California, 1977), 103-122.
文中亦作了簡要的文獻回顧，有助於瞭解 20 世紀中期以前的學術研究成果。
另據福井文雅，S.700 為大英博物館舊編號，現編號為 S.2464。
福井文雅,《般若心経の総合的研究——歴史·社会·資料》, 91。

21 福井文雅,《般若心経の総合的研究——歴史·社会·資料》。

22 林士鉉，〈清代滿文譯本《般若波羅密多心經》初探〉，511-567。

23 林光明編著，《心經集成》，6-42。

（T1710）及沙門測的《佛說般若波羅蜜多心經贊》（T1711），[24]圓測（613-696）及窺基（又稱慈恩大師、慈恩法師，632-682）皆參與玄奘的佛經繙譯事業，在《心經》注疏及宗派議題上，具重要地位。Lusthaus（生年不詳）分析了二人對於《心經》解讀上的異同，藉此看出時人對於《心經》的理解，以及佛教思想發展，包括瑜珈派（Yogācāra）及中觀派（Mādhyamaka、Mādhyamika）等宗派理論與實踐。[25]中觀派及瑜珈派為印度佛教二大學派，按東初老和尚簡介，中觀派「以龍樹《中觀論》為中心，在空間上分攝宇宙萬有實相為目的」，瑜珈派「以彌勒《瑜珈論》為中心，在時間上以探求宇宙萬有的根源，以究明萬有生滅緣起的真相為目的」。[26]另一方面，McRae（1947－2011）則就中國各朝代禪宗對於《心經》的解讀，探討其宗派、術語、內涵的建立、發展，以及與儒、道交流後的轉變及影響等。[27]

在藏、印注疏方面，Eckel（1946-）分析了以藏文保存的印度《心經》注疏 7 種，提出各家注疏在經文闡釋解讀、宗派教義、思想流通等異同，其實也反映了當時佛教的發展情況。[28]Lopez(1952-)

---

24 其中窺基所著《般若波羅蜜多心經幽贊》已有英譯本。
Shih Heng-ching and Dan Lusthaus translation, *A comprehensive commentary on the Heart Sutra (Prajñāpāramita-hṛdaya-sūtra)* (Berkeley, Calif.: Numata Center for Buddhist Translation and Research, 2001).

25 Dan Lusthaus, "The *Heart Sūtra* in Chinese Yogācāra: Some Comparative Comments on the *Heart Sūtra Commentaries* of Wŏnch'ŭk and K'uei-chi," *International Journal of Buddhist Thought & Culture* 3 (2003): 59-103.

26 東初老和尚，《般若心經思想史》，20-27。
《佛光大辭典》，慈怡法師主編（高雄市：佛光出版社，1988），s.vv.「中觀派」，1：1037-1038；「空有論爭」，2：3473-3475；「瑜伽派」，3：5530-5531。

27 John R. McRae, "Ch'an Commentaries on the Heart Sūtra: Preliminary Inferences on the Permutation on Chinese Buddhism," *The Journal of the International Association of Buddhist Studies* 11:2 (1988), 87-115.

28 David Eckel, "Indian Commentaries on the Heart Sūtra: The Politics of Interpretation," *The Journal of the International Association of Buddhist Studies* 10:2 (1987): 69-79.

除了上述 7 種注疏外，還取得另外 2 本在西藏流通的藏文注疏，探討經典解讀、宗派發展及佛教傳承等問題，[29]其後因又取得另一本注疏，更感於這些文本的價值，故更進一步完整繙譯了這 8 種印度文本，並討論注疏這類型著作在傳統佛教界及現今學術界所扮演的角色。[30]其中年代最早、篇幅最短的注疏，即蓮花戒（Kamalaśīla，ca. 740-795）所著《般若波羅蜜多心經釋》已有臺灣學者廖本聖（生年不詳）撰文探討，亦可參考。[31]此外，Bailey（1899-1996）曾繙譯于闐（Khotan）手稿中關於《大般若經》（Mahāprajñāpāramitā-sūtra）的部分，[32]Lancaster（1932-）再進一步考察其中關於《心經》的部分，雖未載經文，然就其注疏片段發現所使用之底本，與 8 世紀唐朝廣為流通的長本相近，內中並蘊含唯識（Vijñānavāda）觀點，[33]于闐手稿的繙譯及研究對於佛經流通、版本、宗派思想等問題探討十分珍貴。

在日本佛教研究方面，因《心經》在日本也廣泛流傳，Wayman（1921-2004）就曾討論過日本空海（774-835）所建立的「真言宗」對於《心經》的解讀，並就其所學，評註了長短本《心經》。[34]另一方面，Psy（1939-）考察了日本佛教界關於《心經》經文的理論

---

29 Donald S. Lopez, Jr., *The Heart Sūtra Explained: Indian and Tibetan Commentaries* (Albany: State University of New York Press, 1988).

30 Donald S. Lopez, Jr., *Elaborations on Emptiness: Uses of the Heart Sūtra* (Princeton, NJ: Princeton University Press, 1996).

31 廖本聖，〈蓮花戒《般若波羅蜜多心經釋》之譯注〉，《中華佛學學報》10（1997）：83-123。

32 H. W.Bailey, "*Mahāprajñāpāramitā-sūtra,*" in *Prajñāpāramitā and Related Systems: Studies in honor of Edward Conze*, 153-162.

33 L. Lanscaster, "A Study of a Khotanese *Prajñāpāramitā* Text: After the Work of Sir Harold Bailey," in *Prajñāpāramitā and Related Systems: Studies in honor of Edward Conze*, 163-183.

34 Alex Wayman, "Secret of the Heart Sutra," in *Prajñāpāramitā and Related Systems: Studies in honor of Edward Conze*, 135-152.

與實踐，並且提出了日本在地佛教信仰實際上與薩滿、神道教的交流頗深，為一種佛教、薩滿信仰、神道教的複合體（Buddhist-Shamanist-Shinto complex），也影響了日本佛教界對於《心經》的詮釋。[35]

三、疑僞問題研究

如前述，東西方學者多認為《心經》是自「般若」經典擷取而來，然 Jan Nattier 於 1992 年發表了一篇文章〈The Heart Sūtra: A Chinese Apocryphal Text?〉，[36]更進一步地提出了玄奘本《心經》是一部「偽經」，原為中國古人所作，甚至極有可能就是玄奘本人，後才反譯回梵文，而有了梵文本，此文引起了東西方學者的諸多討論，因本書也涉及繙譯、使用底本等問題，無論支持或反對，這些學者們所提出的論點、研究方法、材料證據等，都非常值得借鏡參考，故簡述如下。

Nattier 首先簡要回顧了前人研究成果，並將短本《心經》分做三節——Introduction、Core、Conclusion——以利討論，然所使用的短本梵文英譯版，與玄奘本《心經》經文略有出入，其分節為「Introduction」從「觀自在菩薩」（The *bodhisattva* Noble Avalokiteśvara）至「照見五蘊皆空」（he regarded the five *sakndhas* as empty）句，「Core」從「舍利子」（Here, Śāriputra）到「無智亦無

35 Michael Pye, "The *Heart Sutra* in Japanese Context," in *Prajñāpāramitā and Related Systems: Studies in honor of Edward Conze*, 123-134.

36 Jan Nattier, "The Heart Sūtra: A Chinese Apocryphal Text?" 153-223.

得」(no knowledge and no attainment)句，「Conclusion」則從「以無所得故」(Therefore, Śāriputra, because there is no attainment)至最末咒文結束(參見表 3)。[37]文中先比較了玄奘本《心經》和鳩摩羅什本《摩訶般若波羅蜜經》(Pañcaviṃśatisāhasrikā-prajñāpāramitā-sūtra)(T0223)(Nattier 又將之稱為 the *Large Sūtra*，即《大經》)，發現二者內文相似度極高。然事實上，無論是學術界或佛教界，如 Conze、中村元、東初老和尚等佛學者，皆做過文本比較分析，並認為《心經》是自「般若」經典中擷取而來，如東初老和尚指出《心經》全文雖未見於玄奘所譯六百卷《大般若波羅蜜多經》(T0220)內，但在《大般若波羅蜜多經》〈觀照品第三之二〉、〈功德品第三十二〉，以及鳩摩羅什譯《摩訶般若波羅蜜經》(T0223)的〈習應品第三〉、〈大明品第三十二〉等章節中都可找到相近內容；再者《心經》的咒文「是密教的胎藏界持明院五尊中的中尊般若菩薩的真言」，可見於《陀羅尼集經》(T0901)〈般若大心陀羅尼第十六〉中，[38]可知 Nattier 所提並非新論，惟此前並無人有《心經》是「偽經」的說法。

接著 Nattier 再比對漢譯本與梵文本《心經》，發現玄奘本的繙譯與梵文本基本相符，但在將梵文本《心經》和於吉爾吉特(Gilgit)發現的《摩訶般若波羅蜜經》梵文本比對後，發現二者在文法及詞

---

37 Jan Nattier, "The Heart Sūtra: A Chinese Apocryphal Text?" 155-156.

38 Edward Conze, "Text, Sources, and Bibliography of the Prajñāpāramitā-hṛdaya," 47.
中村元，《般若経典》，196。
東初老和尚，《般若心經思想史》，29-36。
本書使用之《般若心經思想史》版本為 2011 出版，然東初老和尚相關論述已可見於 1985 年版本，早於 Nattier 論文發表年代，特此說明。
釋東初編著，《般若心經思想史》，收錄於《東初老人全集》(臺北市：東初出版社，民 74)，4：288-293。

彙等方面具有顯著差異，並提出多項「反譯」（back-translation）文句及詞彙的證據，認為梵文本《心經》是從漢文本繙譯而來，再輔以玄奘足跡等歷史、文獻證據，大膽推定此譯者即為玄奘本人。Nattier 所使用吉爾吉特手稿（Gilgit manuscript）已由印度於 2017 年登錄在聯合國教育、科學及文化組織（UNESCO, United Nations Educational, Scientific and Cultural Organization）的「世界記憶（Memory of the World）」名錄裡，據其說明，這些手稿發現於印度克什米爾（Kashmir）地區的吉爾吉特，可追溯至 5 至 6 世紀，包含佛教經典和其他非經典的佛教作品，對於研究佛教思想和著作的歷史與發展十分珍貴。[39]

自 Nattier 論文發表後，陸續引起多位學者提出不同看法，其中以福井文雅提出的 12 點反論最具代表性，[40]主要從文獻資料使用、文本結構分析、文本內容解讀等面向的探討。在文獻資料上，福井提出歷史上並無《心經》為「偽經」的紀錄，卻有大量其為玄奘所譯的資料，如現存於西安碑林博物館之唐太宗（598-649，627-649 在位）《大唐三藏聖教序》碑，立於咸亨三年（672），附錄了《心經》全文，碑文是在玄奘本漢譯後 24 年所作，無造偽理由，Nattier 卻未詳加考證各種中國古代文獻紀錄，提出更充足、更確實能支持其論點的證據。

而在文本結構方面，因 Nattier 在文本結構上的分節方式，並非佛教學傳統科文分節，為其所獨創，亦未說明不採用傳統科文的理由，使其在文本分析上多處立論基礎薄弱。實際上，Nattier 在文

39 "Gilgit Manuscript," *Memory of the World*, UNESCO, accessed Aug. 28, 2022, <https://en.unesco.org/memoryoftheworld/registry/303>.

40 福井文雅,《般若心経の総合的研究——歴史·社会·資料》, 554-565。

中以英文「introduction」、「opening section」、「core」、「conclusion」、「closing section」等詞彙表達各段落，且在文中提及玄奘版《心經》無「proper opening」及「proper conclusion」，應指玄奘本無「適當的『序分』」和「適當的『流通分』」，可知Nattier了解「三分科經」的傳統，然因用英文表達，不能確定 Nattier 是否如東初老和尚和聖嚴法師一樣，將之視為「序分」、「正宗分」及「流通分」，並且含有「三分科經」的概念，抑或只是為了論述需要，權宜劃分成三段。不過福井認為此「分節」方法並非學術界通用，故 Nattier 以此法分析所得的結果皆應存疑。此外，福井亦認為對於「小本」而言，Nattier 所謂的「Core」(福井行文用「核心」一詞)及「Conclusion」(福井用「結論」一詞)並無分別必要，對於「小本」來說「核心」與「結論」是一樣的，這樣的分節法反而是錯誤的。

至於在經文解讀上，福井認為 Nattier 僅用了極少的文本資料進行比較分析，未能釐清梵、漢佛經詞彙繙譯、使用的情況，亦未能掌握《心經》在中國的流傳及其內涵演變，例如對於《心經》「經文部分」與「呪文」存在的先後順序雙方見解也不同，Nattier 提出「呪文」為後加，而福井則根據之前的研究指出「呪文」本已存在，再附加上「經文部分」，成為現在的形式。簡言之，福井認為 Nattier 所提玄奘本《心經》為偽經的多項證據，實際上仍缺乏一錘定音的關鍵資料。

其他學者的觀點亦極具參考價值，如支持 Nattier 論點的西方學者梅維恆（Victor H. Mair，1943-）在其 2004 年發表的〈《心經》與《西遊記》的關係〉一文中指出，[41]《心經》（應指玄奘本）的

41 梅維恆，〈《心經》與《西遊記》的關係〉《唐研究》10（2004）：45-64。

篇幅極短，且缺少傳統科文格式，說法主為「觀（世）音菩薩」而非「佛陀」，無一梵文本題署其為「經」（sūtra），不像一般佛經，以及末尾咒語罕見於大乘佛經等異常之處，「令人不得不懷疑它原來就是一部經的真實性」，再加上梵文的語法、詞彙分析，「讓人們對於現存梵文《心經》的可信度更加感到不安」。因此，梅維恆從另一個角度切入，解析《西遊記》文本的起源與流傳，探討《心經》與玄奘在佛教歷史上所扮演的角色，梅維恆指出《西遊記》文本起源於敦煌 S2464《唐梵翻對字音般若波羅蜜多心經》序，[42]透過序文內容，分析出《心經》與玄奘、觀音菩薩、不空（705-774）、梁武帝（02-549）之間關係密切，乃因「《心經》對於玄奘的吸引力和不空對玄奘的景仰，以及他們倆個人在教義上的偏愛」而形成。《西遊記》從這篇序文，以及《大唐大慈恩寺三藏法師傳》所載玄奘生平，後再經過 10 世紀後半的《太平廣記》、《大唐三藏取經詩話》等文學作品潤飾，逐漸發展而成。

梅維恆在文中列出《西遊記》中所有出現《心經》的章節，其中第 19 回「除微小的出入，整個記載基本上跟歷史上僧人寫的《心經》一樣。（《大正藏》251）」。[43]因《西遊記》有滿文譯本（新疆人民出版社於 1989 年出版的《西遊記》（錫伯文）三冊），若滿文本中亦載有《心經》全文，則可做為本書討論的另一重要材料，然未能找到文本，故詢問莊吉發老師，老師熱心提供了滿、漢文本對照，可惜滿文本並未譯出全文，僅音譯作「do sin ging」，即「多心經」（1：308-311）。若能詳細比對《心經》在《西遊記》滿、漢本中的細節，或許在滿文繙譯或《心經》對於文學作品的功能、影響、

---

42 關於梵音漢字諸寫本，福井文雅已做了詳細考察，詳見其書。
福井文雅,《般若心経の総合的研究——歴史·社会·資料》, 77-168、441-459。

43 梅維恆，〈《心經》與《西遊記》的關係〉，57。

重要性等議題上也能有新發現。

從本書在上兩節版本及注疏研究概述中可知，梅維恆所指出關於《心經》的格式特徵並非新論，至於梵文語法、詞彙的比較分析也未在文中詳加著墨，而從敦煌本序文內容，看出圍繞在《心經》四周的人物如玄奘、不空等，以及文本最終發展成《西遊記》之論，皆可見於陳寅恪 1930 年〈唐梵翻對字音般若波羅蜜多心經跋〉一文中，[44]梅維恆之論述雖未出陳寅恪研究脈絡，但其旁徵博引，論述清晰，對於《心經》研究，尤其在文學面向上的影響，值得一讀。

惟有三點須在此提出釐清，其一乃文中提到《太平廣記》的故事時，梅維恆指出「這裡的《心經》被寫成了《多心經》。這是唐朝時候常見的一個錯誤。抄寫人把般若波羅蜜多的最後一個音節『多』錯誤地割裂下來，放在《心經》的『心』前面。由於漢字不分詞連寫，文言文也沒有標點符號，這樣的錯誤很容易發生。」[45]然眾所周知，福井文雅已對《多心經》緣由詳加分析考證（參見圖 2），認為並非誤植，《多心經》實為《般若波羅蜜多之心經》的省略語，一方面因當時具有《心經》經題的經典甚多，故加上「多」字，以利區別；另一方面，梵文經題中「hṛdaya」一詞，原意「心臟」，亦具「呪文、真言、陀羅尼」之意，故支謙譯本經題作《摩訶般若波羅蜜呪經》、鳩摩羅什譯本經題作《摩訶般若波羅蜜大明呪經》，而玄奘則將經題「呪經」、「大明呪經」的部分譯作「心經」，所以《多心經》可理解為「以般若波羅蜜多的密咒為中心的經典」，此即為唐代「密咒中心的般若心經觀」，而後才逐漸轉為「『色即是

44 陳寅恪〈唐梵翻對字音般若波羅蜜多心經跋〉，《國學論叢》2：2（1930）：1-2。
45 梅維恆，〈《心經》與《西遊記》的關係〉，54。

空』的般若心經觀」。[46]簡言之，此經兼有顯教大般若的「空觀」思想，以及密宗的「呪文」特色，因具神咒的威力「能除一切苦」，而成為吸引信眾的原因，故福井認為可將「呪文」視為「般若心經的核心」，[47]可知《多心經》反映了唐人的佛教思想，是否能僅以「錯誤」解釋「多」字，值得深思。

其二是陳寅恪在文中提到了《銷釋真空寶卷》及陸游《入蜀記》卷 5 皆有與《西遊記》和梵語《般若心經》相關材料，[48]惜未見梅維恆詳加分析論述。最後也最重要的一點是，陳寅恪在文末指出：

> 斯蓋當時風尚，取果報故事與本經有關者編列於經文之前，以為流通之助。此心經序文歷序因緣，盛談感應，乃一變相之冥報傳，實考證玄奘取經故事之重要材料，殊未可以尋常經典序文目之也。[49]

提示了若能從佛教果報、變相故事的角度探討《心經》在佛教傳播、佛經流通、佛教文學等面向的發展與影響，或許在《心經》相關議題研究上能有所斬獲。事實上，佛教與中國文學的關係已有多位學者研究探討過，除《西遊記》外，包括戲曲、變文、話本、詩詞、小說等，皆受佛教的影響。[50]

---

46 福井文雅,《般若心経の総合的研究——歴史·社会·資料》，199-216。

47 福井文雅,《般若心経の総合的研究——歴史·社会·資料》, 172-174、199-239、569-583。

48 陳寅恪〈唐梵翻對字音般若波羅蜜多心經跋〉，2。

49 陳寅恪〈唐梵翻對字音般若波羅蜜多心經跋〉，2。

50 陳寅恪,〈西遊記玄奘弟子故事之演變〉,《國立中央研究院歷史語言研究所集刊》2:2（民 19）：157-160。
張曼濤主編，《佛教與中國文學》，（臺北市：大乘文化出版社，民 67）。
胡適，〈《西遊記》考證〉，《胡適作品集》（臺北市：遠流出版事業股份有限公司，1994），10：39-84

回到《心經》是否為「偽經」的主題上，福井在其文中說明 Nattier 文章後段論述與《般若心經》是否為「偽經」已無直接關聯，且礙於篇幅，故僅對「偽經」議題提出論述，而未錄出全文。而後為提供學術界參考及討論，工藤順之（生年不詳）與吹田隆道（1955-）得到 Nattier 授權，將全文完整譯成日語，補足了福井未能探討包括《心經》在印、藏的流通，以及中、印、藏對於佛經真偽認定等內容。[51]在中譯方面，紀贇雖因尚未取得授權，未能完整繙譯全文，但在文章中詳細分析原文內容及論點，並提出自己的看法，同時也回顧了中外學者在《心經》繙譯、研究文獻及資料等面向的研究，內容詳實，值得參考。[52]

另外 Tanahashi Kazuaki（棚橋一晃，1933-）亦曾深入探討 Nattier 論點，並更進一步提出梵文本之底本應非玄奘本，而是據羅什本《大經》及《大智度論》為底本的另一版本，Tanahashi 稱之為「α version」。此外作為一名佛經譯者，Tanahashi 也提出他對中國古代佛經繙譯的見解，認為不能以今日「translation」的定義來討論古代譯經之作，僅以《心經》長本為例，中國歷代譯經者修改篇幅極小，若以今日之見，應視為「剽竊」前作，實際上繙譯佛經的主要目的在於能「忠實於原作」並能「合於當世」，以利佛教的傳播；另一方面也考量到佛經實際上多用於眾生齊聚頌讀，而非一人閉門研讀，故繙譯時文句不宜更動過多，[53]佛經繙譯的重點，非常值得

51 工藤順之・吹田隆道訳，〈ジャン・ナティエ著『般若心経』は中国偽経か？〉《三康文化研究所年報》37（2007）：17-83。

52 紀贇，〈《心經》疑偽問題再研究〉，115-182。

53 Tanahashi 在附錄中亦收集了多本《心經》，亦可作為分析比較版本的材料。Tanahashi Kazuaki, *The Heart Sutra: A Comprehensive Guide to the Classic of Mahayana Buddhism*, 73-89, 205-228。

關注。事實上胡適早已提出佛經的繙譯影響中國白話文學甚深，除了因中國原有文學形式無法與外國文體、語體對應外，還有一開始主譯者是外國人，助譯者多為民間信徒，皆未受過中國文學對仗駢偶的訓練，最重要的是「宗教的經典重在傳真，重在正確，而不重在辭藻文采；重在讀者易解，而不重在古雅」，所以「譯經大師多以『不加文飾，令易曉，不失本義』相勉」。[54]同樣地，在考察佛教經典之滿文譯本時，也應首重「傳真」、「正確」、「易解」等要點。

在梵文詞彙及文法分析上，原田和宗一方面重新整理了各版本的梵文短本《心經》，另一方面提出關於 Nattier 論點的疑問，例如若如 Nattier 所言，梵文短本《心經》譯自玄奘本《心經》，則為何梵文短本《心經》無玄奘本「度一切苦厄」句？而 Nattier 對如此明顯的文本歧異卻隻字未提。其他對於 Nattier 作為證據的梵、漢文詞彙及文法問題，原田也在文中參考了多種譯本，提出質疑。[55]除了回應 Nattier 論點外，原田在版本校勘、考證及解讀、詮釋上都有個人見解，並且參考了多位學者的論述，提供了《心經》研究的基礎認識。然而渡邊章悟對於原田的梵文繙譯及資料使用，仍抱持疑慮，渡邊從《心經》文中對於「空性」的論述著手，比較分析《心經》諸本及相關般若經典的梵文本、漢譯本及藏譯本，認為羅什本實非鳩摩羅什所譯，且《心經》文本的發展應以短本為先，長本為後，而長本又可分為兩個系統，先發展出梵本《心經》、法月本及智慧輪本，而後再有藏譯本及般若共利言本、法成本、施護本，可歸納為三個階段依次開展。[56]渡邊雖未直接回應 Nattier 論點，也

54 胡適，〈白話文學史〉，19：154。

55 原田和宗，〈梵文『小本・般若心経』和訳〉，124-79。

56 渡辺章悟，〈空性表現から見た『般若心経』の成立〉，《東洋思想文化》4（2017）：134-93。

未著墨於偽經議題，主要討論《心經》文本的成立及發展，然其研究方法及成果亦值得參考借鑑。另一方面，石井公成（1950-）則針對 Nattier 梵、漢繙譯及解讀面向提出疑問，石井舉了「照見五蘊皆空」及「真實不虛」二例，詳細分析梵文辭彙及文法組成及結構，說明 Nattier 論述中有疑慮之處，並且提出 Nattier 文中所用的英譯本，與漢譯本相近，而非譯自梵文本，Müller 等學者曾英譯過梵文《心經》，Nattier 卻未加以參考使用。[57]

尚有其他學者提出看法，如 Red Pine 認為或許 Nattier 所用的羅什本《大經》和玄奘本《心經》梵文本在流傳過程中出現遺缺，成為今天的版本；亦或者有當時其他流通的梵文本，玄奘據以漢譯，而後該梵文本失傳，故出現梵、漢經文不符的問題。[58]Lusthaus 以圓測在《佛說般若波羅蜜多心經贊》中所討論、引用的材料，認為當時可能有其他版本的《心經》流通，並且以圓測引羅什本《心經》與玄奘本比較，反駁了 Nattier 認為羅什本實際晚於玄奘本，乃後人託名之作的主張。[59]林光明亦曾提及 Nattier、福井及其他學者的論點，認為各有根據，「讓人知道同一部佛經竟然有這麼多不同的看法，進而培育更寬廣的角度去研讀佛經；以及由此論戰而引起更多人閱讀《心經》，乃至產生深入研究《心經》的興趣」，[60]或許亦可作為本書花了如此篇幅簡述多位學者觀點的理由，更期許在探討滿文繙譯相關問題時，能銘記各家學者在研究方法、使用材料、文本分析等面向時嚴謹的研究態度。

57 石井公成，〈《般若心経》をめぐる諸問題——ジャン・ナティエ氏の玄奘創作説を疑う〉《印度學佛教學研究》64：1（平成 27 年〔2015〕）：499-492。
58 Red Pine [Bill Porter, 1943-] trans. and com., *The Heart Sutra: The Womb of Buddhas* (Washington, D. C.: Shoemaker & Hoard, 2004), 22-26.
59 Dan Lusthaus, "The *Heart Sūtra* in Chinese Yogācāra: Some Comparative Comments on the *Heart Sūtra Commentaries* of Wŏnch'ŭk and K'uei-chi," 81-87.
60 林光明，《梵藏心經自學修訂版》（臺北市：嘉豐出版社，2008），308。

四、滿文譯本研究

關於《般若波羅蜜多心經》滿文譯本的研究相對不多，在西方學術界有 Fuchs（1902-1979）及 Mish（1909-1983）曾發表過論述，[61]惜未能取得原文，無緣拜讀。然據 Rudolph（1909-2003）的滿文研究書目解題可知，[62]Fuchs 在文中討論了《心經》漢譯史，並提供了滿文本的參考資料；此外文中列舉了其中 8 種，且重製了包括 1724 年的四體合璧本及康熙年間的五體合璧本，另有巴黎國家圖書館（the Bibliothèque nationale, Paris）的滿漢合璧本的影印本，並對各文本內容進行描述、比較和分析。其中巴黎國家圖書館本應為本書所討論的文本之一，據本書文本出處的法國國家圖書館（Bibliothèque nationale de France）網站書目資料顯示，Fuchs 認為此本應成於 1730 年至 1760 年間，但繙譯年代可能更早。[63]另一方面，Mish 在文中所討論的是三體合璧本《心經》的繙譯技巧，他指出譯者為滿語創造了新的佛教含義──他們不僅按字面繙譯，還比較了其他文本，「作為翻譯本，滿文本較中文本更接近原文，

---

61 Walter Fuchs, *Die mandschurischen[Mandjurischen] Druckausgaben des Hsin-ching (Hrdayasutra). Mit Reproduktionen der vier- und der fünfsprachigen Ausgabe* [The Manchu printed editions of the Hsin-ching (Hrdayasutra). With reproductions of the four and five language editions], (Wiesbaden: Franz Steiner in Komm. 1970) (Abhandlungen für die Kunde des Morgenlandes 39,3).
John Leo Mish, "The Manchu version of the Heart Sutra," *Etudes mongoles* 5 (1974): 87-90.

62 Richard C. Rudolph initiated, Hartmut Walravens enlarged and edited, "Comprehensive Bibliography of Manchu Studies," *Monumenta Serica* 57 (2009): 272, 347.

63 "Bo re bo luo mi duo xin jing [zhu yan] 般若波羅蜜多心經[註演 trad. par Xuanzang 玄奘], avec commentaire," *Gallica*, accessed July 23, 2021, <https://archivesetmanuscrits.bnf.fr/ark:/12148/cc34453f>.

且接近於藏文本的真實度」，[64]與本書考察成果相符，此二研究對於滿文繙譯相關議題打下了重要基礎。

其他《心經》的滿文譯本研究還有林士鉉考察過的四合本及「藏文及其滿字對因並滿文附漢文《般若波羅蜜多心經》」（其文中稱為「三合本」），[65]其中四合本乃林光明在北大圖書館發現的雍正元年（1723）本，[66]三合本則出於東洋文庫，此二本一為長本，一為短本，林士鉉除將此二本《心經》全文「逐句註音析義」外，比較分析了滿、漢文的詞彙，並討論了二者經文繙譯的異同，對本書研究啟發甚大。

另一本則為王敵非討論過的版本，附於《佛說阿彌陀佛經·心經》中，[67]除了逐字繙譯外，王敵非還考察了《御製清文鑑》中各詞彙的定義，用以解釋滿漢詞彙互譯上的問題。無論是林士鉉或王敵非的研究，在文中的漢文句義皆僅使用《心經》漢譯本，而未依滿文詞義譯出句義，在比較滿漢經文內容，及凸顯滿文繙譯特色上幫助不大，故本書除使用漢譯本外，亦按滿文詞義譯出漢文，亦可反映出莊吉發研究中「佛經內的滿文，多以白話語體文對譯，文義清晰，淺顯易解，對照滿文和漢文後，有助於了解漢文的含義」的論點。[68]最後一本關於「中國境內各族文字」譯本，是蘇南望傑據藏文所譯的《心經》研究，[69]此本雖非本書所聚焦的滿文繙譯本，

64 Richard C. Rudolph initiated, Hartmut Walravens enlarged and edited, "Comprehensive Bibliography of Manchu Studies," 347.
65 林士鉉，〈清代滿文譯本《般若波羅密多心經》初探〉，511-567。
66 林光明，〈清康熙譯廣本心經〉，29-35。
67 王敵非，〈滿譯藏傳《般若波羅蜜多心經》研究〉，《黑河學院學報》1：4（2010）：111-114。
68 莊吉發，〈國立故宮博物院典藏《大藏經》滿文譯本研究〉，3：51。
69 蘇南望傑，〈藏譯佛典譯語初探——以藏文《心經》為中心〉，《正觀》96（2021）：55-154。

但若能與滿文繙譯一併討論，或許亦可探討語言互譯，及其影響等相關議題。

在回顧了前人研究後，可知無論學術界或佛教界，皆嘗試以不同角度解讀《心經》，或繙譯校勘經文，或解析古代注疏，或探討宗派思想發展，或著重與生活經驗結合，故自古關於《心經》思想與實踐的著作繁多，不勝枚舉。在漫長的佛教發展史上，佛經的譯註流通扮演著非常重要的角色，一部經典可能受到時間、空間、族群、社會、政治等因素影響，後人有各自不同的解讀與詮釋，故今人在探討《心經》滿文譯本時，也應該將這些因素考量進去，期能更精確探討使用詞彙，及其背後的繙譯動機。

再者，雖然 Nattier 文中仍有許多疑問尚待回應，但從學者們的討論中可以觀察到在研究繙譯、版本議題時，也要注意文本的選擇及詞彙、文法結構分析等面向；另一方面，多語文本間的比較分析或許能為佛經的滿文譯本開闢出一條研究道路，因目前佛教經典的相關研究以梵、漢、藏等語文的文本為主，其中又以中、日、藏等地之傳世文本，和敦煌、西域等地新發掘之寫本為重，透過解析滿文佛經譯本，亦可考察比對不同語文互譯之間的關係，對於佛經版本、譯本、詞彙等議題提出不同面向的多元討論，本書即據此解析《心經》滿文譯本二種，並嘗試提出所見。

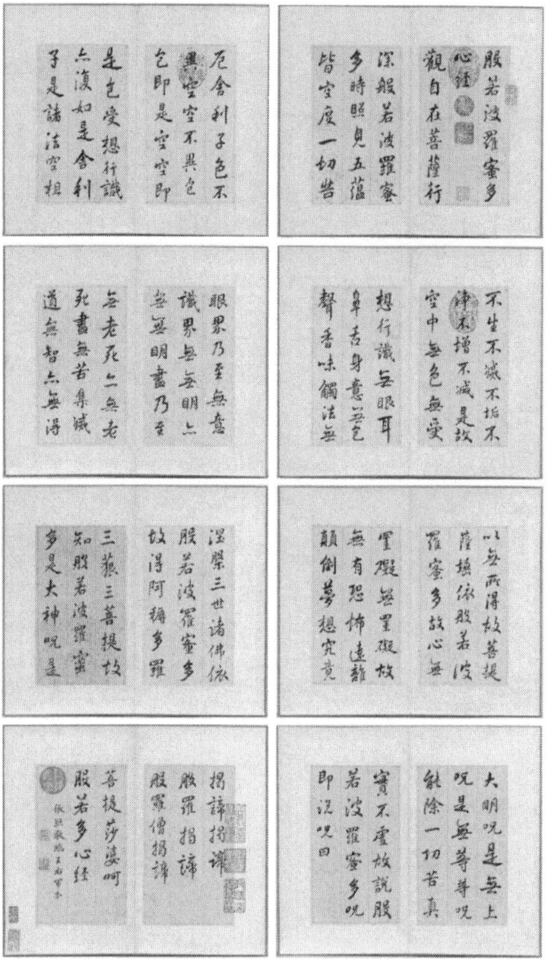

註：經末經題作「般若多心經」，從文末款「張照敬臨王右軍本」可知底本為東晉王羲之（303-361）所書，呼應福井文雅對於《多心經》之考察。

圖 2 （清）張照自書《心經》

國立故宮博物院藏

參、《般若心經》滿文本書目資料

考察當前學者研究，各家收錄現存《般若波羅蜜多心經》滿文譯本並不相同，故本書以《全國滿文圖書資料聯合目錄》及莊吉發文中收錄的《世界滿文文獻目錄》為基礎，比對繁簡不一的書目資料及典藏地，整理出目前已知現存《般若波羅蜜多心經》滿文本，[1] 包括下列幾種（書目資料一覽表參見附錄一）：

1.《摩訶般若波羅蜜多心經》（雍正元年）

據 Xiao Chun（生年不詳）論文摘要指出雍正元年（1723）刻本《摩訶般若波羅蜜多心經》，屬長本，藏於故宮博物院圖書館和北京大學圖書館，為藏、滿、蒙、漢合璧一冊，經折裝，兩邊雙欄，每半頁 4 行，即第一行是藏文、第二行是滿文、第三行是蒙古文、

1 Xiao Chun, "Three Versions of 'Heart Sutra' Manchu Translation《摩訶般若波羅蜜多心經》的三種滿文譯本," abstract, presented at *The 6th International Symposium on Oriental Ancient Documents Studies*, Saint Petersburg: Saint Petersburg State University, Oct. 2nd-6th, 2016), 96, accessed Oct. 6, 2021, <https://www.orient.spbu.ru/books/6th_International_Symposium_Oriental_udies/>.
王敵非，〈滿譯藏傳《般若波羅蜜多心經》研究〉，111。
莊吉發，〈國立故宮博物院典藏《大藏經》滿文譯本研究〉，3：30-33、56-60。
林光明，〈清康熙譯廣本心經〉，30。
黃潤華、屈六生主編，《全國滿文圖書資料聯合目錄》（北京：書目文獻出版社，1991），33-59。

最下面的一行以漢文書寫。此本未見於《全國滿文圖書資料聯合目錄》、莊吉發及王敵非（生年不詳）論文中，然據林光明曾撰文指出此本為「雍正年間刊本即所謂的康熙譯本」，[2]全文亦收錄於林光明《心經集成》附錄中。[3]清世宗御製序中言明因聖祖「得西藏舊本《心經》，凡五百五十五字，較之今本則前後敘述體製獨為完備，中間文法亦有詳畧〔略〕異同，乃知此為《心經》完本」，[4]可知此本之底本為西藏舊本。因目前多數滿文本成於乾隆年間，此本較早且有明確紀年，再加上為官方版本，在滿文繙譯研究上具關鍵地位，林士鉉已詳細析論，此本即其文中所謂四合本，[5]本書亦採用此簡稱。

2.《心經》（乾隆四十九年）

另一本有明確紀年之《心經》，為清乾隆四十九年（1784）刻本，短本，藏於雍和宮、中央民族大學圖書館（前身為中央民族學院）。此本見於《全國滿文圖書資料聯合目錄》、Xiao Chun 論文摘要、莊吉發及王敵非論文中。據 Xiao Chun 指出此本乃藏、滿、漢合璧，一冊，經折裝，滿、漢、藏文相間各 2 行。四周雙邊，朱絲欄，版框 15.3×7 cm，開化紙，保存完好。全文分三個部分書寫，第一部分是藏文心經，下面有滿文標注藏文的讀音；第二部分是滿文心經；第三部分是玄奘譯的漢文心經。此本為林士鉉所討論的三合本（本書亦採用此簡稱），其所使用版本藏於日本東洋文庫。[6]

2 林光明，〈清康熙譯廣本心經〉，30。
3 林光明編著，《心經集成》，475-495。
4 林光明編著，《心經集成》，478-479。
5 林士鉉，〈清代滿文譯本《般若波羅密多心經》初探〉，513-514、516。
6 林士鉉，〈清代滿文譯本《般若波羅密多心經》初探〉，515-516。

3.《佛說阿彌陀佛經・心經》

另一本已有學者專文討論者為《佛說阿彌陀佛經・心經》之《心經》部分，刻本，短本，年代不詳，藏於中國國家圖書館（前身為北京圖書館）、首都圖書館、中國第一歷史檔案館、中央民族大學圖書館、遼寧省圖書館與大連市圖書館，另據莊吉發所引《世界滿文文獻目錄》指出，日本東洋文庫亦藏有此本。王敵非於文中詳述此本之版本、裝幀為滿、漢合璧本，線裝，共六頁，前五頁滿、漢文各五行，第六頁滿、漢文各兩行四周雙邊五行頁面 28×17.3 cm，半頁版框 18.7×14 cm，版口處有單魚尾、漢文書名及頁碼等項。為區別版本以利討論，本書據王敵非論文題目簡稱為「藏傳本」。[7]

4.《般若波羅蜜（密）多心經》二本（收錄於滿文《大藏經》中）

前述之滿文《大藏經》，乾隆年間刻本，收有二本《般若波羅密多心經》，[8]皆存於北京故宮博物院，據《全國滿文圖書資料聯合目錄》及莊吉發論文可知，北京故宮博物院所藏滿文《大藏經》共 76 函，一本收錄於第 29 函，一本收錄於第 61 函中。除北京故宮博物院外，另有 32 函藏於臺北故宮博物院，合計 108 函，皆為清內府滿文原刻朱色初印本。[9]其全套木雕版至今仍保存完整，目前藏於北京故宮博物院，2001 年北京故宮紫禁城出版社以北京故宮

7 王敵非，〈滿譯藏傳《般若波羅蜜多心經》研究〉，111-114。

8 《全國滿文圖書資料聯合目錄》及莊吉發所錄《世界滿文文獻目錄》中「般若波羅密多」之「密」字，皆寫作「密」，本書中僅於論及此二目錄版本時，寫作「密」，其餘時候皆按各《心經》版本原文著錄。

9 莊吉發，〈國立故宮博物院典藏《大藏經》滿文譯本研究〉，3：29。

藏版為主，輔以西藏布達拉宮本，重新以原木雕模版朱色刷印，並在 2002 年完成出版了 20 套。[10]臺灣法鼓佛教學院（現為法鼓文理學院）購入 1 套後，於 2007 年展開數位化計畫，完成了 109 函（108 函藏經及 1 函目錄）中的 10 函──第 1 至 5 函、第 52 函、第 57 函、第 59 函、第 82 函、第 109 函（即目錄函），並將其中第 52、57、59 等三函上線公開。[11]滿文《大藏經》所收二本《心經》，就收錄於已公開的第 52 及 57 函（與《全國滿文圖書資料聯合目錄》及《世界滿文文獻目錄》所錄原北京故宮博物院所藏之函號不同）中。考察此二本網路版後發現，除經文及斷句略有出入外，二本內容基本相同，皆為長本《心經》。[12]為能詳細討論滿文繙譯相關議題，本書同時收錄二本，譯註校勘，並將校勘本簡稱為「滿藏本」，若須特指某函版本，則於其後加上函號，即「滿藏本 52」和「滿藏本 57」，以茲區別。

5.《般若波羅蜜多心經》

本書中所討論的另一本《般若波羅蜜多心經》，年代不詳，刻本，短本，藏於遼寧省圖書館和法國巴黎圖書館。Xiao Chun 於其論文摘要中指出，此本為滿、漢合璧一冊，四周雙欄。[13]本書所使

---

10 李之檀，〈滿文《大藏經》經版今安在〉，《紫禁城》4（2001）：2-8。張楠、江英，〈重印本《滿文大藏經》〉，《紫禁城》1（2003）：47-48。

11 Marcus Bingenheimer, "History of the Manchu Buddhist Canon and First Steps toward its Digitization," *Central Asiatic Journal* 56 (2012/2013): 210-212.

12 "Manchu Canon Image Archive," *Research Material for the Manchu Buddhist Canon*, Dharma Drum Buddhist College [法鼓佛教學院], accessed May 22, 2021, <http://buddhistinformatics.dila.edu.tw/manchu/images.php>.

13 Xiao Chun, "Three Versions of 'Heart Sutra' Manchu Translation," abstract, 96.

用版本為法國國家圖書館數位化圖檔，並已取得該館授權。[14]此本左開滿文 10 頁，右開漢文 6 頁。除經文內容外，並逐段詳加注解，對於理解此佛經，以及滿文繙譯等議題具顯著意義。本書依文本出處簡稱「法圖本」。

6.《般若波羅密多心經》

其他未見學者詳加析論者，尚有下列五本，包括《全國滿文圖書資料聯合目錄》編號 0122《般若波羅蜜多心經》，乾隆年間刻本，滿文，五葉，藏於中國國家圖書館（前身為北京圖書館）、遼寧省圖書館、大連市圖書館。此本亦見於莊吉發及王敵非論文中。

7.《般若波羅密多心經》（收錄於《佛經四種》中）

收錄於《佛經四種》中之《般若波羅蜜多心經》，《全國滿文圖書資料聯合目錄》編號 0144，年代不詳，刻本，滿漢合璧，二冊，藏於大連市圖書館。

14 *sure ulhisu cargi dalin de akūnaha niyaman sere ging* (Bo re bo luo mi duo xin jing [zhu yan] 般若波羅蜜多心經 [註演 trad. par Xuan-zang 玄奘]), avec commentaire, Gallica, accessed Sept. 28, 2021, <https://gallica.bnf.fr/ark:/12148/btv1b9002804b.r=Sure%20ulhisu%20cargi%20dalin%20de%20ak%C5%ABnaha%20niyaman%20sere%20ging?rk=21459;2>.

8.《般若波羅密多心經》（收錄於《金剛般若波羅密多經》中）

收錄於《金剛般若波羅密多經》中之《般若波羅密多心經》，《全國滿文圖書資料聯合目錄》編號 0156，清高宗（弘曆）重譯，抄本，滿漢合璧，二冊，藏於中國國家圖書館、大連市圖書館。

9.《摩訶般若波羅密多心經》

《摩訶般若波羅密多心經》，乾隆年間，泥金精寫本，滿漢蒙藏合璧，三十三頁，藏於故宮博物院圖書館，《全國滿文圖書資料聯合目錄》編號 0172，此本亦見於莊吉發和王敵非論文中。

10.《般若波羅蜜多心經》

《般若波羅蜜多心經》，年代不詳，刻本，滿漢合璧本，二三張，藏於中國國家圖書館，此本僅見於莊吉發論文中。

肆、《般若心經》滿文本繙譯

本段依據滿文《大藏經》及法國國家圖書館之《般若波羅蜜多心經》文本內容（原文圖檔參見附錄二），按其滿文斷句，以羅馬拼音轉寫後，附上滿文詞彙之漢文詞義及漢文句義，用以比對漢文譯本，並參考包括中村元、東初老和尚、聖嚴法師、印順法師（1906-2005）、星雲大師（1927-）、達賴喇嘛（1935-）等佛教學者及導師對於《心經》之論述及見解，藉以釐清滿文譯本之涵義。

一、滿藏本繙譯及析論

本節依北京紫禁城出版社出版之滿文《大藏經》第 52 函《般若波羅蜜多心經》及第 57 函所收錄《般若波羅密多心經》經文轉寫滿文羅馬拼音並斷句，[1]滿文詞義及佛教術語主要使用《滿和辭典》、《新滿漢大辭典》、《佛光大辭典》等參考資源，滿文句義依原文語意繙譯，並附漢譯本經文。雖法鼓山網站將二本分別標示為 T0251〔唐玄奘譯《般若波羅蜜多心經》〕及 T0255〔唐法成譯《般若波羅蜜多心經》（燉煌石室本）〕（參見表 5），然玄奘本為短本，

1 第 52 函本右側欄之漢文經題作《般若波羅蜜多心經》，使用「蜜」字，第 57 函本右側欄之漢文經題作《般若波羅密多心經》經題，使用「密」字，特此說明（參見附錄二）。

此二本皆為長本，明顯不符，故對比之漢文譯本主要採用法成本，其他古漢譯本為輔。

表 5　滿文《大藏經》漢滿《心經》經題及《大正藏》編號整理表

Taishō No.	Chinese Title	Manchu Title
[redacted]	[redacted]	[redacted]
T.0251	般若波羅密多心經	sure i cargi dalin de akūnaha niyaman i nomun
T.0255	心經	eteme yongkiyaha umesi colgoroko eme sure i cargi dalin de akūnaha niyaman i nomun
[redacted]	[redacted]	[redacted]

資料來源："Manchu Canon Image Archive," *Research Material for the Manchu Buddhist Canon*, Dharma Drum Buddhist College, accessed July 23, 2021, <http://buddhistinformatics.dila.edu.tw/manchu/images.php>.

函：葉：行	
52:19a:18	manju gisun de, eteme yongkiyafi colgoroko
57:36b:08	manju gisun de eteme yongkiyafi colgoroko
滿文詞義	滿 言 以 得勝著 全備後 超群了 〔二本句讀異〕
52:19a:19	eme sure i cargi dalin de akūnaha
57:36b:09	eme sure i cargi dalin de akūnaha
滿文詞義	母 聰明以那邊 河岸 於到對岸了
52:19a:20	niyaman i nomun,
57:36b:10	niyaman i nomun.
滿文詞義	心 的 經 〔二本句讀異〕
滿文句義	滿文云：得勝全備超群的母親以智慧到了河彼岸的心的經
法成本	般若波羅蜜多心經（燉煌石室本）

滿藏本備註 1　此經前經題與側欄及目錄之經題不同，相關滿文經題的文義分析及比較另於滿文諸本經題比較分析段落討論。

此處僅引佛教學者及導師著作簡要說明漢文《般若波羅蜜多心經》之意，[2]「般若」音譯自梵文「prajñā」，意為「智慧」。星雲大師更進一步將「般若」解讀作「我們的本來面目」，亦即「真我」，與「智慧」不同處在於「般若」是「絕對的善」、是「不可說的」、是「禪」。

「波羅蜜多」音譯自梵文「pāramitā」，可作二種解釋：一說為「到彼岸」，印順法師說明「凡作一事，從開始向目

2 中村元，《般若経典》，154-155。
星雲大師，《般若心經的生活觀》（臺北市：有鹿文化事業有限公司，2010），21-29、44-45。
印順法師，〈般若波羅蜜多心經講記〉，《般若經講記》（新竹縣：正聞出版社，民 92），143-144。
東初老和尚，《般若心經思想史》，61。
福井文雅，《般若心経の総合的研究——歴史·社会·資料》，11、174-175。

滿藏本備註 1（續）

標前進到完成，中間所經的過程、方法」，即「中文『度』（到彼岸）的意思」，東初老和尚同採此解，再滿藏本亦如是譯；另一義為「完全到達」，印順法師進一步解說為「凡事做到了圓滿成就的時候」，中村元採此解，故將「般若波羅蜜多」和譯作「智慧の完成」，漢文譯作「智度」，亦即本書前言引 *Encyclopedia of Buddhism*「the perfection of wisdom」之意。星雲大師則指出「波羅蜜多」是「古梵語」，當時作為口頭語，乃「事已成辦」、「事情完成了」之意，「多」是語助詞，如同漢文「了」，表示「過去完成了」；另外「『波羅蜜多』就是『度』」，即「從此岸渡到彼岸」之意，「有了般若，就能把我們從『迷』度到『悟』，把我們從『痛苦』度到『快樂』，把我們從『動』度到『靜』。有了般若，人生沒有苦只有樂，沒有動亂只有寂靜，沒有愚痴只有覺悟，有了般若就能得度，就能波羅蜜多了」，按星雲大師說法，「波羅蜜多」本為「事情完成了」之意，而當「般若波羅蜜多」連用時，「波羅蜜多」則作「度」解，又與前述諸家見解略有不同。

漢文「心」則意譯自梵文「hṛdaya」，原意為「心臟」，後轉為「精髓」、「要目」之意，另外如前述，福井認為「hṛdaya」也有「呪文、真言、陀羅尼」之意，滿藏本取原意而譯。按中村元研究，梵文原典最初並無此經名，是漢譯者將原文最後「prajñā-pāramitā-hṛdayaṃ samāptam」，即「智慧完成的心（真言）終」置於經首，作為題名而來。

此外，中村元亦提出因《心經》咒文「gate gate pāragate」為女性形「gatā」的呼格（vocative），故「般若波羅蜜」被視為女性人格。福井文雅則提出「經」字，即梵文「sūtra」未見於 Conze 研究過的梵文寫本中，但可見於中國保存的「梵漢飜對寫本」中，且漢譯本亦多將「經」字附於題名後，故認為乃中國漢譯者後加。

滿藏本備註 1（續）	再者，「prajñāpāramitā」漢文普遍作「般若波羅蜜多」，如玄奘本《般若波羅蜜多心經》，其中「蜜」或作「密」，如黃潤華、屈六生主編的《全國滿文圖書資料聯合目錄》中作《般若波羅密多心經》，本段在繙譯滿文句義時，為求標準，更為便於查檢詞義，以《佛光大辭典》所列漢文詞條為主，故本段滿文詞義作「般若波羅蜜」，其他詞彙亦同。
滿藏本備註 2	這裡要特別提出討論的是「sure i cargi dalin de akūnaha」中的「i」應作何解？是「屬格格助詞」，譯作「的」，「到了智慧『的』河彼岸」，亦或是「工具格格助詞」，譯作「以」，「『以』智慧到了河彼岸」，[3]較合乎經義？考察古漢文諸本經題（參見表 4），皆採音譯作「般若波羅蜜多」，未能凸顯其義，反而滿文本採意譯，有助於了解佛經含義。 就目前可得滿文譯本的研究中，林士鉉將之譯作「的」，王敵非則未註明其義。[4]查《佛光大辭典》「般若波羅蜜」，意為「照了諸法實相，而窮盡一切智慧之邊際，度生死此岸至涅槃彼岸之菩薩大慧」，再有「唯菩薩求一切智，遂以之達於彼岸，稱具足般若波羅蜜」，[5]由此可知，菩薩是「『以』一切智達於彼岸」，故此處「i」採「工具格格助詞」解，譯作「以」較為適當，若再參採法圖本之註演（法圖本備註 4），文意更為清晰，是以本書將「sure i cargi dalin de akūnaha」，譯作「以智慧到了河彼岸」。

3 （清）萬福編著，〈整理說明〉，《重刻清文虛字指南編》（北京：北京大學出版社，2018），1：8-9。

4 林士鉉，〈清代滿文譯本《般若波羅密多心經》初探〉，517。
王敵非，〈滿譯藏傳《般若波羅蜜多心經》研究〉，111。

5 《佛光大辭典》，慈怡法師主編（高雄市：佛光出版社，1988），s.v.「般若波羅蜜」，4304。

52:19a:21 uttu seme mini donjihangge emu fonde, eteme

57:36b:11 [uttu] seme, mini donjihangge emu fonde, eteme

滿文詞義 如此 云 我的 所聽了的 一 時候 得勝著

〔二本句讀異〕

52:19a:22 yongkiyafi colgoroko fucihi, randzagirha hecen i

57:36b:12 yongkiyafi colgoroko fucihi randzagirha hecen

滿文詞義 全備後 超群了 佛 王舍城 城 （的）

〔二本句讀異〕

52:19a:23 g'adarigut alin de, bodisado, geren gelung

57:36b:13 g'adariguan alin de bodisado, geren gelung

滿文詞義 靈鷲山 山 於 菩薩 眾 出家者

〔二本句讀異〕

52:19a:24 hūbarak uhei isafi tembihe, tere fonde eteme

57:36b:14 hūbarak uhei isafi tembihe, tere fonde eteme

滿文詞義 神職身分 一齊齊集後 已坐了 那 時候 得勝的

滿文句義 如此說的我所聽了的一時，得勝全備超群的佛在王舍城（的）靈鷲山，菩薩、眾出家階位者一齊集坐了。那時，

法成本 如是我聞：一時薄伽梵住王舍城鷲峯山中，與大苾蒭眾及諸菩薩摩訶薩俱。爾時，

滿藏本備註 3 關於「如是我聞一時」的斷句，據中村元研究，Müller本的斷句與一般中、日佛教學者見解一致，作「如是我聞／一時」（各家各本標點符號或有不同，暫且不論），本段所舉之法成本亦如是，然若按藏譯本經文，中村元和譯作「わたくしがこのように聞いたあるときに、世尊は王舍城・霊鷲山に住ませられた」，[6]因中、日語言不同，語法及語意無法完全對應，且本書非著重於中日語法繙譯討

6 中村元，《般若経典》，173。

滿藏本備註 3（續）	論，故僅依語意譯作「我聽聞如此之時，世尊是住在王舍城靈鷲山」，按日文的使役受身形「住ませられた」，隱有世尊是被安排而使其住在王舍城靈鷲山之意，然中文若強譯作「世尊是使被住在王舍城靈鷲山」，反而語意不明，特此說明。若依此藏譯本，則斷句應作「如是我聞一時」，此斷句亦可見於達賴喇嘛所用之漢譯藏傳本中；再者，John Brough（1917-1984）更對此議題有詳細的考察，認為此句原意應為「我曾在（釋迦摩尼生涯中的）一個時機聽到：他住在王舍城……」，並指出藏譯本的斷句為古梵文及巴利文本註疏者所熟知，即藏譯本保留了原斷句。[7]因斷句不同，語意也隨之相異，即「一時」是特指薄伽梵在王舍城靈鷲山的時候，抑或是薄伽梵生涯中的某個時刻（不一定是在王舍城靈鷲山那段時間內），如何解讀也關係到《心經》的時空背景，需要特別注意。滿藏本作「uttu seme mini donjihangge emu fonde,」，意「如此說的我所聽了的一時」，斷句與法成本不同，而更接近達賴喇嘛的漢譯藏傳本。
滿藏本備註 4	滿藏本「randzagirha hecen」，即法成本「王舍城」，「randzagirha」音譯自梵文「rājagṛha」，為 Magadha（摩羯陀國）的首都名，[8]「hecen」意「城」；法成本「鷲峰山」，法月本作「靈鷲山」，般若共利言本作「耆闍崛山」，梵文作「gṛdhra-kūṭa」，[9]滿藏本 52 譯作「g'adarigut alin」，其中「g'adarigut」乃梵文音譯，「alin」意「山」，滿藏本 57 則作「g'adariguan alin」，疑誤寫。另外，滿藏本 52 在二地名

7 達賴喇嘛，《達賴喇嘛談心經》（臺北市：圓神出版社有限公司，2004），73。John Brough, "Thus Have I Heard……," *Bulletin of the School of Oriental and African Studies* 13:2 (1950): 416-426.

8《梵漢大辭典》，林光明、林怡馨編譯（臺北市：嘉豐出版社，2005），s.v.「rājagṛha」，2：1007。

9 《梵漢大辭典》，s.v.「gṛdhra-kūṭa」，1：471。

滿藏本備註 4（續）	之間加上「i」，意「的」，即「王舍城的靈鷲山」，滿藏本 57 則無。據達賴喇嘛說明「大乘教法根源於佛陀在靈鷲山的開示。初轉法輪強調『苦』和『苦滅』，二轉法輪則是強調『空』」，所謂「初轉法輪」是指佛陀在菩提樹下證悟後，於鹿野苑說法，分享其開悟成果，主要為「四聖諦」（參見法圖本備註 38 討論），[10]可知王舍城靈鷲山乃佛教聖地之一，對於般若空觀思想的發展尤具象徵意義，或可說明作為般若思想精要的《心經》成於此時此地之緣由。
滿藏本備註 5	漢文「薄伽梵」，音譯自梵文「bhagavat」，原有「好運氣的，幸運的，繁榮的；應崇拜的，令人尊敬的，有神性的（諸神即諸半仙的稱呼），有尊嚴的，著名的，神聖的（聖者）」等意，[11]古代漢文譯本除「薄伽梵」外，亦有直譯為「佛」者，如法月本、般若共利言本，施護本則譯作「世尊」。滿藏本並未音譯梵文，而譯作「eteme yongkiyafi colgoroko fucihi」，意「得勝全備超群的佛」。按達賴喇嘛對「薄伽梵」的解釋，「梵文的薄伽梵，意謂一個人已經征服四種魔：煩惱魔、五蘊魔、死魔和欲魔」，再「薄伽梵已經完全超越了四種魔，不受其影響及限制，證得諸法實相。我們說超越四魔，而不說有所得，是因為智慧自然能夠了解。一旦超越四魔，智慧便能朗然全現、全體大用，這就是一切智智」，[12]滿藏本雖未譯出「四魔」，然「eteme yongkiyafi colgoroko fucihi」實具已征服得勝（eteme）、完全超越（yongkiyafi colgoroko）四魔的佛之意。

10 達賴喇嘛，《達賴喇嘛談心經》，27、45。
11 《梵漢大辭典》，s.v.「bhagavat」，1：251。
12 達賴喇嘛，《達賴喇嘛談心經》，73-74。

滿藏本備註 6　滿文「bodisado, geren gelung hūbarak uhei isafi tembihe」，法成本作「與大苾蒭眾及諸菩薩摩訶薩俱」，其中「苾蒭」一詞，法月本、般若共利言本作「比丘」，為梵文「bhikṣu」之音譯，原意為「乞食者」，尤指「宗教上的乞食者（第四期生活中離家或捨離家族，只靠化緣過生活的婆羅門）」。[13] 達賴喇嘛指出「『大比丘眾』指大阿羅漢」，[14]「阿羅漢」，梵文「arhat」，指「斷盡三界見、思之惑，證得盡智，而堪受世間大供養之聖者」。[15]滿藏本不依梵文音譯「bhiksu」或「arhat」，而譯作「gelung hūbarak」。查《新滿漢大詞典》「gelung」有二義：一為受過戒的喇嘛（對喇嘛的尊稱），一為表示地位比較高的喇嘛；另「hūbarak」譯作「僧」。[16] 據林士鉉研究，「gelung」一字「乃音譯自藏文 dge-slon〔原文如此〕，其義為比丘」，而「hūbarak」是「借自蒙文 huwarag『僧侶』，二字讀音相近」，故認為「gelung」及「hūbarak」二字分別為藏、蒙借詞。[17]雖據清高宗親撰〈清文繙譯全藏經序〉所言「以國語譯漢全藏經」，然就現有研究可知滿文《大藏經》中亦參酌梵、藏、蒙等佛教詞彙，[18]此即二例。

若再深入考察蒙文辭典中「gelung」及「hūbarak」二詞詞義，在滿藏本《心經》經文中可作不同解，惟因各辭典所用拼音寫法皆不同，故本書以哈勘楚倫編著《蒙文入

13 《梵漢大辭典》，s.v.「bhikṣu」，1：268-269。
14 達賴喇嘛，《達賴喇嘛談心經》，73。
15 《佛光大辭典》，s.v.「阿羅漢」，2：3692-3693。
16 《新滿漢大詞典》，胡增益主編，第 2 版（北京：商務印書館，2020），s.vv.「gelung」，521；「hūbarak」，685。
17 林士鉉，〈清代滿文譯本《般若波羅密多心經》初探〉，546。
18 莊吉發，〈國立故宮博物院典藏《大藏經》滿文譯本研究〉，3：50。
莊吉發，〈佛門孝經《地藏菩薩本願經》滿文譯本校註導讀〉，收錄於《清史論集》（臺北市：文史哲出版社，2015），24：357。
洪曄，〈滿文《大藏經》研究綜述〉，57。
林士鉉，〈清代滿文譯本《般若波羅密多心經》初探〉，546-548。

滿藏本備註 6（續）

門》中之蒙古文字為準則釐清各詞彙，特此說明。[19]查 *Mongolian-English Dictionary* 詞條「GELYNG」，其藏文作「dge slong」，梵文為「çramana」，其意「僧侶（monk）」。[20]「çramana」應與「śramana」同字，惟拼寫法不同，即「沙門」之梵文，其意為「出家者之總稱，通於內、外二道」，亦即「剃除鬚髮，止息諸惡，善調身心，勤行諸善，期以行趣涅槃之出家修道者」。[21]另此條之下稱與「dgelyng」、「ajaγ-a takimliγ」、「bujan edlegci」等字同義，故再查「DGELYNG」條說明僅作「見 gelung」，就「gelung」與「dgelyng」詞條拼寫及內容推測，二字應皆源於藏文「dge slong」。至於從「AJAΓ-A, 2. --tegimlig」詞條中可知其有數義，包括「值得尊敬或崇拜（Worthy of honor or worship）」，另有「宗教導師（reverend）」之意，原專指「釋迦摩尼佛（the Buddha）」，後亦指「佛教僧侶（Buddhist monks）」，其維吾爾文作「ayaγqa tegimlig」，梵文「chadanta」。字典正篇雖未收錄「bujan edlegci」，然在佛教詞彙補遺部份找到「BUJAN --u γujuγci」詞條，有乞者（mendicant）、佛教僧侶（Buddhist monk）之意，其字源為梵文「bhikshu」，即「比丘」。[22]

另一本《蒙古語大辭典》中，「gelüŋ」詞條指出其梵文為「bhikçu」，即「比丘」，乃指「西藏之高僧階級」。此條中並記載了「gelüŋ」與「dgeslüŋ」、「ayaga tehimlek」、「boyan i edlekči」同義，然字典中並未收錄「dgeslüŋ」、「boyan i edlekči」二詞，但「dgeslüŋ」與藏文「dge slong」

19 哈勘楚倫編著，《蒙文入門》（臺北市：文史哲出版社，民 101，2 刷）。

20 *Mongolian-English Dictionary*, Ferdinand D. Lessing et al. eds., (Berkeley：University of California Press, 1960), s.v. "GELYNG," 375.

21 《佛光大辭典》，「沙門」，2：2972-2973。

22 *Mongolian-English Dictionary*, Ferdinand D. Lessing et al. eds., s.vv. "DGELYNG," 254; "AJAΓ-A," 23; "BUJAN," 1164.

滿藏本備註 6（續）	拼寫相似，「boyan i edlekči」與「bujan edlegci」拼寫也很相似，故可參考前引 *Mongolian-English Dictionary* 詞條推知其意。在《蒙古語大辭典》「ayaga tehimlek」詞條指出其意為「托鉢僧」、「比丘」、「收受義捐金的人」（義損金ヲ受取ル人），梵文作「çrâmanâ」、「bhikchou」，亦即前述「śramana」、「bhiksu」。[23] 另一方面，「hūbarak」在 *Mongolian-English Dictionary* 中拼寫作「XUVARAΓ」，指「神職人員（the clergy）、教士（priest）、僧侶（monk）」，另在佛教詞彙補遺詞條中意為「神職人員（clergy）、神職身分（priesthood）」，藏文作「dge-ḫdun」，梵文作「sangha」，[24]即漢文「僧伽」，指「信受如來之教法，奉行其道，而入聖得果者」，亦即「出家剃髮，從佛陀學道，具足戒、定、慧、解脫、解脫知見，住於四向四果之聖弟子」，或指「信受佛法，修行佛道之團體」。[25]《蒙古語大辭典》則拼寫作「howarak」，意「僧侶」，梵文作「sanga」。[26] 綜上可知，滿文「gelung」借自蒙文「gelung」一詞，其拼寫源自藏文「dge slong」，可對應梵文「śramana」、「bhiksu」，意「出家者」，可特指「西藏高僧」；而滿文「hūbarak」借自蒙文「howarak」，藏文「dge-ḫdun」、梵文「sangha」，蒙、藏、梵文拼寫無顯著相似之處，意「神職身分」，或指「僧侶」、「神職人員」、「修佛團體」等。滿藏本將二詞連用作「gelung hūbarak」，是否隱含「大苾蒭眾」包含「高階」僧侶，亦或指「僧侶團體」，甚或達賴喇嘛所言乃「大阿羅漢」之意？

23 《蒙古語大辭典》，陸軍省編（東京：財團法人偕行社編纂部，昭和 8[1933]），s.vv.「gelüŋ」，2：1597；「ayaga tehimlek」，1：103。

24 *Mongolian-English Dictionary*, s.v. "XUVARAΓ," 993, 1190.

25 《佛光大辭典》，s.v.「僧伽」，3：5718-5721。

26 《蒙古語大辭典》，s.v.「howarak」，1：730。

滿藏本備註 7

再者，此句中「bodisado」及「geren gelung hūbarak」的單複數形和二詞順序與法成本「大苾蒭眾及諸菩薩摩訶薩」不同，並且詳述「uhei isafi tembihe 一起集坐了」，也與古漢譯諸本不同，如法月本作「與大比丘眾滿百千人，菩薩摩訶薩七萬七千人俱」，般若共利言本作「與大比丘眾及菩薩眾俱」，智慧輪本作「與大苾蒭眾及大菩薩眾俱」，法成本「與大苾蒭眾及諸菩薩摩訶薩俱」，施護本「與大苾蒭眾千二百五十人俱，并諸菩薩摩訶薩眾而共圍繞」。若按滿藏本備註 6 詞彙考察，將「hūbarak」改作「神職身分」解，「geren gelung」作「眾出家者」解，則「bodisado, geren gelung hūbarak」意為「菩薩、眾出家階位者」，雖語序不同，但合於漢文諸譯本概念，即有「菩薩眾」和「比丘眾」二種階位之「神職團體」在場，如此可解釋「bodisado」及「geren gelung」看似單複數形不合之問題，更能詳細說明漢文「眾」字的內涵，實指「神職團體」。

另一方面，藤田真道則指出此處的「比丘眾」實指「小乘」信徒，而「菩薩眾」乃「大乘」信徒，[27]此說值得玩味，是否亦可藉以說明滿藏本將代表「大乘」的「菩薩眾」改置於代表「小乘」的「比丘眾」之前，用以凸顯《心經》乃大乘般若重要經典之一？

---

27 藤田真道，〈廣本般若心經の研究〉，4。

52:19a:25 yongkiyafi colgoroko fucihi, šumin narhūn be

57:36b:15 yongkiyafi colgoroko fucihi šumin narhūn be

滿文詞義 全備後 超群了 佛 深 細 把

〔二本句讀異〕

52:19a:26 genggiyelembi sere samadi de cib seme dosimbihebi,

57:36b:16 genggiyelembi sere samadki[samadi] de cib seme dosimbihebi,

滿文詞義 明之 說是 三摩地 於 悄然 已進了

滿文句義 得勝全備超群的佛悄然進入了叫做明深精三摩地。

法成本 世尊等入甚深明了三摩地法之異門。

滿藏本備註 8 法成本「三摩地」，梵文「sam-ādhi」，原有「令與結合或組合的；（頸部的）關節；結合，組合，連結；實行；調整，決定，解決；（陳述的）合理化，闡明；論證；注意，熱衷於；（向我性的）深邃冥想，專注」等意，[28]滿文據梵文音譯作「samadi」，惟滿藏本 57 誤寫作「samadki」。再滿藏本用「cib seme」強調了「入三摩地」的狀態，亦有助於了解經義。

滿藏本備註 9 「narhūn」一詞值得提出討論，其意為「細的」，在古漢文諸本中未見，再查此字亦有「精細」之意，[29]則「šumin narhūn」或有「深精」之意，滿藏本「šumin narhūn be genggiyelembi sere」，意為「叫做明深精」，法成本作「甚深明了」，般若共利言本作「名廣大甚深」，智慧輪本作「名廣大甚深照見」，施護本作「甚深光明」，滿漢詞意仍不完全相合，將於底本考察段落（底本考察備註 6）更進一步深究。

---

28 《梵漢大辭典》，s.v.「sam-ādhi」，1：1070-1071。

29 《新滿漢大詞典》，第 2 版，s.v.「narhūn」，900。

52:19a:27	ineku tere nerginde, bodisado mahasado, arya
57:36b:17	ineku tere nerginde, bodisado, mahasado arya
滿文詞義	原來的 那 即刻 菩薩 摩訶薩埵 聖
	〔二本句讀異〕
52:19a:28	awalogida šori barandza baramida i šumin narhūn
57:36b:18	awalogida šori, barandza, baramida i šumin narhūn
滿文詞義	觀自在 般若 波羅蜜 的 深 細
	〔二本句讀異〕
52:19a:29	doro be sibkime ulhifi, sunja iktan i da
57:36b:19	doro be sibkime ulhifi, sunja iktan i da
滿文詞義	道 把 窮究著 曉得後 五 積蓄物的本
52:19a:30	banin be ino[inu] untuhun seme bahabuha, tereci
57:36b:20	banin be ino[inu] untuhun seme bahabuha, tereci
滿文詞義	性 把 是 空 云 掌握了 那時
滿文句義	原本那即刻，菩薩摩訶薩埵聖觀自在窮究通曉般若波羅蜜的深精道後，掌握了所謂五積蓄物的本性是空。那時
法成本	復於爾時，觀自在菩薩摩訶薩行深般若波羅蜜多時，觀察照見五蘊體性悉皆是空。時，

滿藏本備註 10

「bodisado mahasado arya awalogida šori」，意「菩薩摩訶薩埵聖觀自在」，法成本作「觀自在菩薩摩訶薩」，滿漢文順序不同。滿藏本「bodisado」一詞音譯自梵文「bodhi-sattva」，達賴喇嘛說明「bodhi」有「覺悟」的意思，而「sattva」有「英雄」或「有情」的意思，即「指菩薩的大悲心」，故「菩薩指的是透過智慧，無畏地悲憫一切眾生而證得覺悟」，而中村元則指出菩薩乃「求道者」之意，是「求覺悟的修行者」。[30]「mahasado」音譯自梵文「mahā-sattva」，原指「偉大的人」；「arya」源於梵文「ārya」，原有「重信義的，關於自己的種族；可尊敬，高貴的」等意。[31]「觀自在」之梵文為「avalokiteśvara」，滿藏本分作二字「awalogida」及「šori」，考其梵文「avalakita」意「觀」，「īśvara」意「自在」（經文詞彙備註 12），是否據此將滿文分作二字？

---

30 達賴喇嘛，《達賴喇嘛談心經》，82。
中村元，《般若経典》，156。

31 《梵漢大辭典》，s.vv.「mahā-sattva」，1：685；「ārya」，1：160。

滿藏本備註 10（續）	至於應譯作「觀音」或是「觀自在」，據中村元整理各家論述後指出，在一般情況下，使用「觀音」主要強調其「大悲」，而使用「觀自在」一詞時，主要強調其「智慧」，[32]則《心經》討論的是般若智慧，此處應譯作「觀自在」較適當。再梵文「Āryāvalokiteśvara」，意「聖觀音」，為「觀世音菩薩總體之尊稱」，[33]故滿藏本「bodisado mahasado arya awalogida šori」實為梵文音譯。
滿藏本備註 11	滿藏本「barandza baramida i šumin narhūn doro」，意「般若波羅蜜的深精道」，法成本作「深般若波羅蜜多」，與經題採滿文意譯不同，此處改以滿文音譯，即「barandza」音譯自梵文「prajñā」，「baramida」音譯自梵文「pāramitā」（參見滿藏本備註 1）。「般若智慧」據東初老和尚所言因「佛、菩薩有不可思議的不共世間的究竟解脫智慧，與世間一般的智慧不一樣，為了存尊重之心，譯家把它列為五種不翻之一，故仍使用原語——般若」，[34]但也因此不易理解其內涵，而滿藏本音譯、意譯並用，能不受語言限制，又能掌握詞彙義理。 所謂「深般若」，即「深妙真如之理」，乃「諸佛之教法，為三千世界內外無與倫比的最上最尊之微妙法」。[35]東初老和尚指出「深般若」是「絕對的般若智慧，為大乘菩薩的智慧，直觀本體的真理」。[36]聖嚴法師也分析「出世間的小乘聖人阿羅漢已然破除我執，從自我中心、自我煩惱之『有』中得到解脫」，是為「淺般若」；「大乘聖位菩薩的智慧是離開有無二邊，不執著凡夫和聖人的同異，凡聖平等，有無同體，入世化世而不受世間現象的沾染困擾」，稱為「深般若」；「如果到了成佛的境界」，則為「甚深般若」、「無上般若」。[37]中村元則認為「深」乃「深遠」之意，此處的「般若波羅蜜多」並非六波羅蜜中的「智慧波羅蜜多」，而是總括了六波羅蜜，故冠以「深」來表示。[38]

32 中村元,《般若経典》, 155-156。
33 《佛光大辭典》，s.v.「聖觀音」，3：5590。
34 東初老和尚，《般若心經思想史》，62。
35 《佛光大辭典》，s.v.「深般若」，2：4659。
36 東初老和尚，《般若心經思想史》，63。
37 聖嚴法師，《心經新釋》，138。
38 中村元,《般若経典》, 156。

滿藏本 備註 12	法成本「行」字，滿藏本譯作「sibkime ulhifi」，意「窮究通曉後」，具體說明「行」的內涵，與中村元則解讀「行」之意為「實踐」不同。[39]
滿藏本 備註 13	滿藏本「sunja iktan i da banin be inu untuhun seme bahabuha」，意「掌握了所謂五積蓄物的本性是空」，法成本作「觀察照見五蘊體性悉皆是空」，滿漢文不完全相合。值得注意的是滿藏本將「觀察照見」譯作「bahabuha」，有「會了」、「掌握了」的意思，[40]按「觀照」有「以智慧觀事、理諸法，而照見明了」之意，[41]滿文繙譯符合其意。
滿藏本 備註 14	「五蘊」，梵文「pañca skandha」，中村元說明其意為「五個聚集」，對於古代印度佛教徒來說，依據色（物質的現象）和受、想、行、識（精神作用）等五蘊構成了我們的個人存在。[42]
滿藏本 備註 15	再者，法成本「體性」，滿藏本譯作「da banin」，意「本性」，滿漢文不合，應再就滿藏本之底本及經文詞彙考察（參見底本考察備註 10、經文詞彙備註 28）。
滿藏本 備註 16	而「空」，梵文「śūnya」，中村元指出其原意為「什麼都沒有的狀態」，在印度數學中有「零」的意思，亦即「沒有固定的實體」，由於物質在相互關聯中不斷變化，因此即使有現象，也不應將其視為實體、主體、自性，這就是空。然而若有人在物質現象中理解掌握了這種空性，就可以以一個「根源的主體」活著，這個境界就是「空的人生觀」，亦即「空觀的究極」。[43]

39 中村元，《般若経典》，156。
40 《新滿漢大詞典》，第 2 版，s.v.「bahabumbi」，100。
41 《佛光大辭典》，s.v.「觀照」，3：6970。
42 中村元，《般若経典》，157。
43 中村元，《般若経典》，157。

52:19a:31 fucihi i adistit i hūsun de, jalafungga

57:36b:21 fucihi i adistit i hūsun de, jalafungga

滿文詞義 佛 的 加持 的 力 依於 有壽者

52:19b:01 šaribudari i bodisado, mahasado arya <u>awalogida</u>

57:36b:22 šaribudari i bodisado, mahasado, arya, <u>awalogida</u>

滿文詞義 舍利弗 以 菩薩 摩訶薩埵 聖 觀自在

〔二本句讀異〕

52:19b:02 <u>šori</u> de fonjihangge, a, sain <u>fulehengge jui</u>,

57:36b:23 <u>šori</u> de fonjihangge a, sain <u>fulehengge jui</u>,

滿文詞義 於 問了的 啊 善 有根的孩子 〔二本句讀異〕

52:19b:03 barandza baramida i šumin narhūn doro be

57:36b:24 barandza baramida i [šumin] narhūn doro be

滿文詞義 般若 波羅蜜 的 深 細 道 把

52:19b:04 yabu<u>ki seme</u> buyere urse adarame tacime yabu<u>ci</u>

57:36b:25 yaboki[yabu<u>ki] seme</u> buyere urse adarame tacime yabu<u>ci</u>

滿文詞義 行 想要著 欲之的 眾人 怎麼 學習 行

52:19b:05 <u>acambi</u> seme fonjiha manggi, bodisado, mahasado,

57:36b:26 <u>acambi</u> seme fonjiha manggi, bodisado, mahasado,

滿文詞義 該當 云 問了 後 菩薩 摩訶薩埵

滿文句義 依於佛的加持力，以有壽者舍利弗問了菩薩摩訶薩埵聖觀自在：啊！有善根的男子，欲想要行般若波羅蜜的深精道的眾人該當怎麼學習實行？問了後，菩薩摩訶薩埵

法成本 具壽舍利子，承佛威力，白聖者觀自在菩薩摩訶薩曰：「若善男子欲修行甚深般若波羅蜜多者，復當云何修學？」作是語已。觀自在菩薩摩訶薩

滿藏本備註 17	滿藏本「fucihi i adistit i hūsun de, jalafungga šaribudari i bodisado, mahasado arya awalogida šori de fonjihangge」，法成本作「具壽舍利子，承佛威力，白聖者觀自在菩薩摩訶薩」，其中「具壽舍利子，承佛威力」二句，滿漢本順序不同，應再查驗滿藏本之底本（參見底本考察備註 11）。
滿藏本備註 18	滿文「adistit」，未見於《滿和辭典》、《新滿漢大詞典》等滿文辭典中，查蒙文辭典 *Mongolian-English Dictionary*，此字與蒙文「ADISTID」極為相似，然其詞條說明僅作「見 adis」，故再查「ADIS」，此條目說明此字「縮自梵文 adhishṭhāna」，具「祝福（blessing），〔宗教〕賜福（benediction）；〔宗教〕聖化（consecration），神靈賜予的神奇力量（bestowal of miraculous power by a deity）；靈丹妙藥（panacea）；天花（smallpox）」等意。 再查佛教詞彙補遺中「ADISTID」詞條，其藏文作「byin gyis brlabs pa」，梵文作「adhishthita」，意「祝福（blessed）、加持力量（empowered）」。另一方面，《蒙古語大辭典》詞條作「adisdit」，據其說明可知此字源於梵文「adhîchthîta」，即「天福」之意，蒙文「adisdit」有「祝福」、「富祐」、「天佑」等義。[44]據《佛光大辭典》梵文「adhisthāna」，漢文常譯作「加持」，謂「互相加入，彼此攝持」，其原意為「站立、住所」，後轉為「加護」，即「佛菩薩以不可思議之力，保護眾生」，故稱為「神變加持」。[45]從上可知，滿文「adistit」借自蒙文，其字根源於梵文「adhisthāna」，故知「fucihi i adistit i hūsun」意為「佛的加持力」。再者，其後的「de」有「以、用、靠」之意，表示「憑藉、假借、依靠等關係」，[46]故「fucihi i adistit i hūsun de」即為「依於佛的加持力」。

44 *Mongolian-English Dictionary*, s.vv. "ADIS," 11; "ADISTID," 11, 1159. 《蒙古語大辭典》, s.v.「adisdit」, 1：55。

45 《佛光大辭典》，s.v.「加持」，1：1572-1573。

46 《滿漢大辭典》，安雙成主編（瀋陽市：遼寧民族出版社，1993），s.v.「De」，675-676。

滿藏本備註 19	滿藏本「šaribudari」，音譯自梵文「Śāriputra」，法成本作「舍利子」，「舍利」乃「śāri」之音譯，原指一種鷺鳥，「子」為「putra」之意譯，即「舍利之子」，或全音譯作「舍利弗」，為釋尊弟子之一，有「智慧第一」之稱，中村元指出《心經》之所以以舍利弗為對象，說明「空」的意義，是因舍利弗被視為傳統、保守佛教的領導者，故一邊批判他，一邊闡述空觀思想，亦即對舊佛教的反抗。[47]再者，「šaribudari」前之「jalafungga」，意「有壽者」，法成本作「具壽」，在其他漢譯諸本中，法月本作「慧命」，般若共利言本及智慧輪本作「具壽」，施護本作「尊者」，此外達賴喇嘛漢譯藏傳本也稱舍利子為「尊者」。[48]
滿藏本備註 20	「jalafungga šaribudari」後的「i」字亦值得探討，若作「屬格格助詞」，譯作「的」，則句義為「問了具壽舍利弗的聖者觀自在菩薩摩訶薩」，語意不通；若作「工具格格助詞」，譯作「以」，則句義為「以具壽舍利弗問了聖者觀自在菩薩摩訶薩」，[49]即因佛加持於舍利弗，故佛實乃藉由舍利弗之口問了聖觀自在菩薩。按達賴喇嘛分析「佛經主要分為三種形式：第一種是佛陀親口所說，第二種是菩薩或聲聞弟子代佛所說，第三種是聲聞弟子或菩薩因佛陀的加持而說法」，此處為第三種類型，因「佛陀實際上並未開示此殊勝教法；理由是佛陀仍舊『入觀照深妙品三昧』。但是佛陀安住等持王妙三摩地引發了觀自在菩薩與舍利子的對話，因而產生《心經》的教法」。[50]然這與前譯本研究段落所簡述過，如東初老和尚、梅維恆等研究者認為說法主

47 中村元,《般若経典》, 157-158、148。

48 達賴喇嘛，《達賴喇嘛談心經》，63-65。

49 （清）萬福編著，〈整理說明〉，《重刻清文虛字指南編》，1：8-9。

50 達賴喇嘛，《達賴喇嘛談心經》，83-84。

滿藏本備註 20（續）	為觀自在菩薩的論點不同，或許與《心經》長、短本經文有關。 　　而為何佛陀要藉由舍利弗之口呢？從星雲大師所引《維摩詰經》中最有名的一段，即文殊菩薩探病維摩居士的故事或許能推知一二。話說佛陀本要派舍利弗去探病，然舍利弗不願意，最終由文殊菩薩承奉佛旨前往，許多聲聞羅漢和其他菩薩也跟隨著一起去，到了維摩居士所住的丈室，藉由居士的神通自在，大家都進到屋哩，但在入座時，舍利弗卻無法上座，「『為什麼坐不上去？你們小乘行人有分別心，有大小的障礙，有你我的障礙，你現在向佛陀頂禮，仗著佛力就可以上座了。』那許多羅漢向佛禮拜後，藉著佛力一個個都升上寶座了」。[51]或許是因作為「有分別心」的「小乘行人」舍利弗正可與「大乘般若」精要《心經》所探討的「真空」形成對比，故借舍利弗之口，進而成就了長本經文中舍利弗與觀自在菩薩的對談，此故事或可補充東初老和尚關於說法主問題的論點。 　　另一方面，藤田真道則直指此乃「大乘」與「小乘」之間的「問題」，藤田認為作為小乘代表的是聲聞中智慧第一的舍利子，然作為大乘代表的不是「大乘的總大將」文殊菩薩，而是相對「平凡」的觀自在菩薩，明顯輕視了「小乘」。再者，舍利子可能原不願請教觀自在菩薩，卻在佛的「威神力」之下，承佛旨聽觀自在說法，且未敢抗辯一言，在佛出定後，也只能與一同在場的聽眾一起「信受奉行」，實乃小乘方的完敗，[52]此論點亦十分耐人尋味。

51 星雲大師，《般若心經的生活觀》，97-102。

52 藤田真道，〈廣本般若心經の研究〉，2-3。

滿藏本備註 21	滿文「fulehengge jui」意為「有才能的孩子」，[53]似與法成本「善男子」詞意不同，然「fulehengge」亦具「有根的」之意，[54]故「sain fulehengge jui」應作「有善根的男子」解；同理，經文其後有複數形的「sain fulehengge juse」即為「有善根的男子們」，「sain fulehengge sargan juse」則為「有善根的女子們」。達賴喇嘛指出「善男子」與「善女人」，「意為同一傳承（藏文：rig）或家庭的兒女，一般是指某人覺悟了他的佛性——開悟的先天潛能。然而，此隱義為三類開悟者：聲聞（梵語 shravaka）、獨覺（梵語 pratyekabuddha）、佛陀。這裡的隱義特別指意在成佛的菩薩種性」，即「指那些發了大悲心，並且已發動這樣意願的人」，[55]滿藏本未特別譯出「菩薩種性」，而以「sain fulehengge」含括。
滿藏本備註 22	滿藏本備註 11 曾討論過觀自在菩薩「行深般若波羅蜜多時」句，滿文作「barandza baramida i šumin narhūn doro be sibkime ulhifi」，意「窮究通曉般若波羅蜜的深精道後」，與本段善男子「欲修行甚深般若波羅蜜多者」，滿文作「barandza baramida i šumin narhūn doro be yabuki seme buyere urse」，意「欲想要行般若波羅蜜的深精道的眾人」，在「行」與「修行」的表達上有明確的區別，觀自在菩薩的「行」，滿文作「sibkime ulhifi」，意「窮究曉得」，而善男子的「修行」，滿文作「yabuki seme」，意「想要實行」。[56] 另一方面，法成本「深般若波羅蜜多」及「甚深般若波羅蜜多」，滿藏本皆作「barandza baramida i šumin narhūn doro」，意「般若波羅蜜多的深精道」，並未區辨「甚」字義，然若按備註 11 所引聖嚴法師之論，「深般若」及「甚深般若」的涵義並不相同，惜滿藏本未分別譯出其內涵。

53 《新滿漢大詞典》，第 2 版，s.v.「fulehengge zhui」，472。
54 《新滿漢大詞典》，第 2 版，s.v.「fulehengge」，472。
55 達賴喇嘛，《達賴喇嘛談心經》，84。
56 《新滿漢大詞典》，第 2 版，s.v.「yabumbi」，1294。

52:19b:06 arya awalogida šori, jalafungga šaribudari de

57:36b:27 arya awalogida šori, jalafungga šaribudari de

滿文詞義 聖 觀自在 有壽者 舍利弗 於

52:19b:07 jabume, a, šaribudari sain fulehengge juse,

57:36b:28 jabume, a, šaribudari sain fulehengge juse,

滿文詞義 答曰 啊 舍利弗 善 有根的 孩子們

52:19b:08 sain fulehengge sargan juse barandza baramida i

57:36b:29 sain fulehengge sargan juse, barandza baramida

滿文詞義 善 有根的 女 孩子們 般若 波羅蜜（的）

〔二本句讀異〕

52:19b:09 šumin yabun be yabuki seme buyerele urse

57:36b:30 šumin yabun be yabuki seme buyerele urse

滿文詞義 深 行 把 行 想要 所有欲之的眾人

52:19b:10 uttu obume tuwa, tenteke sunja iktan i

57:36b:31 uttu obume tuwa, tenteke sunja iktan i

滿文詞義 如此 做為著令人看 此等的 五 積蓄物的

52:19b:11 da banin inu untuhun seme yargiyalaci acambi,

57:37a:01 da banin inu untuhun seme yargiyalaci acambi,

滿文詞義 本 性 是 空 云 驗實 該當

滿文句義 聖觀自在回答有壽者舍利弗說：啊！舍利弗，有善根的男子們，有善根的女子們，所有欲想要行般若波羅蜜深行的眾人令其如此看，應當驗實那樣的五積蓄物的本性是空。

法成本 答具壽舍利子言：「若善男子及善女人，欲修行甚深般若波羅蜜多者，彼應如是觀察，五蘊體性皆空。

滿藏本備註 23	滿藏本 52「barandza baramida i šumin yabun」及滿藏本 57「barandza baramida šumin yabun」略有不同，滿藏本 57 無「i」字。再滿藏本備註 11 及滿藏本備註 22 討論過法成本「深般若波羅蜜多」及「甚深般若波羅蜜多」，滿藏本皆譯作「barandza baramida šumin narhūn doro」，意為「般若波羅蜜的深精道」，而此處法成本與滿藏本備註 22 同樣作「甚深般若波羅蜜多」，滿藏本卻譯作「barandza baramida i šumin yabun」，意「般若波羅蜜的深行」，是否是因此處強調修行般若波羅蜜多的「行為」，故不用「doro」「道」，而用「yabun」「行」，亦或有其他考量？
滿藏本備註 24	另外，法成本「欲修行〔甚深般若波羅蜜多〕者」在滿藏本備註 22 及此處語句相同，但滿藏本卻稍有不同，滿藏本備註 22 作「buyere urse」，此處作「buyerele urse」，字根雖皆為「buyembi」，意「愛」、「願之」、「欲之」，[57]然此處多了詞尾「-le」，乃由「ele」而來，含「所有」意，[58]似在強調「所有」欲修行般若波羅蜜多者。然若再與前「-ki seme」一詞合看，「-ki sembi」有「欲」、「要」、「將」之義，[59]則與「buyerembi」語意重複，故此二詞有必要於底本考察段落更深入探討（詳見底本考察備註 16）。
滿藏本備註 25	法成本「觀察」，滿藏本譯作「tuwa」，「令人看」意，[60]與備註 13 將「觀察照見」譯作「bahabuha」，即「會了」、「掌握了」不同，是否為區別觀自在菩薩已具般若波羅蜜多，而善男子與善女人尚在修習之路上，而作不同繙譯？
滿藏本備註 26	另滿藏本此處在末尾用「yargiyalaci acambi」，意「該當驗實」，未見於法成本，滿漢文似不相合，將於底本考察段落深入探討（詳見底本考察備註 17）。
滿藏本備註 27	再此處「sunja iktan」，即「五蘊」，前有「tenteke」一詞，意為「那樣的」、「此等的」，[61]林士鉉亦曾在其文中提出討論，詳見其文，[62]惟應注意「tenteke sunja iktan」所指稱的，應為滿藏本備註 14 所提過的「sunja iktan」。

57 《滿和辭典》，第二版，羽田亨編（高雄：學海出版社，民 100），s.v.「Buyembi」，59。

58 （清）萬福編著，〈轉寫本〉，《重刻清文虛字指南編》，1：306。

59 （清）萬福編著，〈轉寫本〉，《重刻清文虛字指南編》，1：286。

60 《滿和辭典》，第二版，s.v.「Tuwa」，438。

61 《新滿漢大詞典》，第 2 版，s.v.「tenteke」，1155。

62 林士鉉，〈清代滿文譯本《般若波羅密多心經》初探〉，548。

52:19b:12 dursun uthai untuhun, untuhun uthai dursun

57:37a:02 dursun uthai untuhun, untuhun uthai dursun

滿文詞義 體 即 空 空 即 體

52:19b:13 inu, dursun, untuhun ci encu akū, untuhun,

57:37a:03 inu, dursun, untuhun ci encu akū, untuhun

滿文詞義 是 體 空 比 異 無 空 〔二本句讀異〕

52:19b:14 dursun ci encu akū, tereci serere, gūnire,

57:37a:04 dursun ci encu akū, tereci serere, gūnire

滿文詞義 體 比 異 無 因此 知覺的 思想的

52:19b:15 weilere, ulhirengge gemu untuhun kai, a, šaribudari

57:37a:05 weilere, ulhirengge gemu untuhun kai, a, šaribudari

滿文詞義 造作的 所曉悟的 俱 空 啊 啊 舍利弗

滿文句義 體即是空，空即是體，體，不異空，空，不異體，因此知覺的、思想的、造作的、所曉悟的都是空啊！啊！舍利弗

法成本 色即是空，空即是色。色不異空，空不異色。如是受、想、行、識亦復皆空。是故舍利子！

滿藏本備註 28 法成本「色即是空，空即是色。色不異空，空不異色」二句，因「色」字之義常誤解為「顏色」，[63]難明經義。東初老和尚指出「佛說的色，是有變壞、質礙性的定義。所謂變壞，就是變化性。所謂質礙，即是物質不可入性……。故色在廣義方面是包含一切物質的顏色、形色和表色；在狹義方面，就是各自的肉體。這裡說的色，是指狹義的色」，[64]故滿藏本將「色」譯作「dursun」，意「體」，應指「狹義的色」；而中村元則採廣義解釋，譯作「物質的現象」。[65]

---

63 如四合本中作「boco」，意「顏色」。
林士鉉，〈清代滿文譯本《般若波羅密多心經》初探〉，522。

64 東初老和尚，《般若心經思想史》，65。

65 中村元，《般若経典》，158。

滿藏本備註 29

印順法師解釋，「一切物質的現象，總攝為色；精神的現象，開為受、想、行、識四種，總名之曰五蘊」。[66]印順法師再接著說明「受、想、行、識」等四蘊，「受蘊」，領納義，當接觸外在世界時，內心產生苦、樂等情緒、知覺、感受，中村元譯作「感覚」，滿藏本譯作「serere」，意「知覺的」；「想蘊」，在接觸外在世界時，內心整合各種感知而構成的認識、概念，東初老和尚更指出「佛說想，即是想像、取像的意思」，中村元譯作「表象」，滿藏本譯作「gūnire」，意「思想的」；「行蘊」，造作義，接觸外在世界時，內心所產生的心理活動，並據以發起行動，另外其他受、想為包含的心理活動，都歸於行蘊，中村元譯作「意志」，滿藏本譯作「weilere」，有「造作」意；「識蘊」，以一切內心活動為對象，區別認識受、想、行等三蘊的心理活動，故為一切精神活動的關鍵，同時整合受、想、行三蘊並構成統一性，中村元譯作「認識」，滿藏本譯作「ulhirengge」，意「所曉悟的」。

此五蘊即為自我，如印順法師總結「身體是色，情緒上的苦樂感覺是受，認識事物的形相是想，意志上所起的欲求造作是行，了別統攝一切心理活動的是識」，此各種活動所成，即為「實體的自我」；東初老和尚則認為「五蘊為自我，應有種意義的我：第一、識蘊為本質的自我，第二、行、想二蘊為心的自我，第三、受蘊為感覺的自我，第四、色蘊為肉體的自我」，[67]可知「五蘊」從物質與心理兩個面向討論「自我」，「五蘊」皆空，即「自我」是空的。

66 印順法師，〈般若波羅蜜多心經講記〉，173-174。

67 印順法師，〈般若波羅蜜多心經講記〉，174-175。
東初老和尚，《般若心經思想史》，65-67。
中村元，《般若経典》，158。

滿藏本備註 29（續）	而達賴喇嘛則指出「佛教徒否認永恆不變的想法，並進一步主張：永恆的自我，完全是形而上的概念或是幻想。儘管眾生都有與生俱來的『我見』，但永恆、不變、單一、獨立的自我想法卻只存在於如此思考的眾生心上。透過詳盡的探究後，佛教徒推斷：『我』只不過是以身心五蘊緣生的現象而已」，[68]此即為「有空觀」、「無我觀」的基本概念。 另一方面，星雲大師則將「色」與「空」的關係作如下解釋：「色不異空」乃「萬有不離真如」，即「萬有不離本體」，所謂「色」是「萬有」，而「空」是「本體」，故「萬有沒有離開本體」；「空不異色」意為「真如不離緣起」，「空」即「真如」，「色」即「緣起」，故「真如沒有離開萬有的緣起」，亦即「本體離不開現象」；「色即是空」意「萬有依真如而起，萬有當體就是真如」；「空即是色」乃「真如是為萬有所依」，而「真如記為萬有所依，它的當下也就是本體」。換言之，「空和色的關係」，或「有和無的關係」是「二而為一，一而為二，它們是不異不離，相即相是」，故用「不異」、「即是」來表示其「色空」、「有無」的關係。[69]

68 達賴喇嘛，《達賴喇嘛談心經》，92-96。
69 星雲大師，《般若心經的生活觀》，155-157。

52:19b:16　<u>tuttu ofi</u>, eiten jaka gemu untuhun,

57:37a:06　<u>tuttu ofi</u>, eiten jaka gemu untuhun,

滿文詞義　是故　一切　物　俱　空

52:19b:17　temgetu banin akū, banjin akū, gukubun

57:37a:07　temgetu banin akū, banjin akū, gukubun

滿文詞義　證據　生相　無　生　無　滅

52:19b:18　akū, icihi akū, icihi ci aljarangge inu

57:37a:08　akū, icihi akū, icihi akū ci aljarangge inu

滿文詞義　無　垢　無　垢　（無）從　離開的　也

52:19b:19　akū, ekiyen akū, nonggin akū kai, a,

57:37a:09　akū, ekiyen akū, nonggin akū kai, a,

滿文詞義　無　缺　無　增添　無　啊　啊

滿文句義　是故一切物質皆空，無證相，無生，無滅，無垢，也無從（無）垢離開的，無缺，無增啊！啊！

法成本　一切法空性無相，無生無滅，無垢離垢，無減無增。

滿藏本備註 30　滿藏本「a, šaribudari tuttu ofi」，意「啊！舍利弗是故」，法成本作「是故舍利子」，除順序不同外，滿藏本多了嘆詞「a」，似更具口語性。同樣地，在「nonggin akū 無增」後也加上「kai」，表示「決斷」。[70]

滿藏本備註 31　滿藏本「eiten jaka gemu untuhun, temgetu banin akū」，意為「一切物質皆空，無證相」，法成本作「一切法空性無相」，玄奘本作「是諸法空相」，而達賴喇嘛所用版本作「諸法皆空而無相」，與滿藏本語意相近，其中「相」即「特質」，「既是指遍一切法的共相（無常和空性），也是指自相（任何現象的特性，如蘋果）。共相和自相都只存在於世俗諦，而我們確實也以共相和自相來詮釋所有事物，但就勝義諦來說，一切萬法皆自性空」。[71]

---

70 （清）萬福編著，〈轉寫本〉，《重刻清文虛字指南編》，1：214-215。

71 達賴喇嘛，《達賴喇嘛談心經》，130。

滿藏本備註 32	滿藏本「eiten jaka」，意「一切物質」，法成本作「一切法」，玄奘本則譯作「諸法」，中村元解釋其意為「存在的一切」，[72]滿藏本「jaka」是否隱含強調有形物質之義？另外，林士鉉在其論文中亦討論過「經」與「法」的滿文繙譯，認為乃受蒙文影響，詳見其文。[73]
滿藏本備註 33	再法成本「空性無相」，玄奘本作「空相」，印順法師說明「空相作空性解。性與相，佛典裡沒有嚴格的分別」，故「諸法空相」，意為「一切法的本性、自性，一切法是以無自性為自性，自性即是無自性的」。[74]中村元解釋「空相」意為「具有無實體的特性」，則「諸法空相」意為「存在的一切具有無實體的特性」，[75]與法成本作「一切法空性無相」語意相合。而滿藏本將「無相」譯作「temgetu banin akū」，然「banin akū」，已有「無相」之意，為何要加上「temgetu」？查「temgetu」，有「鈐記」、「證據」、「徵兆」、「特別之處」等義，[76]則滿文詞意可作「無證相」解，既無「證據」、「徵兆」，亦無「形相」，足可謂「空」，故「eiten jaka gemu untuhun, temgetu banin akū」滿文可作「一切物質皆空，無證相」解。
滿藏本備註 34	法成本「離垢」，滿藏本作「icihi (akū) ci aljarangge inu akū」，意「也無從（無）垢離開的」，滿藏本 57 在「icihi」後有「akū」，滿藏本 52 則無。則「離垢」滿文若作「icihi ci aljarangge」，意「從垢離開的」，似較為適切，再看達賴喇嘛所用版本作「無垢，亦無離垢」，與滿藏本 52「icihi akū,icihi ci aljarangge inu akū」語意相符，應考慮滿藏本是否另有使用底本，且此本更接近藏文本？這個疑問將於底本考察備註 21 進一步比較分析。

72 中村元,《般若経典》, 159。

73 林士鉉，〈清代滿文譯本《般若波羅密多心經》初探〉，頁 546-548。

74 印順法師，〈般若波羅蜜多心經講記〉，184。

75 中村元,《般若経典》, 153、159。

76 《新滿漢大詞典》，第 2 版，1152。

52:19b:20 šaribudari <u>tuttu ojoro jakade</u>, untuhun de

57:37a:10 šaribudari <u>tuttu ojoro jakade</u>, untuhun de

滿文詞義 舍利弗 因為那樣 空 於

52:19b:21 dursun akū, serebun akū, gūnijan akū,

57:37a:11 dursun akū, serebun akū, gūnijan akū,

滿文詞義 體 無 覺 無 想 無

52:19b:22 weilen akū, ulhibun akū, yasa akū,

57:37a:12 weilen akū, ulhibun akū, yasa akū,

滿文詞義 造作 無 曉悟 無 眼 無

52:19b:23 šan akū, oforo akū, ilenggu akū, beye

57:37a:13 šan akū, oforo akū, ilenggu akū, beye

滿文詞義 耳 無 鼻 無 舌 無 身

52:19b:24 akū, gūnin akū, dursun akū, jilgan akū,

57:37a:14 akū, gūnin akū, dursun akū, jilgan akū,

滿文詞義 無 意 無 體 無 聲 無

52:19b:25 wa akū, amtan akū, aligan akū, jaka

57:37a:15 wa akū, amtan akū, aligan akū, jaka

滿文詞義 氣味 無 味 無 承托物 無 物

滿文句義 舍利弗，因此，空中無體、無覺、無想、無造作、無曉悟，無眼、無耳、無鼻、無舌、無身、無意、無體、無聲、無臭（ㄒㄧㄡˋ：xiù）、無味、無觸、無物質啊！

法成本 舍利子！是故爾時空性之中，無色、無受、無想、無行亦無有識。無眼、無耳、無鼻、無舌、無身、無意。無色、無聲、無香、無味、無觸、無法。

滿藏本備註 35	滿藏本「a, šaribudari tuttu ojoro jakade, untuhun de」，意「啊！舍利弗故此，空中」，與法成本「舍利子！是故爾時空性之中」相較，滿藏本未譯出「爾時」。查法成本共於四處使用「爾時」一詞表示時間：(1)「爾時」，世尊等入甚深明了三摩地法之異門；(2) 復於「爾時」，觀自在菩薩摩訶薩行深般若波羅蜜多時，觀察照見五蘊體性悉皆是空；(3) 是故「爾時」空性之中；(4)「爾時」，世尊從彼定起。滿藏本依序譯作 (1)「tere fonde」，意「那時候」；(2)「ineku tere nerginde」，意「原本那即刻」；(3) 未譯出；(4)「tede」，意「於今」。四者繙譯皆不相同，是依其經文之語境（context）而分別繙譯？還是所用底本其實並非法成本？將於底本考察備註 5 再進一步比對分析。
滿藏本備註 36	同樣需要深入探討的還有「是故」一詞，可見於法成本：(1)「是故」舍利子！一切法空性無相；(2)「是故」爾時空性之中；(3)「是故」舍利子！以無所得故；(4) 舍利子！「是故」當知般若波羅蜜多大密咒者。滿藏本依序譯作 (1)「tuttu ofi」，意「是故」；(2)「tuttu ojoro jakade」，意「因為那樣」、「因此」；(3)「tuttu ofi」，意「是故」；(4)「tuttu ofi」，意「是故」。亦將於底本考察備註 20 再次比對分析。
滿藏本備註 37	再此處所列「五蘊」，除了「色蘊」外，皆與滿藏本備註 29 詞性不同，前為動詞未完成體（-ra/-re/-ro）或動詞名物化(-ngge)，[77]此處則採用名詞形，分別為「受」，「serere」及「serebun」；「想」，「gūnire」及「gūnijan」；「行」，「weilere」及「weilen」；「識」，「ulhirengge」及「ulhibun」，此處使用名詞形是否因其後須接否定形「akū」之故？[78]然則為何前段不用名詞形，而採動詞變化形？尚無解，若能比對使用底本，或許可得到更多線索。

77 （清）萬福編著，〈整理說明〉，《重刻清文虛字指南編》，1：12、23。

78 （清）萬福編著，〈轉寫本〉，《重刻清文虛字指南編》，1：301。

滿藏本備註 38	「眼、耳、鼻、舌、身、意」合為「六根」;「色、聲、香、味、觸、法」合為「六境」,「六根」與「六境」合稱「十二處」。[79]下段法圖本的註演對於「六根」及「六境」有詳細說明，故一併於法圖本繙譯段落討論（詳見法圖本備註 26、法圖本備註 27）。

惟此處要特別考察「觸」之滿文繙譯「aligan」，查「aligan」意「承受力量的東西；座子，托子」，另亦可作單位詞「座」，[80]似與漢文語意不符，林士鉉及王敵非皆曾提出討論，林士鉉指出其意為「托、托碟、托盤，承受、承接的器物均可用，似與『觸』的本意觸覺無關」，並於註釋（註四二）中說明對照四合本之蒙文,「『觸』的蒙文作：hürtehüi〔原文如此〕，意為觸覺」；王敵非則認為其「為動詞 alimbi 的詞根 ali-接綴表示與行為狀態有關事物的名稱的詞綴-gan 構成，漢譯為『觸』。《滿和辭典》解釋 aligan 為『托盤、台基』，而其為『觸』的語義除見於《五體清文鑒》外，未見於其他滿文辭典」，[81]然二人皆未能說明此字如何從「托」、「承」之意轉為「觸」義。

在查找「aligan」字義時，偶然發現甘德星教授於《中正大學滿洲研究》網站發表過「aliγan」字義討論，指出此字應從蒙文「aliγan」、「alaγan」而來,「其義為手掌，再由此而轉化爲『觸』」，[82]此一論點亦值得詳加考察。

在收錄了梵、藏、滿、蒙、漢五體佛教詞彙的《五譯合璧集要》中，可見漢文「觸」字，其梵文作「spraṣṭavyam」（以藏文拼寫），藏文「regja」，滿文「aligan」，蒙文作

79 中村元,《般若経典》, 160。

80 《新滿漢大詞典》，第 2 版，s.v.「aligan」，50。

81 林士鉉，〈清代滿文譯本《般若波羅密多心經》初探〉，549、564。王敵非，〈滿譯藏傳《般若波羅蜜多心經》研究〉，113。

82 甘德星，〈滿文字典裏沒有的字：aliγan〉，《中正大學滿洲研究》，2021 年 8 月 17 日貼文，2021 年 9 月 23 日檢索，<http://ccumanchustudies.blogspot.com/2021/08/alian.html>。

滿藏本備註 38（續）

「khürtekhüi」（參見經文詞彙備註 53），[83]發現與「漢滿蒙藏《般若波羅蜜多心經》」本（即林士鉉四合本之底本）各體用字基本相符。[84]

再查蒙文佛教辭彙補遺「KYRTEKYI」，藏文作「reg pa」，梵文作「sprashtavya」，拼寫法雖有不同，但可看出梵、藏字根與《五譯合璧集要》所錄相近，其意為「作為身體接觸的外部『基礎』之實體（the tangible as the external “base” of bodily touch）」，[85]確實有「接觸」之意，而《蒙古語大辭典》則說明此字從「hürtele」而來，其意為「觸覺」、「知覺」，[86]至此可知林士鉉論點依據。

至於「aligan」之意可從蒙文辭典「ALIΓAN」的說明中得知此字「同 alaγan」，故再查「ALAΓAN」，其意「手掌（Palm of the hand）」，[87]即甘德星論點之依據。

另一方面，在蒙文佛教辭彙補遺中「ALAΓ-A(N)」字意略有不同，其藏文作「thal mo sbyor ba」，梵文作「anjali kr」，意「合雙手如同在祈禱或恭敬問候的樣子（to join the hands as in prayer orin respectful greeting）」，亦即「雙手合十」、「問訊」之意，[88]其動作為兩「掌」相「觸」，可知滿文繙譯應由此而來。

---

83 *Pentaglot Dictionary of Buddhist Term: in Sanskrit, Tibetan, Manchurian, Mongolian, and Chinese*, Dr. Raghu Vira ed., (Delhi: P.K. Goel for Aditya Prakashan, 1961), s.v. “觸,” 192A.
各體轉寫拼音則可參見法鼓佛教學院網站。
“Pentaglot Dictionary of Buddhist Terms,” Dharma Drum Buddhist College, accessed Oct. 30, 2021, <http://buddhistinformatics.dila.edu.tw/manchu/glossary.php>。

84 林士鉉，〈清代滿文譯本《般若波羅密多心經》初探〉，565。
林光明，〈清康熙譯廣本心經〉，30。
林光明編著，《心經集成》，490。

85 *Mongolian-English Dictionary*, s.v. “KYRTEKYI” 1175.

86 《蒙古語大辭典》, s.v「hürtele」, 2：1696。

87 *Mongolian-English Dictionary*, s.vv. “ALAΓAN,” 26; “ALIΓAN,” 32.

88 《佛光大辭典》，s.v.「問訊」，2：4412。

滿藏本備註 38（續）

已知「aligan」與「alagan」字義相同，然「aligan」的拼寫法又是如何而來？查《蒙古語大辭典》「alaga」及「alagan」條目中，除說明其意為「掌」、「合掌」外，亦記載了此字的「カルマーク語」作「aligan」，[89]而何謂「カルマーク語」？《蒙古語大辭典》僅在序言中提到「カルマーク語」為蒙古語之姊妹語之一，並未詳加解釋，僅此一線索，查證十分困難。「カルマーク語」一詞未見於一般日本語字辭典中，故轉而查找語言學方面參考資料，終於發現蒙古語族（Mongolic Languages）中，有一種稱為「Oirat」或「Kalmyk-Oirat」的語言，其中「Kalmyk」又可作「Kalmuck」、「Kalmack」等，是「Oirat」語的一支，為今日卡爾梅克共和國（Republic of Kalmykia）的官方語言，其中「Kalmack」的發音近於「カルマーク〔karumāku〕」，推測應指此語言，即「卡爾梅克衛拉特語」中的「卡爾梅克語」。[90]據宮脇淳子的研究，「卡爾梅克」之詞源來自於突厥語的動詞「Kalmak」，有「留」、「殘留」之意，16 世紀後半遠征中亞並留在當地生活的蒙古高原游牧民，稱呼衛拉特遊牧民為「カルマク」，意為「停留者們」，此乃準噶爾部前身，後 17 世紀初俄羅斯人與之接觸時，稱其為「カルムィク〔karumuiku〕」，即今日所稱「Kalmyk」。[91]由此可知，「カルマーク語」應為今日所稱的「卡爾梅克語」。再者，哈勘楚倫亦指出包括「內蒙古、青海蒙古、新疆蒙古、外蒙古及布里雅特（Buryat）蒙古、喀爾馬克（Kalmuk）蒙古等」至今仍屬蒙古語文通用地區，[92]其中喀爾馬克（Kalmuk）應即「Kalmyk」。綜上，「aligan」是「卡爾梅克語」之「掌」字，滿文佛經繙譯時採此拼寫法，而取蒙文「alagan」之佛教辭彙「問訊」時兩掌相「觸」含義而成。

89 《蒙古語大辭典》, s.vv.「alaga」、「alagan」, 1：60。

90 J. A. Janhunen, "Mongolic Languages," in *Encyclopedia of language & linguistics*, ed. Keith Brown, (Boston: Elsevier, 2006) 8:231-234.
Encyclopedia of language & linguistics, 14:270.

91 宮脇淳子著，《最後的遊牧帝國：準噶爾部的興亡》，曉克譯（呼和浩特市：內蒙古人民出版社，2005），102。
宮脇淳子,《モンゴルの歴史：遊牧民の誕生からモンゴル国まで》(東京都：刀水書房, 2002), 190-191。

92 哈勘楚倫編著，《蒙文入門》，8。

52:19b:26 akū kai, yasa i fulehe akū sere ci,

57:37a:16 akū kai, yasa i fulehe akū sere ci,

滿文詞義 無 啊 眼 的 根 無 說是 從

52:19b:27 gūnin i fulehe de isitala inu akū,

57:37a:17 gūnin i fulehe de isitala inu akū,

滿文詞義 意 的 根 於 直至 亦 無

52:19b:28 gūnin i ulhirengge i fulehe de isitala

57:37a:18 gūnin i ulhirengge i fulehe de isitala

滿文詞義 意 的 所曉悟的 的 根 於 直至

52:19b:29 inu akū kai, mentuhun akū, mentuhun wajin

57:37a:19 inu akū kai, mentuhun akū, mentuhun wajin

滿文詞義 亦 無 啊 愚 無 愚 完

52:19b:30 akū sere ci, sakdara, bucere akū, sakdara,

57:37a:20 akū sere ci, sakdara, bucere akū, sakdara

滿文詞義 無 說是 從 老的 死的 無 老的 〔二本句讀異〕

52:19b:31 bucere wajin akū sere de isitala inu

57:37a:21 bucere wajin akū sere de isitala inu

滿文詞義 死的 完 無 說是 於 直至 亦

52:20a:01 gemu akū kai, tuttu ofi jobolon, eiten i

57:37a:22 gemu akū kai, tuttu [ofi] jobolon, eiten i

滿文詞義 俱 無 啊 是故 憂患 一切的

52:20a:02 banjin, gukubun, songko gemu akū, sure

57:37a:23 banjin, gukubun, songko gemu akū, sure

滿文詞義 生 滅亡 蹤跡 俱 無 聰

52:20a:03 ulhisu akū, bahabun akū, baharakūngge inu

57:37a:24 ulhisu akū, bahabun akū baharakūngge inu

滿文詞義 慧 無 得 無 不得的 亦 〔二本句讀異〕

滿文句義 亦無從叫做無眼的根，直至意的根，亦無直至意所曉悟的根啊！亦都無從叫做無愚，無愚完盡，直至叫做無老的、死的，無老的、死的完盡啊！是故憂患、一切的生、滅亡、蹤跡都無，無聰慧，無得，亦無不得啊！

法成本 無眼界乃至無意識界。無無明亦無無明盡，乃至無老死亦無老死盡。無苦、集、滅、道，無智無得亦無不得。

滿藏本備註 39 相較於法成本「無眼界，乃至無意識界」，滿藏本多了「gūnin i fulehe de isitala inu akū」句，意「亦無直至意的根」，滿漢本文句不同，而達賴喇嘛所用之漢譯藏傳本作「無眼界及無意界，乃至無意識界」，[93]與滿藏本語意相合，再次提醒我們應重新審視滿藏本使用底本究竟為何？（底本考察備註 26）

滿藏本備註 40 此處要特別提出滿文繙譯句式問題，滿藏本「yasa i fulehe akū sere ci, gūnin i fulehe de isitala inu akū, gūnin i ulhirengge i fulehe de isitala inu akū kai」，若按「de isitala」句式，[94]「yasa i fulehe akū sere ci, gūnin i fulehe de isitala」意為「從叫做無眼的根，直至意的根」，其後再加上「inu akū」，漢文語意轉為否定前詞，[95]即「『亦無』從『無眼界』直至『意界』」，而「gūnin i ulhirengge i fulehe de isitala inu akū kai」之意，則為「『亦無』直至『意識界』啊」，與漢文本語意略有不同。

---

93 達賴喇嘛，《達賴喇嘛談心經》，133-134。

94 《新滿漢大詞典》，第 2 版，s.v.「isitala」，743。

95 《新滿漢大詞典》，第 2 版，s.v.「akū」，40。

滿藏本備註 41	再滿藏本「mentuhun akū, mentuhun wajin akū sere ci, sakdara, bucere akū, sakdara, bucere wajin akū sere de isitala inu gemu akū kai」，亦有相似的問題，「mentuhun akū, mentuhun wajin akū sere ci, sakdara, bucere akū, sakdara, bucere wajin akū sere de isitala」意「從叫做無愚，無愚完盡，直至叫做無老的、死的，無老的、死的完盡」，其中「無明」滿文作「mentuhun」，因在句末加上「inu gemu akū」，則前段文意轉為否定，即「『亦都無』從『無無明』、『無無明盡』直至『無老死』、『無老死盡』」，滿漢文不相合。
滿藏本備註 42	「眼界」、「意識界」等屬「十八界」，「無明」、「老」、「死」等屬「十二因緣」，「苦」、「集」、「滅」、「道」即「四諦」，[96]下段法圖本的註演對各詞彙內涵有詳細說明，故一併於該段落討論，詳見法圖本備註 24、法圖本備註 36。
滿藏本備註 43	滿藏本將「無智」譯作「sure ulhisu akū」，意「無聰慧」，與經題「sure i cargi dalin de akūnaha」「以智慧到彼岸」（般若波羅蜜多）只單用「sure」表達不同，各詞彙繙譯差異亦應深入考察，故各佛教詞彙滿文繙譯將於滿文諸本經文詞彙比較分析段落討論（經文詞彙備註 2、經文詞彙備註 78）。

96 《佛光大辭典》，s.vv.「十二因緣」，337；「十八界」，356；「四諦」，1840。

52:20a:04 akū kai, a, šaribudari tuttu ofi bodisado

57:37a:25 akū kai, a, šaribudari tuttu ofi, bodisado

滿文詞義 無 啊 啊 舍利弗 是故 菩薩 〔二本句讀異〕

52:20a:05 sa bahabun akū turgunde barandza baramida de

57:37a:26 sa bahabun akū turgunde, barandza, baramida de

滿文詞義 們 得 無 之故 般若 波羅蜜 於 〔二本句讀異〕

52:20a:06 akdame nikefi, gūnin de dalibun akū

57:37a:27 akdame nikefi, gūnin de dalibun akū

滿文詞義 靠著 倚靠後 意 於 遮蔽 無

52:20a:07 ojoro jakade, gelere ba inu akū, calgabun

57:37a:28 ojoro jakade, gelere ba inu akū, calgabun

滿文詞義 因為這樣 怕的 地方 是 無 悖逆

52:20a:08 fudasi ci fuhali ukcafi, amba nirwan i

57:37a:29 fudasi ci fuhali ukcafi, amba nirwan i

滿文詞義 從 全然 脫開 大 涅槃 的

滿文句義 啊！舍利弗是故，菩薩們因無得之故，倚靠般若波羅蜜，因為意無遮蔽，無害怕的地方，從悖逆全然脫開後，去到了大涅槃的極點，

法成本 是故舍利子！以無所得故，諸菩薩眾依止般若波羅蜜多，心無障礙，無有恐怖，超過顛倒，究竟涅槃。

滿藏本備註 44　滿藏本「a, šaribudari tuttu ofi, bodisado sa bahabun akū turgunde, barandza, baramida de akdame nikefi」，意「啊！舍利弗是故，菩薩們因無得之故，倚靠般若波羅蜜」，法成本作「是故舍利子！以無所得故，諸菩薩眾依止般若波羅蜜多」，滿漢文語序不同（參見底本考察備註 29、底本考察備註 30）。

滿藏本備註 45	滿藏本「gūnin de dalibun akū ojoro jakade」，意「因為意無遮蔽」，法成本作「心無障礙」，此處「心」譯作「gūnin」，與《心經》之「心」譯作「niyaman」不同。再滿藏本「ojoro jakade」，意「因為這樣」，法成本無，滿漢文不相符，對照鳩摩羅什本、玄奘本、法月本、般若共利言本，皆作「心無罣礙，無罣礙故」，智慧輪本作「心無罣礙，心無罣礙故」，施護本作「心無所著亦無罣礙，以無著無罣礙故」，又與法成本、滿藏本不同，應更進一步釐清是否受使用底本之行文影響（底本考察備註 31）？
滿藏本備註 46	滿藏本「calgabun fudasi ci fuhali ukcafi」，意「從悖逆全然脫開後」，法成本作「超過顛倒」，其中「超過」一詞滿漢本語意不同，是否牽涉到使用底本，應於下段進一步考察（底本考察備註 34）。法成本「顛倒」，滿藏本譯作「calgabun fudasi」，意「悖逆」，[97]按印順法師解釋「顛倒，即是一切不合理的思想與行為，根本是執我執法，因此而起的無常計常，非樂計樂，無我計我，不淨計淨；以及欲行苦行等惡行」，[98]而漢文「悖逆」指「犯上作亂之事」，[99]與印順法師所謂「顛倒」含義不同。
滿藏本備註 47	滿藏本「amba nirwan i ten de isinaha」，意「去到了大涅槃的極點」，法成本作「究竟涅槃」，滿文「nirwan」音譯自梵文，梵文「nirvāṇa」，[100]按聖嚴法師解釋涅槃有三種：一是外道的假涅槃；二是小乘的真涅槃；三是大乘的究竟涅槃。所謂「究竟涅槃是無怖畏、無顛倒、無夢想，不貪

97 《新滿漢大詞典》，第 2 版，s.v.「chalgabun fudasi」，208。

98 印順法師，〈般若波羅蜜多心經講記〉，199-200。

99 《辭源》，臺四版，商務印書館編審部編纂（臺北市：商務印書館，1969），s.v.「悖逆」，578。

100 中村元，《般若経典》，164。

滿藏本備註 47（續）

戀生死，也不畏生死，自由自在於生死之中。……所以，不離開現實的人生，隨緣度化一切眾生就是大乘的究竟涅槃」，[101]滿文似將之譯作「amba nirwan」以區別與其他二種涅槃，可知「amba nirwan」已具「究竟涅槃」之意，然滿藏本再將「究竟」單獨分出譯作「i ten de isinaha」，與聖嚴法師的論點不同。

中村元則說明「究竟涅槃」讀作「涅槃を究境す」，與滿藏本將「究竟」作動詞用相類，其意為「從一切迷惘脫離後而進到〔涅槃〕境地中」，也與滿藏本語意相近，中村元進一步解釋《心經》所謂的「涅槃を究境す」，是以永遠的安穩為達成的目標，雖然也有「死亡」是否是一種理想的思考，但其實是以「智慧的完成」為目標，而隱藏了無限的可能性。[102]

星雲大師解釋「涅槃」又作「滅度」，所謂「滅」，是指「滅兩種障礙，一滅『煩惱障』，二滅『所知障』」，而「度」是「度兩種生死，一度『分段生死』，二度『變異生死』」，要釐清「證悟涅槃」是「證道」的意思，不是「死」，「涅槃」意為「不生不滅」、「不生不死」，「完成的人生」叫作「涅槃」。[103]

若再看達賴喇嘛漢譯藏傳本作「究竟大涅槃」與滿藏本滿文繙譯相合，[104]故應審視滿藏本與藏傳本的關係（底本考察備註 35）。

101 聖嚴法師，《心經新釋》，116-117。

102 中村元, 《般若経典》, 164。

103 星雲大師，《般若心經的生活觀》，230-231。

104 達賴喇嘛，《達賴喇嘛談心經》，136。

52:20a:09 ten de isinaha, ilan forgon de enggelenjihe

57:37a:30 ten de isinaha, ilan forgon de enggelenjihe

滿文詞義 極 於 到去了 三 時 於 降臨了

52:20a:10 geren fucihi, barandza baramida de akdafi, duibuleci

57:37a:31 geran[geren] focihi[fucihi], barandza, baramida de akdafi, duibuleci

滿文詞義 眾 佛 般若 波羅蜜 於靠著後 比擬

〔二本句讀異〕

52:20a:11 ojorakū unenggi hafuka bodi doro be

57:37b:01 ojorakū, unenggi hafuka bodi doro be

滿文詞義 不可 誠然 通曉了 菩提 道 把 〔二本句讀異〕

52:20a:12 iletu yongkiyafi fucihi oho, tuttu ofi,

57:37b:02 iletu yongkiyafi fucihi oho, tuttu ofi,

滿文詞義 顯然 全備後 佛 了 是故

滿文句義 三時降臨的眾佛依靠般若波羅蜜後，顯然全備無可比擬誠然通曉的菩提道後成了佛，是故

法成本 三世一切諸佛亦皆依般若波羅蜜多故，證得無上正等菩提。舍利子！是故

滿藏本備註 48 滿藏本「ilan forgon de enggelenjihe geren fucihi」，意「三時降臨的眾佛」，法成本作「三世一切諸佛」，滿漢文不合，查其他包括玄奘本在內的古漢譯本皆作「三世諸佛」，中村元指出「三世諸佛」是存在於過去、現在、未來無限多的諸佛，聖嚴法師進一步說明「因為釋迦牟尼佛是過去的菩薩而現在成佛；而現在的菩薩將來也必定成佛，是未來佛。既有現在、未來諸佛，那過去依定也已有眾生成佛，是過去佛。過去佛、現在佛、未來佛，就是『三世諸佛』。這無

滿藏本 備註 48 （續）	異在鼓勵眾生起信心，好好學菩薩道，肯定將來都會成佛」，印順法師再說「這過去、現在、未來的『三世諸佛』，四方、四維、上下的十方諸佛，從最初發心，中間修菩薩行，直到最後成佛，無不是依般若為先導的」，[105]可知只要依循般若波羅蜜多，人人皆可成佛。 　　再看達賴喇嘛所用的漢譯藏傳本作「三時安住諸佛」，與滿藏本語意相合，更增加了滿藏本是以藏文本為底本的可能性，達賴喇嘛解釋此處的「諸佛」，「實際上就是指佛道上達到精神證悟最高階位而即將成佛（佛地）的菩薩。在此階位的菩薩，即使入金剛喻定，也擁有如佛陀般完全證悟的特質。這類菩薩將以金剛喻定，依般若波羅蜜多，得獲佛位的最後證悟」，[106]與中村元、聖嚴法師、印順法師等解釋不同。
滿藏本 備註 49	法成本「證得無上正等菩提」，玄奘本作「得阿耨多羅三藐三菩提」，按「阿耨多羅三藐三菩提」音譯自梵文「anuttarā samyak-saṃbodhi」，中村元指出其意譯作「無上正等正覚」，意為「無上」、「正確、平等的覺醒」、「完全的覺悟」，即指「佛的覺悟」；聖嚴法師則說「正覺，即正確的覺悟；無上正覺，就是悲智圓滿的如來果位。正覺一定是從正行產生，正行一定是從正信而來，即從正確的信仰產生正確的修行，再從正確的修行達成正覺的目的」；東初老和尚說或可譯作「無上正等道」，「就是最上、最尊的平等正覺及真理，這即是佛陀究竟圓滿無上正道。普通把梵

105 中村元，《般若経典》，164。
聖嚴法師，《心經新釋》，118。
印順法師，〈般若波羅蜜多心經講記〉，200。

106 達賴喇嘛，《達賴喇嘛談心經》，137-138。

滿藏本備註 49（續）	語具名略掉，說為菩提，或梵漢兼用，稱為菩提道」。[107]滿藏本將「阿耨多羅」，即「無上」，譯作「duibuleci ojorakū」，意「無可比擬」，「三藐三菩提」滿藏本譯作「unenggi hafuka bodi doro」，意「誠然通曉的菩提道」，接近於東初老和尚的解釋。法成本「證得」，滿藏本作「iletu yongkiyafi fucihi oho」，意「顯然全備後成了佛」，滿漢語意似不相符，然若按印順法師所言「正覺，即對宇宙人生真理有根本的正確覺悟；聲聞緣覺也可證得，但不能普遍；菩薩雖能普遍，然如十三十四的月亮，還沒有圓滿，不是無上；為佛所證，如十五夜月的圓滿，故名無上正遍覺」，再「般若與佛菩提，本非二事，般若是智慧，佛果菩提即無上正遍覺，又名一切智。在修行期中，覺未圓滿，名為般若；及證得究竟圓滿，即名為無上菩提」，[108]可知滿藏本乃據已「證得究竟圓滿」，亦即已「得佛果菩提」，而譯作「iletu yongkiyafi fucihi oho」，更清楚說明「證得」之內涵。
滿藏本備註 50	法成本在「證得無上正等菩提」後有「舍利子」一詞，滿藏本無，是否也與使用底本有關？將於底本考察備註 38 進一步討論。

107 中村元，《般若経典》，164-165。
聖嚴法師，《心經新釋》，118。
東初老和尚，《般若心經思想史》，129。

108 印順法師，〈般若波羅蜜多心經講記〉，201。

52:20a:13 barandza baramida i tarni, amba ulhisungge tarni,

57:37b:03 barandza baramida i tarni amba ulhisungge tarni

滿文詞義 般若 波羅蜜 的 咒 大 穎悟的 咒

〔二本句讀異〕

52:20a:14 duibuleci ojorakū tarni, jergileci ojorakū de

57:37b:04 duiboleci[duibuleci] ojorakū, tarni jergileci ojorakū de

滿文詞義 比擬 不可 咒 相等 不可 於

〔二本句讀異〕

52:20a:15 jergilere tarni, eiten jobolon be yooni

57:37b:05 jergilere, tarni eiten jobolon be yooni

滿文詞義 相等 咒 一切 憂患 把 全 〔二本句讀異〕

52:20a:16 mayambure tarni, holo waka, unenggi seme safi,

57:37b:06 mayambure, tarni holo waka, unenggi seme safi

滿文詞義 使消滅 咒 虛假 非 誠然 云 知道

〔二本句讀異〕

滿文句義 知道叫做般若波羅蜜咒，大穎悟咒，無可比擬咒，相等於無可相等的咒，完全消滅一切憂患的咒，非虛假，誠然後，

法成本 當知般若波羅蜜多大蜜〔密〕咒者，是大明咒，是無上咒，是無等等咒。能除一切諸苦之咒，真實無倒。故知般若波羅蜜多是祕密咒。

滿藏本備註 51 滿藏本「barandza baramida i tarni」，意「般若波羅蜜的咒」，法成本作「般若波羅蜜多大密咒者」，滿藏本無「大密咒者」一詞；滿藏本「amba ulhisungge tarni」，意「大穎悟咒」，即法成本「大明咒」；「duibuleci ojorakū tarni」，意「無可比擬咒」，對應法成本「無上咒」；「jergileci ojorakū de jergilere tarni」，意「相等於無可相等的咒」，即為「無等等咒」；「eiten jobolon be yooni mayambure tarni」，意「完全消滅一切憂患的咒」，法成本作「能除一切諸苦之咒」；「真實無倒」，滿藏本作「holo waka, unenggi」，意「非虛假，誠然」，與滿漢本文意不合；最後法成本「故知般若波羅蜜多是祕密咒」一句，滿藏本無。

滿藏本備註 52

再看達賴喇嘛所使用的漢譯藏傳本作「是故應知般若波羅蜜多咒——大神咒，無上咒，無等等咒，除一切苦咒」，與滿藏本相近，達賴喇嘛指出「『般若波羅蜜多』在此被稱為咒。它的原意是『守護心』。透過般若波羅蜜多，行者可以完全去除邪見、由邪見所引生的煩惱即由煩惱所生的苦」；而將般若波羅蜜多稱為「大神咒」，乃因「徹底了悟其意義後，可以淨除貪、瞋、癡三毒」；稱「無上咒」是「因此咒旨在解救眾生脫離輪迴，不以小乘行者的自證涅槃為滿足」；稱「無等等咒」則是因「基於佛陀是無上正等正覺，故為『無等』，而可經由此咒的圓滿體悟來達到佛陀果位」；稱「除一切苦咒」乃「因為它滅除明顯的苦與尹生未來苦的苦因」。[109]

聖嚴法師解釋「『咒』在梵文稱『陀羅尼（dharani）』，有總持、能持、能遮之意。總持，謂總有一切功德，持無量義理。能持，是指它能含攝保存無量的內容。而能遮，則謂具有無量神變不思議的功能。另外，『咒』又名『曼陀羅（mantra）』，意為真言，也有神咒、秘密語、密咒的涵義。陀羅尼和曼陀羅本來是印度婆羅門教所慣用的語言，世尊最初不用它，到大乘般若經典發達後，才有了秘密般若部的成立」。[110]

而東初老和尚則說明「所謂箴言與陀羅尼，從形式上說，有長短的不同，然皆屬諸佛身、口、業三密之一的密語，即所信的神祕偈文，純為真言密教傳承所用的，涵義深長，神聖祕密不可思議，故未予意譯，直接就梵語原音繙譯過來。通例以長句者，稱為陀羅尼偈文；短句者說為真言」。[111]

《心經》「咒」之梵文作「mantra」，[112]故西方學者多使用「mantra」一詞，Nattier 更在其文中討論「mantras」、「dhāraṇīs」、「vidyā」等相關詞彙的使用情況，詳見其文。[113]古漢譯諸本中，羅什本、玄奘本、法月本、般若共利言本、法成本譯作「咒」或「呪」，智慧輪本作「真言」，施護本作「明」，而滿藏本則譯作「tarni」，為「dhāranī」的音譯，與《心經》梵文本不同，或許參照滿藏本之底本原文能知其所以。

109 達賴喇嘛，《達賴喇嘛談心經》，138-139。

110 聖嚴法師，《心經新釋》，120。

111 東初老和尚，《般若心經思想史》，133-134。

112 中村元，《般若經典》，165。

113 Jan Nattier, “The Heart Sūtra: A Chinese Apocryphal Text?” 158, 201-202, 213.

52:20a:17 barandza baramida i tarni be tarnilaha, datyata,

57:37b:07 barandza baramida i tarni be tarnilaha datyata

滿文詞義 般若 波羅蜜 的 咒 把 念咒了〔梵文音譯〕

〔二本句讀異〕

52:20a:18 g'adi g'adi, barang g'adi, barasang g'adi, bodi

57:37b:08 g'adi g'adi barang g'adi barasang g'adi, bodi

滿文詞義 －－－－－－－－－〔梵文咒音譯〕－－－－－－－－－

〔二本句讀異〕

52:20a:19 sowaha, a, šaribudari, bodisado, mahasado sa, tere

57:37b:09 sowaha, a, šaribudari bodisado mahasado sa tere

滿文詞義 －－－－啊 舍利弗 菩薩 摩訶薩埵 們 那

〔二本句讀異〕

52:20a:20 gese šumin narhūn barandza baramida be taci<u>kini</u>

57:37b:10 gese šumin narhūn barandza baramida be taci<u>kini</u>

滿文詞義 相似 深 細 般若 波羅蜜 把 令學習

滿文句義 念了般若波羅蜜咒，〔以滿文音譯梵文咒音〕。啊！舍利弗、菩薩摩訶薩埵們，務必學習那般的深精般若波羅蜜。

法成本 即說般若波羅蜜多咒曰：峩帝 峩帝 波囉峩帝 波囉僧峩帝 菩提 莎訶。舍利子！菩薩摩訶薩應如是修學甚深般若波羅蜜多。

滿藏本備註 53　滿藏本「datyata, g'adi g'adi, barang g'adi, barasang g'adi, bodi sowaha」為梵文咒之音譯，如前述據東初老和尚、福井文雅、McRae、Nattier 等人的研究，在《陀羅尼集經》（T0901）、《東方最勝燈王陀羅尼經》（T1353）、《大方等無想經》（T0387）等經典中都可找到相似的咒文，[114]其中「datyata」，音譯自梵文「tadyathā」，漢文常音譯作「呾儞也他」、「呾絰他」，「所謂」之意，[115]羅什本、玄奘本、法月本、般若共利言本皆譯作「即說咒（呪）曰」，智慧輪本作「即說真言」，法成本、施護本作「曰」。此咒（滿文作「tarni」）保存梵文原音，古漢譯本各家用字不同，但其音近似，而滿藏本依梵文音譯，無選字問題。

至於此咒文意因其文法多晦澀不明，故常有不同理解，[116]僅舉數例如下，東初老和尚譯作「到！到！更到！更更到！覺道」，其中「揭諦」意「到」，「波羅揭諦」意「更到」，「波羅僧揭諦」意「更更到」，「菩提薩婆訶」意「覺道」，「薩婆訶」乃「真言的結束語，含有圓滿、成就、真實等之意，也就是究竟圓滿的意思」。[117]

聖嚴法師則譯作「去罷！去罷！超渡到彼岸去罷！大家都超度到彼岸去罷！覺道成就」；另因「揭諦」意「去、到」，「波羅揭諦」的「波羅」即「彼岸」，故其意為「到彼岸去」，「波羅僧揭諦」的「僧」有「眾」之意，是以「波羅僧」即「眾多法門，有六波羅蜜、十波羅蜜乃至無量波羅蜜」，因此聖嚴法師又譯作「用許多許多到彼岸的方法去

114 東初老和尚，《般若心經思想史》，35-36。
Jan Nattier, "The Heart Sūtra: A Chinese Apocryphal Text?" 176-177, 210-213.

115 《佛學大辭典》，丁福保（臺北市：新文豐出版股份有限公司，1985），s.v.「呾儞也他」，2：1543。

116 John R. McRae, "Heart Sūtra," in *Encyclopedia of Buddhism* ed.Robert E. Buswell, Jr., 315.

117 東初老和尚，《般若心經思想史》，137-138。

滿藏本備註 53（續）	彼岸」，「菩提薩婆訶」之「菩提」指「正覺、佛道」，「薩婆訶」有「大圓滿、大成就」，綜此，此咒亦可譯作「去呀！去呀！去彼岸呀！用許多許多到彼岸的方法去彼岸，去成就菩提大道」；另外一種譯法是將「僧」譯作「眾人」，故此咒意為「去！去！去彼岸！大家去彼岸！大家一起去彼岸，成就菩提佛道！」[118] 印順法師則說「薩婆訶」乃「速疾成就」之意，故作「去啊！去啊！到彼岸去啊！大眾都去啊！願正覺的速疾成就！」[119] 星雲法師亦將「僧」作「大眾」、「和合僧」解，並將「菩提薩婆訶」解作「願證菩提、願成正覺，希望我們可以很快證得『薩婆訶』」，故將咒文譯作「去、去，到彼岸去，到佛國去，大家一起來去，願大眾速疾證得正覺的般若」。[120] 達賴喇嘛則指出「『爹雅他』的梵文原意是『如是』，作用是帶出下面的咒文；『噶得噶得』意指『去！去！』；『巴喇噶得』意為『到彼岸』；『巴喇桑噶得』是『究竟到彼岸』；『菩提娑哈』解為『植根於圓滿覺悟之境』。因此，整句咒是說：『去！去！到彼岸，究竟到彼岸，植根於圓滿覺悟之境』」，達賴喇嘛再進一步解釋此咒之隱意是「到彼岸」，即「遠離一直輪迴的此岸，而度到究竟涅槃與完全自在的彼岸」。[121]

118 聖嚴法師，《心經新釋》，72、121、167-168。
119 印順法師，〈般若波羅蜜多心經講記〉，204。
120 星雲大師，《般若心經的生活觀》，233。
121 達賴喇嘛，《達賴喇嘛談心經》，140。

52:20a:21 sehe, tede eteme yongkiyafi colgoroko fucihi
57:37b:11 sehe, tede eteme yongkiyafi colgoroko fucihi
滿文詞義 說了 於今得勝的 全備後 超群了 佛

52:20a:22 samadi ci aljafi, bodisado, mahasado, arya
57:37b:12 samadi ci aljafi, bodisado mahasado, arya
滿文詞義 三摩地 從 離開後 菩薩 摩訶薩埵 聖 〔二本句讀異〕

52:20a:23 awalogida šori de sain seme hendufi,
57:37b:13 awalogida, šori de sain seme hendufi,
滿文詞義 觀自在 於 善 云 說後 〔二本句讀異〕

52:20a:24 geli sain sain fulehengge juse, tere
57:37b:14 geli sain, sain fulehengge juse, tere
滿文詞義 又 善 善 有根的 眾子 那 〔二本句讀異〕

52:20a:25 tuttu inu, tere yargiyan i tuttu ombi,
57:37b:15 tuttu inu, tere yarkiyan[yargiyan] tuttu
滿文詞義 那樣 是 那 實（實在） 那樣（為）〔二本句讀異〕

52:20a:26 sini giyangnaha yaya šumin narhūn barandza
57:37b:16 sini giyangnaha yaya šumin narhūn barandza
滿文詞義 你的 講論了 諸凡 深 細 般若

52:20a:27 baramida be urebume tacime yabuci, ineku jidere
57:37b:17 baramida be urebume tacime yabuci, ineku jidere
滿文詞義 波羅蜜 把 溫習著 學習著 若行 本 來

52:20a:28 fucihi ele yooni dahame urgunjendumbi, eteme
57:37b:18 fucihi ele yooni dahame urgunjendumbi, eteme
滿文詞義 佛 所有 全 隨著 共喜悅 得勝著

52:20a:29 yongkiyafi colgoroko fucihi tuttu hese wasimbuha
57:37b:19 yongkiyafi colgoroko fucihi tuttu hese wasimbuha
滿文詞義 全備後 超群了 佛 那樣 旨 使從高處下了

滿文句義　於今得勝全備超群的佛從三摩地離開，對菩薩摩訶薩埵聖觀自在說了善後，又〔說了〕善，有善根的男子們，那是那樣，那真是那樣。若溫習學行你所講論的諸凡深精般若波羅蜜，所有如來佛全都隨著一起喜悅，得勝全備超群的佛頒降了那樣的諭旨後，

法成本　爾時，世尊從彼定起，告聖者觀自在菩薩摩訶薩曰：善哉，善哉！善男子！如是，如是！如汝所說。彼當如是修學般若波羅蜜多。一切如來亦當隨喜。時薄伽梵說是語已。

滿藏本備註 54　滿藏本 52「tere tuttu inu, tere yargiyan i tuttu ombi」，與滿藏本 57「tere tuttu inu, tere yargiyan tuttu」不同，按「yargiyan i」有「實在、的確、誠然」之意，「ombi」有多義，此處應作「是」解，[122]，則滿藏本 52 語意較為完整，其意為「那是那樣，那真是那樣」，滿藏本 57 疑錯漏。

滿藏本備註 55　滿藏本「ineku jidere fucihi」，法成本作「如來」，《五譯合璧集要》中「如來」譯作「ineku jihe」（參見經文詞彙備註 98），[123]而《新滿漢大辭典》中「如來佛」則作「ineku jihe fucihi」。[124]滿文「ineku」意「本」，而「jidere」和譯為「来るだろう．来るべき．Jimbi の未来形」，[125]即「要來的、將來的」的意思，故「ineku jidere」可理解作「從本原將要來的」，而「ineku jihe」的「jihe」為「完整體」，表示「做完了某動作或行為」，[126]意為「從本原來了的」，二者語意不同。

滿藏本備註 56　法成本「說是語已」，滿藏本作「tuttu hese wasimbuha manggi」，意「頒降了那樣的諭旨後」，滿譯佛經以「hese wasimbuha」來表示對佛的「虔敬之意」，[127]與漢譯本之文字表達不同。

---

122 《新滿漢大詞典》，第 2 版，s.vv.「yargiyan i」，1306；「ombi」，959-960。
123 *Pentaglot Dictionary of Buddhist Term: in Sanskrit, Tibetan, Manchurian, Mongolian, and Chinese*, s.v. “如來,” 6
124 《新滿漢大詞典》，第 2 版，s.v.「ineku jihe fucihi」，730。
125 《滿和辭典》，第二版，s.vv.「ineku」，232；「jidere」，247。
126 （清）萬福編著，〈整理說明〉，《重刻清文虛字指南編》，1：11。
127 莊吉發，〈國立故宮博物院典藏《大藏經》滿文譯本研究〉，3：53。

52:20a:30 manggi, jalafungga šaribudari, bodisado, mahasado arya
57:37b:20 manggi, jalafungga šaribudari bodisado mahasado arya
滿文詞義 後 有壽者 舍利弗 菩薩 摩訶薩埵 聖
〔二本句讀異〕

52:20a:31 awalogida šori, geren gucuse, jai abkai enduri,
57:37b:21 awalogida, šori geren gucuse jai abkai enduri
滿文詞義 觀自在 眾 朋友們 和 天的 神 〔二本句讀異〕

52:20b:01 niyalma, asuri, g'andari, jalan de bisirenggele
57:37b:22 niyalma, asuri g'andari jalan de bisirenggele
滿文詞義 人 阿修羅 犍陀羅 世 於 凡有的 〔二本句讀異〕

52:20b:02 gemu gingguleme dahafi, eteme yongkiyafi colgoroko
57:37b:23 gemu gingguleme dahafi, eteme yongkiyafi colgoroko
滿文詞義 俱 致敬著 跟隨後 得勝著 全備後 超群的

52:20b:03 fucihi i hese be iletu maktame saišaha,
57:37b:24 fucihi i hese be iletu maktame saišaha
滿文詞義 佛 的 旨 把 顯然 稱讚著 誇獎了 〔二本句讀異〕

52:20b:04 enduringge sure i cargi dalin de akūnaha
57:37b:25 enduringge sure i cargi dalin de akūnaha
滿文詞義 聖者 聰明以 那邊 河岸 於 到對岸了

52:20b:05 niyaman sere nomun yongkiyaha.
57:37b:26 niyaman sere nomun yongkiyaha.
滿文詞義 心 說是 經 全備了

滿文句義	有壽者舍利弗、菩薩摩訶薩埵聖觀自在、眾朋友們和天的神、人、阿修羅、乾闥婆、世間所有的都致敬跟隨後，顯然稱讚誇獎了得勝全備超群的佛的旨意。 叫做聖者以智慧到了河彼岸的心的經全備了。
法成本	具壽舍利子，聖者觀自在菩薩摩訶薩，一切世間天、人、阿蘇羅、乾闥婆等，聞佛所說，皆大歡喜，信受奉行。 般若波羅蜜多心經全

滿藏本備註 57	滿藏本「geren gucuse」，意「眾朋友們」，法成本無，將於滿藏本使用底本問題再考察（底本考察備註 54）。

滿藏本備註 58	滿藏本「abkai enduri, niyalma, asuri, g'andari, jalan de bisirenggele」，意「天的神、人、阿修羅、乾闥婆、世間所有的」，法成本作「一切世間天、人、阿蘇羅、乾闥婆等」，二本語序不同。

滿藏本備註 59	滿藏本「gemu gingguleme dahafi, eteme yongkiyafi colgoroko fucihi i hese be iletu maktame saišaha」，意「都致敬跟隨後，顯然稱讚誇獎了得勝全備超群的佛的旨意」，法成本作「聞佛所說，皆大歡喜，信受奉行」，二本表達不盡相同，亦將於滿藏本使用底本問題再考察（參見底本考察備註 56）。

滿藏本備註 60	經末經題與經前經題不同，將於滿文諸本經題比較分析時再詳細討論。

二、法圖本繙譯及析論

本節依 Gallica《般若波羅蜜多心經》滿漢合璧本之數位版（參見附錄二）經文轉寫滿文羅馬拼音並斷句，滿文詞義及佛教術語主要使用《滿和辭典》、《新滿漢大辭典》、《佛光大辭典》等參考資源，滿文句義依原文語意繙譯，漢文原文亦錄自數位版。另據 Gallica 條目說明，此本乃玄奘所譯，[128]故附上玄奘本（T0251）參考。值得注意的是，此本所附「註演」與《大正藏》所收錄各本注疏（T1710-T1714）及印、藏注疏本（參見本書「注疏及宗派研究」）皆不同，且此文本及 Gallica 皆無關於「註演」之出處或版本說明，故依據目前資料無法確認「註演」之底本為何，然其語體較《大正藏》各本注疏相對白話，更易於理解經文涵義，可藉由「註演」再次考察《心經》滿文繙譯的問題，以及時人對於《心經》經文的理解，故一併錄出。

---

128 "Bo re bo luo mi duo xin jing [zhu yan] 般若波羅蜜多心經[註演 trad. par Xuan-zang 玄奘], avec commentaire," Gallica, accessed July 23, 2021, <https://archivesetmanuscrits.bnf.fr/ark:/12148/cc34453f>.

葉：行

1a:1 sure ulhisu cargi dalin de akūnaha niyaman sere ging.
滿文 聰明 穎悟 那邊 河岸 於 到對岸了 心 說是 經
詞義

1a:2 enetkek i gisun de, barandza baramida, hiri daya sembi. cargi
滿文 梵 的 言 以 般若 波羅蜜 心 云 那邊
詞義

1a:3 dalin de akūnaha de, ninggun hacin bi šeleme bure, targacun be
滿文 河岸 於 到對岸了於 六 種 有 捨著 給的 戒 把
詞義

1a:4 tuwakiyara, girucun be kirire kiceme dosire, cib seme toktoro,
滿文 看守的 羞恥 把忍耐的 勤著 進的 悄然 定準的
詞義

1a:5 sure ulhisu, erebe ninggun dogon sembi. ere ging de sure ulhisu i
滿文 聰明 穎悟 將此 六 渡口 叫做 此 經 於聰明 穎悟以
詞義

1a:6 cargi dalin de akūnaha be gisurehebi, an i niyalma ci fucihi de
滿文 那邊 河岸 於到對岸了 把 已說話了 照常 人 從 佛 到
詞義

1a:7 isinahangge, uthai ergi dalin ci, cargi dalin de isinaha adali.
滿文 所到去了的 即 邊 河岸 從 那邊 河岸 到 到去了 如同
詞義

1a:8 ninggun dogon serengge, cuwan fase i gese.
滿文 六 渡口 所謂的 船 筏 相似
詞義

滿文 叫做到了聰明穎悟河彼岸心的經
句義 梵言云：鉢囉誐攘播囉弭哆紇哩那野。[129]到了河彼岸，有六種：捨與的、守戒的、忍辱的、精進的、靜定的、聰穎，將此叫做六渡口。此經所說以聰明穎悟到了河彼岸，從常人去到了佛，即如同從河此岸到了河彼岸。所謂六渡口，相似於船筏。

129 本段在翻譯「梵言」音譯部分，為求與原法圖本之滿漢文區別，權用《大正藏》所收錄《唐梵飜對字音般若波羅蜜多心經》本（T0256）之漢字，以下同。

法圖本 般若波羅蜜多心經

含註演 梵言：巴蘭咱巴喇蜜他吸哩達牙。華言：智慧到彼岸心經。到彼岸有六：一曰布施，一曰持戒，一曰忍辱，一曰精進，一曰禪定，一曰智慧，名為六度。此經所說乃智慧到彼岓〔岸〕也。由凡夫以至於佛，如自此岓〔岸〕到彼岓〔岸〕，六度如船筏〔。〕

玄奘本 般若波羅蜜多心經

法圖本備註 1 法圖本經前經題「般若」滿文譯作「sure ulhisu」，意「聰明穎悟」，另「經」音譯作「ging」，關於此本經題討論，詳見滿文諸本經題比較分析段落。

法圖本備註 2 法圖本註演中，梵文「巴蘭咱巴喇蜜他吸哩達牙」，滿文音譯作「barandza baramida, hiri daya」，將「hrdaya」分作「hiri daya」；另外「華言智慧到彼岸心經」部分，滿文則未譯出。

法圖本備註 3 本段註演所言「到彼岸有六」即為「六度」，滿文譯作「ninggun dogon」，意「六渡口」，然「度」乃「渡過」之意，即「從此處渡經生死迷惑之大海，而到達覺悟之彼岸」，[130]如註演所言「從凡人去到了佛，即如同從此岸到了彼岸」，而法圖本譯作「dogon」，「渡口」，似失原語意。再者，註演的「船」，滿文譯作「cuwan」，乃漢文「船」之音譯，而不用「jahūdai」；「筏」，滿文譯作「fase」，即漢文「筏子」之音譯，而不用「ada」（參見附錄四）。

法圖本備註 4 再如滿藏本備註 2 已討論過的，滿文「i」作「以」解，雖然法圖本滿文經題「sure ulhisu」後無「i」字，但在註演中明確解釋「六度如船筏」，可理解為「智慧」是「由河此岸到河彼岸」的「工具」之一，故採「工具格格助詞」解，較為適當。

法圖本備註 5 包括「六波羅蜜」等佛教詞彙之內涵及滿文繙譯如何「表達佛經教義的原本理蘊」等問題，[131]將另闢滿文諸本經文詞彙比較分析段落討論。

---

130 《佛光大辭典》，s.v.「度」，2：3778。

131 莊吉發，〈國立故宮博物院典藏《大藏經》滿文譯本研究〉，3：50。

1b:1 ini cisui uthai sabure pusa.
滿文詞義 自然 即 看見的 菩薩

1b:2 gūnin yasa be baitalarakū bime, eiten be saburengge, uthai
滿文詞義 意 眼 把 不用 而 一切 把 所看見的 即

1b:3 šun i adali, buleku i gese ofi, tuttu ini cisui sabure sehe.
滿文詞義 日 如同 鏡 相似 為後所以 自然 看見的 說了

1b:4 enetkek i gisun de, arya awalogida šori sembi. nikan i gisun de
滿文詞義 梵 的 言 以 聖 觀自在 云 漢 的 言 以

1b:5 guwan ši yen sembi. eiten gūnin bisirengge be yarhūdame ulhibure be
滿文詞義 觀 世 音 云 一切 意 所有的 把 引導著 使曉得的把

1b:6 pusa sembi. enetkek i gisun de, pudisado sembi.
滿文詞義 菩薩 謂 梵 的 言 以 菩薩 云

滿文 自然即見的菩薩。

句義 不用意眼而看見一切者，即如日似鏡，所以說是自然看見的。梵言云：阿哩也嚩嚕枳帝濕嚩路。漢言云：觀世音。引導著使一切有意者知曉謂菩薩。梵言云：菩提薩埵。

法圖本 觀自在菩薩。

含註演 不用心眼而普照一切，如日如鏡，曰觀自在。梵言阿喇牙阿哇羅吉達說哩。華言觀世音。普覺有情曰菩薩，具云菩提薩埵，梵語也。

玄奘本 觀自在菩薩 〔二本句讀異〕

法圖本備註 6	「觀自在菩薩」，法圖本譯作「ini cisui uthai sabure pusa」，意「自然即見的菩薩」，「觀自在」採意譯，而「菩薩」則用音譯。 另在註演中說明，滿文「arya awalogida šori」乃音譯自梵文「Āryāvalokiteśvara」，而華言則音譯漢文「觀世音」作「guwan ši yen」，與經文作「觀自在」不同。
法圖本備註 7	「不用心眼而普照一切」，滿文作「gūnin yasa be baitalarakū bime, eiten be saburengge」，意「不用意眼而看見一切者」，「心眼」譯作「gūnin yasa」，而不作「mujilen yasa」，將於法圖本備註 15 一併討論；而「普照」滿文用「sabumbi」，意「看見」。
法圖本備註 8	「普覺有情」，滿文譯作「eiten gūnin bisirengge be yarhūdame ulhibure」，意「引導著使一切有意者知曉」。「有情」，梵文「sattva」，「舊譯為眾生。即生存者之意」，[132]故滿文作「eiten gūnin bisirengge」，意「一切有意者」，即指「生存者」。

132 《佛光大辭典》，s.v.「有情」，2：2441。

1b:7 sure ulhisu i cargi dalin de akūnaha šumin yabun de sunja
滿文詞義 聰明 穎悟 以那邊 河岸 於 到對岸了 深 行 時 五

1b:8 falin gemu untuhun be safi, eiten gosihon jobolon be sumbi.
滿文詞義 結交 俱 空 把 知後 一切 苦 災難 把 解脫

2a:1 ere meyen, uthai guwan ši yen pusa i yabun. untuhun serengge,
滿文詞義 這 段 即 觀 世 音 菩薩的 行 空 所謂的

2a:2 unenggi untuhun. falin i dorgide dalibuha burubuha i gūnin inu
滿文詞義 誠 空 結交的 於內 使遮蔽了無蹤無跡了的 意 亦

2a:3 bi. sunja falin unenggi untuhun serengge, sunja falin i da banin
滿文詞義 有 五 結交 誠 空 所謂的 五 結交的本 性

2a:4 unenggi untuhun, bulekui dorgi jakai adali, bisire gese gojime,
滿文詞義 誠 空 鏡的 內 物 如同 有 相似 而

2a:5 yargiyan i untuhun. yaya niyalma, jing emu jaka be tuwarade dalbaki
滿文詞義 實在 空 凡 人 正然 一 物 把 看 時 旁邊

2a:6 niyalma holkonde emgeri esukiyehe de gūnin gaitai ilinjafi,
滿文詞義 人 忽然間 一 嚇了 時 意 忽然 止住後

2a:7 terei esukiyehe be sara gūnin dekdere unde de, jaka be
滿文詞義 他的 嚇了 把 知的 意 飛起 尚未 時 物 把

2a:8 tuwara sara gūnin inu mukiyehebi. ere erinde, eiten gemu
滿文詞義 看的 知的 意 是 已滅了 這 於時 一切 俱

2b:1 untuhun ofi, inu untuhun be sarkū. teni jingkini unenggi
滿文詞義 空 為 亦 空 把 不知 才 真實 誠

2b:2 untuhun kai. jai julgei doro baha ursei henduhengge, gūnin
滿文詞義 空 啊 再 古的 道 得 眾人的 所說了的 意

2b:3 deribure babe baici ojorakū. geli henduhengge, gisureme isinarakū
滿文詞義 起的 把地方 求 不可 又 所說了的 說話著 不到去

2b:4 ba, gūninjame isinarakū ba, geli henduhengge, mujilen ini mujilen be
滿文詞義 地方 思量著 不到去 地方 又 所說了的 心 他的 心 把

2b:5 sarkūngge uthai yasa ini yasa be saburakū i adali sehengge,
滿文詞義 所不知的 即 眼 他的 眼 把 不見 如同 所說了的

2b:6 gemu erebe kai. inenggidari eiten be gemu erei dorgide dosimbufi,
滿文詞義 俱 這也 啊 每日 一切把 俱 此的 於內 進去後

2b:7 inu dosimbuha seme gūnirakū oci, uthai sure ulhisu i cargi
滿文詞義 也 進去了 云 不思想 做為 即 聰明 穎悟 以那邊

2b:8 dalin de akūnaha narhūn yabun be yargiyan i taciha seci ombi. uttu
滿文詞義 河岸 於 到達了 細 行 把 實在 學習了 說 可 如此

3a:1 ome muteci, aide jobocun gosihon bini.
滿文詞義 為 能 若 何處 憂 苦 有呢

滿文句義 以聰明穎悟到了河彼岸的深行時，知五結皆空後，解脫一切苦難。

這段即是觀世音菩薩的行。所謂空，是誠空。結內亦有使遮蔽無蹤跡之意。所謂的五結誠空，五結的本性是誠空，如同鏡內物，似有而實空。凡人正看一物時，旁邊人忽然一嚇時，忽然止住意後，知他嚇了的意尚未飛起時，看物的知意已滅了。這時，一切俱為空，亦不知空，才是真誠空啊！再得古道的眾人所說：意起處不可求。又說： 說話不到去處，思量不到去處。又說：心不知自心，即如同眼不見自眼。都是此啊！每日一切都進於此內，也不思進去了，即可說實在學習了以聰明穎悟到了河彼岸的細行。若能如此為，何處有憂苦呢？

法圖本 行深般若波羅蜜多，時，照見五蘊皆空，度一切苦厄。

含註演 此觀世音菩薩之本行也。空者，真空也。蘊，結也，亦具埋蔽之義。五蘊皆空者，五蘊之自性本即真空，如鏡中物，實空也。如人正視物時，忽被傍〔旁〕人一喝，心忽然一止，知被人喝之心尚未起，視物之知覺心已滅，此時一切皆空。空見亦無，正是真空。古德云：覔〔覓〕念起爲〔處〕了不可得。又言：言語不到爲〔處〕，心念不及爲〔處〕。又云：心不自見心，如眼不自見眼。皆是此也。每日於一切，皆歸居此中，亦不作歸居此中想，便是真修般若波羅蜜多妙行，若能如此，何苦厄之有哉？

玄奘本 行深般若波羅蜜多時，照見五蘊皆空，度一切苦厄。

〔二本句讀異〕

法圖本備註 9	玄奘本「行深般若波羅蜜多時」，而法圖本漢文斷句作「行深般若波羅蜜多，時」，滿文譯作「sure ulhisu i cargi dalin de akūnaha šumin yabun de」，意「以聰明穎悟到了河彼岸的深行時」，與滿藏本採音譯「barandza baramida」不同（參見滿藏本備註 11），可以看出不同譯者對於經文的各自解讀及繙譯考量。 此外，法圖本除意譯「般若波羅蜜」外，並將「行深」作為一個詞彙理解譯作「šumin yabun」，意「深行」，將「行」作為名詞使用，「深」用以形容「行」；而滿藏本將「行」作動詞用，譯作「sibkime ulhifi」，意「窮究通曉後」，「深般若波羅蜜多」譯作「barandza baramida i šumin narhūn doro」，意「般若波羅蜜的深精道」。
法圖本備註 10	「照見五蘊皆空」之「照見」法圖本滿文作「safi」，意「知道後」；「五蘊」滿文作「sunja falin」，意「五結」，林士鉉已在其文中討論「falin」一詞可能由「falimbi」而來，詳見其文。[133]惟因註演言明「蘊，結也，亦具埋蔽之義」，可知法圖本將「蘊」譯作「falin」之理，惜「falin」未能展現「埋蔽」詞意。
法圖本備註 11	再法圖本將「度一切苦厄」譯作「eiten gosihon jobolon be sumbi」，意「解脫一切苦難」，據中村元研究，法隆寺貝葉本及敦煌寫本《唐梵飜對字音般若波羅蜜多心經》皆未見此句，然慈恩及圓測之注疏皆對此句加以注釋，故認為此句已見於玄奘本中，可能為玄奘所加入。[134]聖嚴法師解釋「一切苦厄」中的「苦」，包括身體的苦、心理的苦及身心交織的苦，而「厄」指「執著五蘊所招感的一切災難」，包括天災和人禍。[135]

133 林士鉉，〈清代滿文譯本《般若波羅密多心經》初探〉，549。
134 中村元，《般若経典》，157。
135 聖嚴法師，《心經新釋》，82-84。

法圖本備註 12	註演中「觀世音菩薩之本行」，滿文作「guwan ši yen pusa i yabun」，未譯出「本」之字意。另外，「真空」，滿文譯作「unenggi untuhun」，意「誠空」，註演解釋「如鏡中物，實空也」，中村元亦指出佛典中常以鏡子的比喻來理解「空觀」，[136]全本註演皆以平實的解說幫助讀者了解《心經》經文及「般若」思想。
法圖本備註 13	「自性」滿文譯作「da banin」，意「本性」，詳見經文詞彙備註 28。再「般若波羅蜜多妙行」之「妙行」滿文作「narhūn yabun」，意「細行」，滿藏本備註 9 討論過「narhūn」有「精細」之意，而法圖本漢文作「妙」，《辭源》解釋其意為「神妙也」、「謂精巧不可思議也」。[137]故知滿文取其「精巧不可思議」之意，而將「妙」譯作「narhūn」。
法圖本備註 14	「古德」，「乃對古昔有德高僧之尊稱」，[138]滿文譯作「julgei doro baha urse」，意「得古道的眾人」，與漢文文意略有出入。本段引了三則「古德」說明「真空」，分別為「覓念起處了不可得」，滿文作「gūnin deribure babe baici ojorakū」；「言語不到處，心念不及處」，滿文「gisureme isinarakū ba, gūninjame isinarakū ba」；「心不自見心，如眼不自見眼」，滿文「mujilen ini mujilen be sarkūngge uthai yasa ini yasa be saburakū i adali」，其中第一則將「念」譯作「gūnin」，而未譯出「覓」；第二則將「心念」譯作「gūninjame」，「心念」，「即心識之思念，通常指心識中剎那相續之念頭」[139]；第三則將「心」譯作「mujilen」。

136 中村元,《般若経典》, 39-40。

137 《辭源》，臺四版，s.v.「妙」，402。

138 《佛光大辭典》，s.v.「古德」，1：1614。

139 《佛光大辭典》，s.v.「心念」，1：1402。

法圖本備註 15

除上述三則外，再看法圖本備註 7「心眼」譯作「gūnin yasa」，所謂「心眼」乃「指藉禪定之力可透見障外之色，照了諸法。即不依肉眼，亦不依天眼，由定力之故，能照見他方佛國諸佛及佛土之莊嚴，或能覺知己身內之種種不淨」；[140] 法圖本備註 8「有情」譯作「eiten gūnin bisirengge」，有「生存者」之意；法圖本備註 20 尚有「一法不有，萬法皆有正此意也」，「意」譯作「gūnin」；法圖本備註 41「夢想」之「想」也譯作「gūnin」。法圖本中「心」、「意」、「念」、「情」、「想」等字的滿文繙譯作「gūnin」、「mujilen」、「gūninjambi」，應更進一步討論，以釐清各字義內涵。

查《御製增訂清文鑑》「意」作「gūnin」，其義為「從心所出來者，謂意」；「心」作「mujilen」，其義「知曉一切事者，謂心」；「gūninjambi」乃「思量」，「不能棄各處總是思考者，謂思量」（參見附錄四）。[141]再看《佛光大辭典》「意」，梵文「manas」，謂「思量」，「即周遍思惟之心理作用」；另若「將之作為認識機能之依據，則稱意根，為六根之一。於十二處中，稱為意處；於十八界中，稱為意界」。[142]「心」有二義：梵文「hrd」或「hrdaya」，即《般若波羅蜜多心經》之「心」，本書已討論過有「心臟」、「精髓」，或「咒」、「真言」、「陀羅尼」之意；梵文「citta」，「指執取具有思量（緣慮）之作用者」，[143]即《心經》經文「心無罣礙」之「心」。由上可以看出在繙譯佛經時，不僅參考了原滿文詞義，更著重於「充分表達佛經教義的原本理蘊」。[144]

140 《佛光大辭典》，s.v.「心眼」，1：1407。

141 （清）傅恆等奉敕撰，《御製增訂清文鑑》（收錄於《景印文淵閣四庫全書》，第 232-233 冊，臺北市：臺灣商務，民 72），s.vv.「意」，11：24b；「心」，11：26b；「思量」，11：25a。

142 《佛光大辭典》，s.v.「意」，3：5445。

143 《佛光大辭典》，s.v.「心」，1：1395-1396。

144 莊吉發，〈國立故宮博物院典藏《大藏經》滿文譯本研究〉，3：50。

3a:2 še li dzi,
滿文 舍利 子
詞義

3a:3 uthai še li fu inu. enetkek i gisun de, šaribudari sembi.
滿文 即 舍利 弗 也 梵 的 言 以 舍利補怛羅 云
詞義

3a:4 še li dzi, guwan ši yen pusa de sure ulhisu i cargi dalin de
滿文 舍利 子 觀 世 音 菩薩 於聰明 穎悟 以 那邊 河岸 於
詞義

3a:5 akūnaha doro tacire be fonjire de, tuttu guwan ši yen pusa terei
滿文 到達了 道 學習的把 問 時 所以 觀 世 音 菩薩 他的
詞義

3a:6 gebu be hūlame, giyan i sunja falin i da banin unenggi untuhun be
滿文 名 把 呼喚曰 應 五 結交以本 性 誠 空 把
詞義

3a:7 tacici acambi seme tacibumbi.
滿文 學習 該當 云 教
詞義

滿文 舍利子
句義 即舍利弗。梵言云：捨哩補怛囉。舍利子，問觀世音菩薩以聰明穎悟到河彼岸之道學，所以觀世音菩薩呼喚他的名字教說：應當以五結學習本性誠空。

法圖本 舍利子。
含註演 即舍利弗。梵云：舍唎布達哩。舍利子尊者問觀世音菩薩以修習智慧到彼岍〔岸〕之法，故觀世音菩薩呼其名而告之云：應以五蘊皆自性真空觀為修習也。

玄奘本 舍利子！

法圖本 備註 16 「舍利子」，滿文音譯漢文作「še li dzi」，此法圖本之底本為漢文譯本之可能性很高；再註演中「舍利子尊者」之「尊者」，滿文未譯出，以「尊者」稱「舍利子」可見於施護本，作「尊者舍利子」，與法圖本語序不同。

法圖本備註 17	註演「修習智慧到彼岸之法」滿文譯作「sure ulhisu i cargi dalin de akūnaha doro tacire」，意「以聰明穎悟到河彼岸之道學」，將「法」譯作「doro」，而「doro」之原意為「道」，法圖本備註 14「古德」之「德」亦譯作「doro」，關於「法」、「道」、「德」等字之滿文義涵值得注意。 《佛光大辭典》指出「法」（梵文「dharma」）在佛典中的用法及語意不同，可歸納為二義：「任持自性，意指能保持自體的自性（各自的本性）不改變」，此「法」即「指具有自性之一切存在」；「軌生物解，指能軌範人倫，令人產生對一定事物理解之根據」，此「法」指「認識之標準、規範、法則、道理、教理、教說、真理、善行等」。此外在因明用語（印度哲學用語）中，「法」有「性質、屬性之意」。而在「六境」中「法」為「意識」之對境。[145]「六境」即「色、聲、香、味、觸、法」，法圖本註演作「六塵」，東初老和尚解釋「法境」，「為第六意根的對境，即色心一切世界，為物質界與精神界一切世界的總稱」。[146]再「道」，梵文「mārga」，「至目的地之通路，或指踏行之道（軌路）」，另為「菩提之異譯」；「德」，「由行正道而得之意，引申為利益、幸福等意」。[147]滿藏本備註 32 討論過「法」譯作「jaka」，查《御製增訂清文鑑》「jaka」漢文作「物件」，指「一切樣數」，合於「任持自性」義，若採「軌生物解」義，則合於滿文「doro」詞意「常規禮儀」，其漢文作「道」；「德」，滿文作「erdemu」，有「合於全備心、理的行為，常規禮儀」之意（參見附錄四），[148]可知滿文「doro」雖與漢文「道」對譯，然其內涵並不相同，[149]故在討論滿文繙譯相關議題時，亦應審酌滿文詞義，不致誤解。
法圖本備註 18	註演「皆自性真空觀」，滿文譯作「da banin unenggi untuhun」，意「本性誠空」，並未精確譯出「觀」之字義。

145 《佛光大辭典》，s.v.「法」，2：3336-3337。

146 東初老和尚，《般若心經思想史》，93。

147 《佛光大辭典》，s.vv.「道」，3：5620-5621；「德」，3：6006。

148 （清）傅恆等奉敕撰，《御製增訂清文鑑》s.vv.「物件」，18：42a；「道」，11：26b；「思量」，11：25a。

149 漢文「道」有多義：（1）路也；（2）理也；（3）術也；（4）通也；（5）順也；（6）宗教名；（7）地理上之區畫也；（8）姓；（9）言也；（10）由也；（11）與導同，治也；（12）引也；（13）從也。
《辭源》，臺四版，s.v.「道」，1471。

3a:8 boco, untuhun ci encu akū. untuhun, boco ci encu akū.
滿文 色 空 比 異 無 空 色 比 異 無
詞義

3b:1 boco, uthai untuhun. untuhun, uthai boco. alire, gūnire
滿文 色 即 空 空 即 色 受的 思想的
詞義

3b:2 yabure, sara, inu ere adali.
滿文 行的 知道的也 此 如同
詞義

3b:3 boco, alire, gūnire, yabure, sara, uthai sunja falin. yaya yasai
滿文 色 受的 思想的 行的 知道的 即 五 結交 凡 以眼
詞義

3b:4 sabure ele arbun bisirengge be gemu boco sembi. yaya serere be
滿文 看見的所有形相 所有的 把 俱 色 謂 凡 知覺的把
詞義

3b:5 gemu alire sembi. yaya gurire aššara yaburengge be gemu yabure sembi.
滿文 俱 受的 謂 凡 遷移的動揉的 所行的 把 俱 行的 謂
詞義

3b:6 sara serengge, sara i teile waka. ilgame faksalame sara be. ere
滿文 知道的所謂的 知道的 只 非 辨別著 分開著 知道的也 這
詞義

3b:7 ging de yaya untuhun be gisurehengge, gemu unenggi untuhun. unenggi
滿文 經 於 凡 空 把 所說話了的 俱 誠 空 誠
詞義

3b:8 untuhun serengge, damu eiten gemu akū i teile waka. urunakū
滿文 空 所謂的 只 一切 俱 無 只 非 必定
詞義

4a:1 eiten gemu bi. julgei doro baha ursei henduhengge, emu doro
滿文 一切 俱 有 古的 道 得 眾人的 所說了的 一 道
詞義

4a:2 akū bime tumen doro gemu bi sehengge, uthai ere gūnin kai.
滿文 無 有著 萬 道 俱 有 所說了的 即 這 意 啊
詞義

滿文句義	色無異空。空無異色。色即空。空即色。受、想、行、知，也如同此。 色、受、想、行、知，即五結。凡以眼所見的所有形相皆謂色。凡知覺的皆謂受。凡所遷移動採行的皆謂行。所謂知，非只知。乃辨別分開知也。此經凡所說空者，皆誠空。所謂誠空，非只一切皆無。必定一切皆有。得古道的眾人所說：一道無有，萬道皆有，即此意啊！
法圖本含註演	色不異空，空不異色。色即是空，空即是色。受想行識，亦復如是。 色受想行識，即五蘊也。凡一切眼所見者，及有形質者，皆曰色。凡領納皆曰受。凡遷移往來皆曰行。識者，分別之知也。此經凡所言之空，皆指真空。真空者，非只一切皆無也，必無所不有。古德云：一法不有，萬法皆有正此意也。
玄奘本	色不異空，空不異色，色即是空，空即是色；受、想、行、識，亦復如是。

法圖本備註 19　「色」，法圖本按字面譯作「boco」，而在註演中說明「凡一切眼所見者，及有形質者，皆曰色」，可知此處「色」實採「物質」解；「受」法圖本譯作「alire」，註演說明「凡領納，皆曰受」，其中「領納」譯作「serere」，意「知覺的」；「想」譯作「gūnire」，註演並未加以解釋；「行」譯作「yabure」，註演說明「凡遷移往來皆曰行」；「識」譯作「sara」，註演解釋「識者，分別之知也」。滿藏本備註 28、滿藏本備註 29 已討論過各詞義內涵，不再贅述。

法圖本備註 20　此段註演亦解說「空」之義涵，「真空者，非只一切皆無也，必無所不有」，又說「一法不有，萬法皆有正此意也」。其中「法」譯作「doro」已於法圖本備註 17 討論過，然所謂「一法」，「意謂一事、一物，乃對萬法而言。此『法』表存在、事物之意，並非『法則』之義」；再「萬法」乃「總賅萬有事理之語」，「與一般所說之萬象、萬事、萬物等語相當」，[150]則此處「法」更合於「jaka」詞意。

---

150 《佛光大辭典》，s.vv.「一法」，1：51-52；「萬法」，3：5543。

4a:3 še li dzi, eiten gemu untuhun. banjirakū, mukiyerakū, icihi
滿文詞義 舍利 子 一切 俱 空 不生 不滅 垢

4a:4 akū, bolgo akū, nonggirakū, ekiyerakū.
滿文詞義 無 潔淨 無 不增添 不減少

4a:5 bici banjirengge waka, akū oci mukiyerengge waka. icihi uthai
滿文詞義 有時 所生的 非 無為時 所滅的 非 垢 即

4a:6 bolgo, tuttu icihi akū sehebi. inu icihi ci aljafi bolgo be
滿文詞義 潔淨 所以 垢 無 已說了 亦 垢 從離開後 潔淨 把

4a:7 gairakū ofi, tuttu bolgo akū sehebi. ulhehe[ulhihe] manggi, umai bahara
滿文詞義 不取 因為所以潔淨 無 已說了 曉得了 後 全然 得的

4a:8 ba akū ofi, tuttu nonggirakū sehebi. ulhirakū bicibe, inu
滿文詞義 處 無 因為所以 不增添 已說了 不曉得 雖 亦

4b:1 kemuni bisire jakade, tuttu ekiyerakū sehebi.
滿文詞義 嘗 有 因為 所以 不減少 已說了

滿文句義 舍利子，一切皆空。不生、不滅、無垢、無淨、不增、不減。有時非所生者，無時非所滅者。垢即淨，所以說無垢。亦因為從垢離開後不取淨，所以說無淨。曉得了後，因為全然無得處，所以說不增。雖然不曉得，亦因為仍有，所以說不減。

法圖本含註演 舍利子！是諸法空相，不生、不滅、不垢、不淨、不增、不減。有時非生，無時非滅。垢即是淨，故曰不垢，亦不離垢取淨，故曰不淨。悟時一無所得，故非增，迷時何嘗不具，故非滅。

玄奘本 舍利子，是諸法空相，不生不滅，不垢不淨，不增不減。

〔二本句讀異〕

法圖本備註 21 「是諸法空相」，法圖本譯作「eiten gemu untuhun」，意「一切皆空」，滿漢文不完全相合。按「一切皆空」又作「諸法皆空」，即「一切諸法皆非常住而係本來空寂」，或說「一切現象，由原因、條件之相關性與相對性而彼此依存，然其本身並無獨自之實體可得」，簡言之，「一切存在皆無任何實體可得」，[151]法圖本滿文或源於此。

---

151 《佛光大辭典》，s.v.「諸法皆空」，3：6303-6304。

法圖本備註 22　「不生不滅，不垢不淨，不增不減」，與龍樹菩薩所著《中觀論》卷首「不生亦不滅，不常亦不斷，不一亦不異，不來亦不出」八句四對相類，「八不中道」簡言之，謂「宇宙萬法，皆由因緣聚散而有生滅等現象發生，實則無生無滅。如謂有生或有滅，則偏頗一邊；離此二邊而說不生不滅，則為中道之理」，[152]故此段經文又稱為「六不」或「六種不二」。中村元解釋「不生不滅」之意為「存在的一切，其根源都是空的，無生也無滅」，也有「存在的一切並無實體的特性」一說；「不垢不淨」意思是「存在的一切，本來既無清淨亦無不淨」，若按龍樹菩薩所論，此二句在《心經》中又可進一步解釋為「無滅離生，無生離滅」及「無淨離塵，無塵離淨」；「不增不減」意為「作為主客未分、混沌為一世界中的存在時，既無增亦無減」。[153]

印順法師用淺顯易懂的比喻說明「生滅，是就事物的自體存在與不存在上說的：生是生起，是有，滅是滅卻，是無。垢淨，是就性質上說的：垢即是雜染，淨是清淨。增減，是就數量上說的：增即數量增多，減即減少。世間的一切事物，不外是體性的有無，性質的好壞，數量的多少。如一個團體，團體的存在與否，這是生滅方面的；團體健全、墮落，前進或反動，是垢淨方面的；團體的發展或縮小，是數量方面的。任何一法，都不出此體、質、量三者，所以本經特舉此三對。」[154]

聖嚴法師則從另一個角度——時空現象——來解釋「從時間的立場來看事物，叫『生滅』；從空間的立場來看事物，叫『增減』；從凡夫的立場來看時空的現象，則有欣喜和厭惡，欣喜地叫作『淨』，厭惡的叫作『垢』。因此從凡夫位所看到的宇宙，無非是生滅、增減與垢淨。然而以佛法的觀點而言，一切都是『不生不滅，不垢不淨，不增不減』的。」[155]

法圖本備註 23　註演中「何嘗不具」，滿文譯作「inu kemuni bisire」，意「亦仍有」，未見反詰語氣，滿漢文不相符。

152 東初老和尚，《般若心經思想史》，86-91。
《佛光大辭典》，s.v.「八不中道」，1：275-276。

153 中村元，《般若経典》，159-160。

154 印順法師，〈般若波羅蜜多心經講記〉，188。

155 聖嚴法師，《心經新釋》，92。

4b:2 tuttu untuhun de, boco akū, alire, gūnire, yabure, sara
滿文詞義 所以 空 於 色 無 受的 思想的 行的 知道的

4b:3 akū.
滿文詞義 無

4b:4 <u>aika</u> unenggi untuhun de ferguwecuke i acana<u>ci</u>, aide sunja
滿文詞義 若是 誠 空 於 奇 以適合 則 何處 五

4b:5 falin bini.
滿文詞義 結交 有呢

滿文句義 所以空中，無色，無受、想、行、知。
若是以奇合誠空，則何處有五結呢？

法圖本含註演 是故空中，無色，無受想行識。
果妙契真空，何五蘊之有哉？

玄奘本 是故，空中無色，無受、想、行、識；〔二本句讀異〕

法圖本備註 24 中村元解釋此段及下段經文列舉了「五蘊」、「十二處」、「十八界」等「三科」，並加以一一否定，表達空觀思想，此「三科」體系是「在傳統、保守的佛教（小乘佛教）教義中確立，而後見於般若經思想中」；東初老和尚解釋「所謂三科，科是品目義，就是把宇宙萬有諸法從無量類分為三類，一、是五蘊分類法，二、是十二處分類法，三、是十八界分類法」。[156]「五蘊」已於滿藏本備註 14、滿藏本備註 28、滿藏本備註 29 及法圖本備註 19 討論過，不再贅述。聖嚴法師解釋「六根

---

156 中村元,《般若経典》, 160-161。
東初老和尚，《般若心經思想史》，91。

法圖本備註 24（續）	與六塵加起來合稱為『十二處』，是五蘊法中的『色法』」，再「處是指所依託的地方，意思是說：經由依託而能產生另外六種東西的地方，這六種東西，就是『六識』。能使眼睛看到物體、耳朵聽到聲音等等而產生認識的作用，及前面說過的屬於受、想、行、識等心理、精神的活動」；再「把六根界、六塵界、六識界合起來總稱為『十八界』。界，即範圍、界限的意思，表示每一部分各有其一定的概念範圍和功能定義。」[157]
法圖本備註 25	註演「妙契真空」，滿文譯作「unenggi untuhun de ferguwecuke i acanaci」，意「若以奇合誠空」，與法圖本備註 13「般若波羅蜜多妙行」將「妙」譯作「narhūn」不同，此處作「ferguwecuke」，意「奇」（參見附錄四），知二詞雖皆用「妙」字，然義涵各自不同。《佛光大辭典》中並無「妙契真空」一詞，而有相近之「真空妙有」詞條，「因遠離二執，故稱真空；亦非小乘所謂與『有』相對之『空』，而為一真實之有，故稱妙有。以真空故，緣起之諸法宛然；以妙有故，因果之萬法一如。此即『色即是空，空即是色』之義。故知真空與妙有非有別異，一切存在（五蘊）均由各種條件（因緣）和合而成，故無實體（空），而為假有之存在（有），此均係以世間之觀念而承認其存在者」，[158]應即註演所謂的「妙契真空」之意。聖嚴法師解釋更為精要，「因為空，故一切『有』能依空而立，這叫『真空妙有』；大乘菩薩就是憑這個不著空、有兩邊的中道智慧，離一切相，度一切眾生。」[159]

157 聖嚴法師，《心經新釋》，97-98。

158 《佛光大辭典》，s.v.「真空妙有」，2：4215。

159 聖嚴法師，《心經新釋》，98。

4b:6 yasa, šan, oforo, ilenggu, beye, gūnin akū.
滿文詞義 眼 耳 鼻 舌 身 意 無

4b:7 yasa, šan, oforo, ilenggu, beye, gūnin be, ninggun fulehe sembi.
滿文詞義 眼 耳 鼻 舌 身 意 把 六 根 謂

4b:8 aika unanggi untuhun de ferguwecuke i acanaci, aide ninggun
滿文詞義 若是 誠 空 於 奇 以適合 則 何處 六

5a:1 fulehe bini.
滿文詞義 根 有呢

滿文 無眼、耳、鼻、舌、身、意。
句義 眼、耳、鼻、舌、身、意謂六根。若是以奇合誠空，則何處有六根呢？
法圖本 無眼耳鼻舌身意。
含註演 眼耳鼻舌身意，名六根。若妙契真空，何六根之有哉？
玄奘本 無眼、耳、鼻、舌、身、意； 〔二本句讀異〕

法圖本備註 26 註演說明「眼耳鼻舌身意」名為「六根」，滿文譯作「ninggun fulehe」，聖嚴法師指出此六項「主要是指人類身體的官能」，「眼是指視覺神經，耳是指聽覺神經，鼻是指嗅覺神經，舌是指味覺神經，身是指觸覺神經，意是指大腦所思的記憶、分析、思想等等功能的神經」，因「六根組成身體，又名『根身』」；星雲大師則說「眼耳鼻舌身意」叫作「六根」，也叫作「六識」，「根」相當於「現在醫學界所說的神經系統」，「識」則是「心理作用」、「意識作用」，有「分辨的作用，是屬於心理的，不光是生理的」，如「眼根生起了，馬上就經過眼識去分別」。[160]

160 聖嚴法師，《心經新釋》，97。
星雲大師，《般若心經的生活觀》，176-177。

5a:2 boco, jilgan, wa, amtan, aligan, doro akū.
滿文詞義 色 聲 氣味 味 承托物 道 無

5a:3 boco, jilgan, wa, amtan, aligan, doro be, ninggun buraki sembi.
滿文詞義 色 聲 氣味 味 承托物 道 把 六 塵埃 謂

5a:4 aika unenggi untuhun de, ferguwecuke i acacaci, aide ninggun
滿文詞義 若是 誠 空 於 奇 以適合則 何處 六

5a:5 buraki bini.
滿文詞義 塵埃 有呢

滿文 無色、聲、臭（ㄒㄧㄡˋ：xiù）、味、觸、道。

句義 色、聲、臭、味、觸、道謂六塵。若是以奇合誠空，則何處有六塵呢？

法圖本 無色聲香味觸法。

含註演 色聲香味觸法，名六塵。若妙契真空，何六塵之有哉？

玄奘本 無色、聲、香、味、觸、法；〔二本句讀異〕

法圖本備註 27 註演「色聲香味觸法」名為「六塵」，滿文譯作「ninggun buraki」，中村元作「六境」，[161]聖嚴法師指出此六項「是官能與外界接觸的對象」，因「組成我們生活的環境，又名『器界』」，而「六根」及「六塵」等十二項「都屬物質體」；星雲大師解釋「『塵』有染污、動搖的意思」，「色聲香味觸法」就像「灰塵依樣染污著我們的心」，故作「六塵」，又說「根，是生理的作用；識，是心理的作用；塵，是物理的作用。所以六根，講的是身體；六識，講的是心理；六塵，講的是物理」。[162]

法圖本備註 28 「觸」滿文譯作「aligan」，已在滿藏本備註 38 討論過，可參照。

法圖本備註 29 「法」譯作「doro」，意「道」，聖嚴法師指出「法塵，是指語言、文字、思想等種種的符號，即能使我們用來記憶、分析、思想的符號都可以叫法塵」，[163]在法圖本備註 17 曾討論過「doro」的詞意主要為「常規禮儀」，與「六塵」或「六境」中「法」的義涵不同。

---

161 中村元，《般若経典》，160-161。
162 聖嚴法師，《心經新釋》，96-97。
星雲大師，《般若心經的生活觀》，177-178。
163 聖嚴法師，《心經新釋》，97。

5a:6 yasa hešen akū ci, gūnin sara hešen de isitala akū.
滿文詞義 眼 界 無 從 意 知的 界 於 直到 無

5a:7 dorgide ninggun fulehe, tulergide ninggun buraki, ishunde, teisulebufi
滿文詞義 於內 六 根 於外 六 塵 彼此 相合後

5a:8 ninggun sara be banjifi, uheri juwan jakūn, erebe juwan jakūn
滿文詞義 六 知道的把 生後 共 十 八 把這 十 八

5b:1 hešen sembi. meni meni toktoho ba bifi, tuttu hešen
滿文詞義 界 謂 各自各自的 安定了地方有後 所以 界

5b:2 sehebi. da dube be jafafi, dulimba be bodome ofi, tuttu
滿文詞義 已說了 本 末 把 拿後 中 把 籌畫著 因為 所以

5b:3 isitala sehebi. aika unenggi untuhun de ferguwecuke i acanaci,
滿文詞義 直至 已說了 若是 誠 空 於 奇 以 適合 則

5b:4 aide juwan jakūn hešen bini.
滿文詞義 何處 十 八 界 有呢

滿文 從無眼界，無直至意知界。
句義 於內六根，於外六塵，彼此相合後生六知後，共十八，此謂十八界。各自有定處，所以說界。因為拿本末後，籌畫中間，所以說直至。若是以奇合誠空，則何處有十八界呢？

法圖本 無眼界，乃至無意識界。
含註演 內六根、外六塵，彼此互緣，中生六識，共十八，名曰十八界。各有定處〔處〕，故曰界。舉首尾而略其中，故曰乃至。若妙契真空何十八界之有哉？

玄奘本 無眼界，乃至無意識界；

法圖本備註 30	「無眼界，乃至無意識界」滿文譯作「yasa hešen akū ci, gūnin sara hešen de isitala akū」，意「無從無眼界，直至意知界」，滿藏本備註 40 討論過此句式的問題。
法圖本備註 31	法圖本將「界」譯作「hešen」，意「地界」（參見附錄四），註演說明「內六根、外六塵，彼此互緣，中生六識，共十八，名曰十八界。各有定處，故曰界」，即法圖本備註 24 引聖嚴法師言「每一部分各有其一定的概念範圍和功能定義」之意。
法圖本備註 32	註演將「六識」譯作「ninggun sara」，意「六知」，東初老和尚解釋「所謂六識者，因主觀的六根與客觀的六境〔又稱六塵〕的接觸所起的認識作用的分類，因此亦分為眼、耳、鼻、舌、身及意的六種。譬如因眼根與色境接觸所起眼識，即是視覺；因耳根與聲境的接觸所生耳識，即是聽覺；乃至意根與法境的接觸所生意識，故六識的名，依各個主觀的六根而得名。即前五識視覺、聽覺、嗅覺、味覺、觸覺，及第六識意識。而意識更為統一前五識的主體」。[164] 法圖本備註 24 曾引聖嚴法師言「『十二處』，是五蘊法中的『色法』」，而「六識」則「屬於『心法』，即五蘊法中的受、想、行、識」，聖嚴法師更強調「六識中的每一識都與識蘊有關，但五蘊裡的識蘊並不等於六識中的意識。眼耳鼻舌身意六識任何一識所產生的功能，成為業力，此業力才是五蘊裡的識蘊。」聖嚴法師再說明「三科」之關係，「綜合來說，佛教的宇宙觀是推源於五蘊，五蘊的物質部分（色蘊），可分析成十二處；五蘊的精神部分（受想行識等蘊），可分析成六識。把六根界、六塵界、六識界合起來總稱為『十八界』。」[165]
法圖本備註 33	再註演「舉首尾而略其中」之「略」，滿文譯作「bodome」，意「籌畫著」，似取其「謀略」之義，然漢文「略」應為「省略」之意，滿漢文文意不合。

164 東初老和尚，《般若心經思想史》，93。
165 聖嚴法師，《心經新釋》，97-98。

5b:5 genggiyen akū akū. genggiyen akū i mohon inu akū
滿文詞義 明 無 無 明 無 的 盡頭 亦 無

5b:6 sere ci, sakdarakū, bucerakū, sakdara bucere i mohon
滿文詞義 說是從 不老 不死 老的 死的 的 盡頭

5b:7 akū de isitala inu akū.
滿文詞義 無 到 直至 亦 無

5b:8 genggiyen akū udu mohocibe, inu mohoho seci ojorakū.
滿文詞義 明 無 雖然 窮乏 但是 亦 窮乏了 云 不可

6a:1 udu sakdarakū bucerakū ocibe, inu sakdarakū bucerakū
滿文詞義 雖然 不老 不死 但是 亦 不老 不死

6a:2 seci ojorakū. genggiyen akū ci sakdara bucere de isibume.
滿文詞義 云 不可 明 無 從 老的 死的 到 及之

6a:3 uheri juwan juwe jergi bi, erebe juwan juwe siran sembi.
滿文詞義 共 十 二 等 有 將此 十 二 連續 謂

6a:4 da dube be jafafi, dulimba be bodome ofi, tuttu isitala
滿文詞義 本 末 把 拿後 中 把 籌畫著 因為 所以 直至

6a:5 sehebi. juwan juwe sirambi serengge, gengiyen akū i sirame
滿文詞義 已說了 十 二 接續 所謂的 明 無 以接續著

6a:6 yabure, yabure i sirame, sara, sara i sirame. gebu boco, gebu
滿文詞義 行的 行的 以接續著知道的知道的以接續著 名 色 名

6a:7 boco i sirame, ninggun dosin, ninggun dosin i sirame, teisulen,
滿文詞義 色 以接續著 六 入 六 入 以接續著 遭遇

6a:8 teisulen i sirame alire, alire i sirame, buyere, buyere i sirame
滿文詞義 遭遇 以接續著受的 受的以接續著 愛的 愛的 以接續著

6b:1 gaire, gaire i sirame bi, bi i sirame, banjin, banjin i sirame,
滿文詞義 取的 取的 以接續著 有 有以接續著 生 生 以接續著

6b:2 sakdambi bucembi. ulhisu daci genggiyen, farhūn buruhun i
滿文詞義 老 死 穎悟 本來 明 天昏黑 暗 的

6b:3 buraki de burubume dalibufi, tuttu genggiyen akū sembi.
滿文詞義 塵埃 於 無蹤無跡著被遮蔽後 所以 明 無 云

6b:4 farhūn buruhun i dorgici gūnin teni dekdere be yabure
滿文詞義 天昏黑 月暗 的 內 從 意 始 飛起的 把 行的

6b:5 sembi. balai dekdere ci balai ulhicun tucinare jakade, tuttu
滿文詞義 謂 妄 飛起的 從 妄 靈性 長出 因為 所以

6b:6 sara sembi. ulhisu daci sarkū, sara ci arbun be ulhifi
滿文詞義 知道的 云 穎悟 本來 不知 知道的從 形相 把 曉得後

6b:7 balai mujilen oho be gebu sembi. ulhisu daci banjirakū
滿文詞義 妄 心 做了 把 名 謂 穎悟 本來 不生

6b:8 sara ci arbun banjinafi holo beye ofi, boco sehebi. gebu
滿文詞義 知道的從形相 生出後 虛假 身 為後 色 已說了 名

7a:1 boco serengge, oori senggi i tuktan fulibure be. oori senggi i
滿文詞義 色 所謂的 精 血 的起初凡物才成形的也 精 血 的

7a:2 fulibure ci ninggun fulehe yongkiyaha turgunde, ninggun dosin
滿文詞義 凡物才成形的從六 根 全備了 緣故 六 入

7a:3 sembi. fulehe šanggafi tebku ci tucike manggi, fulehe
滿文詞義 云 根 成全後 胎胞 從 出了 後 根

7a:4 tulergi arbun de acanara jakade, teisulen sembi. tulergi
滿文詞義 外面 形相 合 因為 遭遇 云 外面

7a:5 arbun be bargiyara jakade, alimbi sembi. alirengge bisire
滿文詞義 形相 把 收 因為 受 云 所受的 有

7a:6 turgunde, buyere gūnin banjihabi. buyeme ofi, gaihabi. buyere
滿文詞義 緣故 愛的 意 已生了 愛 因為 已取了 愛的

7a:7 gaire ci sain ehe i arbun tucire jakade, bi sembi. eiten
滿文詞義 取的 從 善 惡 的 形相 出 因為 有 云 一切

7a:8 bi sere ci, jalan de banjinara, abka de banjinara turgunde,
滿文詞義 有說的 則 世 於 生成 天 於 生成 緣故

7b:1 banjin sembi. banjin bifi, sakdara bucere i jobocun dahalahabi.
滿文詞義 生 云 生 有後 老的 死的 的 憂 已跟隨了

7b:2 aika unenggi untuhun de ferguwecuke i acanaci, aide juwan
滿文詞義 若是 誠 空 於 奇 以適合 則 何處 十

7b:3 juwe siran i bisire akū ba bini.
滿文詞義 二 連續的所有的 無地方有呢

滿文句義 無無明。亦無從叫做亦無無明的盡頭，直至不老、不死，無老的、死的的盡頭。

無名雖然窮乏，但亦不可說是窮乏。雖然不老、不死，但亦不可說是不老、不死。從無名及至老、死。共有十二等，此謂十二連續。因為拿本末後，籌晝中間，所以說直至。所謂十二接續，以無明接續行，以行接續知，以知接續名色，以名色接續六入，以六入接續遭遇，以遭遇接續受，以受接續愛，以愛接續取，以取接續有，以有接續生，以生接續老死。穎悟本來明，被昏暗的塵埃遮蔽無蹤跡後，所以叫做無明。從昏暗內意始起謂行。因為從妄起長出妄靈性，所以叫做知。穎悟本來不知，從知曉得形相後為妄心謂名。穎悟本來不生從知生出形相後為虛假身，所以說色。所謂名色，精血之初成形也。從精血之成形六根全備之故，叫做六入。根成全從胎胞出了後，因為根與外形相合，叫做遭遇。因為收納外形，叫做受。有受之緣故，愛意已生。因為愛，已取了。因為從愛取出善惡形相，叫做有。一切所說的有，則生成於世、生成於天之緣故，叫做生。有生後，跟隨了老死的憂。若是以奇合誠空，則何處有十二連續有無的地方呢？

法圖本 無無明，亦無無明盡，乃至無老死，亦無老死盡。

含註演 無明雖盡，不存盡想，雖不老不死，亦不存不老不死見也。由無明至老死，共有十二漸次，名曰十二緣〔。〕舉首尾而略其中，故曰乃至。十二緣者，無明緣行，行緣識，識緣名色，名色緣六入，六入緣觸，觸緣受，受緣愛，愛緣取，取緣有，有緣生，生緣老死。智本明，因晦昧之塵埋蔽之，故曰無明。於晦昧中，一念出動，曰行。妄動發妄知，故曰識。智本無知，由識故知，形為妄心，曰名。智本無生，由識故生，形為幻質，曰色。名色者，識初托胎凝滑之象也。由凝滑而具六根，曰六入。根成出胎，根與境交，曰觸。領納前境，曰受。有所受，故愛心生。愛，斯取之矣。由愛取故善惡有狀，故曰有。因諸有，結為生人間生天上之因，故曰生。有生，則老死之苦隨之矣。若妙契真空，十二緣之有無，皆何可得哉？

玄奘本 無無明亦無無明盡，乃至無老死亦無老死盡；

〔二本句讀異〕

法圖本備註 34	「無無明，亦無無明盡，乃至無老死，亦無老死盡」，滿文譯作「genggiyen akū akū. genggiyen akū i mohon inu akū sere ci, sakdarakū, bucerakū, sakdara bucere i mohon akū de isitala inu akū」，意「無無明。亦無從叫做亦無無明盡，直至不老、不死，無老死盡」，滿漢文不相合，滿藏本備註 41 也有相似的句式。
法圖本備註 35	註演說明「由無明至老死，共有十二漸次，名曰十二緣」，「十二漸次」滿文譯作「juwan juwe jergi」，意「十二等」，「十二緣」滿文譯作「juwan juwe siran」，意「十二連續」。再與法圖本備註 33 相同，「舉首尾而略其中」之「略」，滿漢文文意不合。
法圖本備註 36	星雲大師解釋「六根」、「六塵」、「十二處」、「十八界」是「名相上的分類」，而「十二因緣」則是「講人生死的程序：人生怎麼從過去到現在，怎麼從現在到未來；也就是獎十二因緣的關係」。[166]聖嚴法師則指出「從無名到老死一共有十二個階段，顯示生命的過去、現在、未來三世流轉的過程，這佛法裡很重要的理論和觀念。佛法講眾生，是包括六道中的一切眾生，而十二因緣則是專從人的立場來看。因為諸佛世尊皆出人間，只有人才能信佛學佛，才能得解脫自在。」[167] 中村元整理了「十二因緣」在傳統小乘佛教的解釋：(1) 無明，梵文「avidyā」，即從過去累世無限延續而來迷惘根本的無知；(2) 行，梵文「saṃskāra」，即依據過去世無明所造的善惡業；(3) 識，梵文「vijñāna」，即依過去世的業所受而於此世托胎的一念；(4) 名色，梵文「nāma-rūpa」，胎中的心和體；(5) 六入，梵文「ṣaḍ-āyatana」，在胎內形成包括眼在內的五根和意根；(6) 觸，梵文「sparśa」，剛出胎的一段時間內，並不識別苦樂，而只有接觸東西的動作；(7) 受，梵文「vedanā」，感受到苦、樂、不可不樂、好惡的感覺；(8) 愛，梵文「tṛṣṇā」，避苦而總是求樂的根本慾望；(9) 取，梵

166 星雲大師，《般若心經的生活觀》，182。
167 聖嚴法師，《心經新釋》，99。

法圖本備註 36（續） 文「upādāna」，執著於自己想要的東西而行動；(10) 有，梵文「bhava」，依據愛取所造的種種業而引起未來結果的行動；(11) 生，梵文「jāti」，〔無解釋〕；(12) 老死，梵文「jarā-maraṇa」，〔無解釋〕。如上所述，過去的因（無明、行）和現在的果（識、名色、六入、觸、受），現在的因（愛、取、有）和未來的果（生、老死），這樣的二重因果稱為「三世二重因果」。然而，這是在有部教義中後世的形式的、胎生學的解釋，其原型應該少於現有的這些名稱，主要在於追究人生苦楚的根源，並展示其因果關係。[168]

另一方面，東初老和尚採逆觀的方式解說「十二因緣」，是為「原始的十二因緣觀」，並指出此「十二因緣為佛陀成道以前的觀想法，在觀念上分從順觀與逆觀的兩方面；在意義上，多從生成的觀察與滅盡的兩方面觀察。逆觀者，以老死的事實為出發點，逆觀十二支的因緣，找尋歸納出生、有乃至行、無明的原因，這個名為探求歸納的觀察。順觀者，即順十二支的次第，從無明、行的原因為出發，逐一演繹出識、名色、乃至生、老死的事實，這個名為推及演繹的觀察。所謂生成的觀察，就是說明十二支『此生故彼生』因果生成的狀態，說無明緣行乃至因生而老死等，即所謂流轉相的觀察。所謂滅盡的觀察，就是說明十二支『此滅故彼滅』因盡果滅的狀態，如無明因滅則行的果滅，乃至生的因滅，則老死的果滅，即所謂還滅相的觀察。這裡先說明十二支，依逆觀與順觀，是佛陀第一所用的觀察法。佛陀依四方面做實際觀，合逆觀與流轉觀，以『生為老死本……依無明而生行』觀。次為合順觀與還滅觀，即『無明滅則行滅……生滅則老死憂苦惱滅』觀。這四方面的觀察，該為十二因緣觀的規準。佛陀說十二因緣的目的，不僅為探知人生現實生老病死的憂悲苦惱根緣，乃在於斷盡生死的根源，而悟入涅槃妙境。後來的佛教學者，不了解佛陀說法的意義，把十二因緣當為生成緣起的哲學，特別是阿毘達磨哲學化的《俱舍論》，把十二因

168 中村元，《般若経典》，161-162。

法圖本備註 36（續）	緣當成生理發達的過程，《唯識論》當成發生認識的過程，都是基於生成緣起的說法。於是十二因緣成為哲學化的緣起論，故不能撤見緣起的真理。倘欲撤見佛陀的真意，當以《般若經》，特別是《心經》的十二因緣觀。故《般若心經》基於順觀與流轉用，流轉與還滅的二觀而說。」再者，「基於般若的空觀主義，以否定的『無』字，而否定了上面兩種觀〔生成流轉觀及滅盡還滅觀〕，為十二因緣的真髓最高調的一段」，而否定十二因緣的意義在於：（1）從對外破邪的態度，而消極打破十二因緣概念的教義；（2）從對內的顯正態度，而積極地發揮般若的理智，亦即「肯定建設本體的宇宙觀，實現本體的絕對平等觀」。[169]
法圖本備註 37	因「十二因緣」中有部分名稱與前段討論過的「五蘊」及「十二處」中的名稱相同，應進一步檢視其涵義及滿文繙譯的異同。「五蘊」中的「色」，註演說明其義為「凡一切眼所見者，及有形質者」，然依漢文字義譯作「boco」；作為「領納」義的「受」譯作「alire」；「行」，「遷移往來」之意，譯作「yabure」；「識」，指「分別之知」，譯作「sara」。 再註演說明「十二因緣」中「名色」意指「識初托胎凝滑之象」，其中「色」譯作「boco」，「受」同為「領納」義故亦譯作「alire」，「行」為「於晦昧中，一念出動」，譯作「yabure」，「識」，「妄動發妄知」而譯作「sara」。 「十二處」中之「六根」註演譯作「ninggun fulehe」，「十二因緣」之「六入」，註演譯作「ninggun dosin」，乃「由凝滑而具六根」而名之，聖嚴法師亦明示「『六入』，也就是『六根』」[170]。「十二處」中「六塵」或「六境」之「觸」譯作「aligan」，可參照滿藏本備註 38，再按中村元指出其梵文「sprașțavya」，意為「應被接觸者」，即「觸覺的對象」；另一方面，「十二因緣」中的「觸」，如法圖本備註 36 中村元所解釋「其梵文sparśa，剛出胎的一段時間內，並不識別苦樂，而只有接觸東西的動作」，[171]註演則說明「根與境交，曰觸」，「觸」譯作「teisulen」，意「遭遇」，二詞彙的滿文繙譯不同。

169 東初老和尚，《般若心經思想史》，106-113。
170 聖嚴法師，《心經新釋》，100。
171 中村元，《般若経典》，161、162。

7b:4 jobocun, isabure, mukiyere, doro akū. sure akū, baharangge

滿文詞義 憂 使齊集的 滅的 道 無 聰明 無 所得的

7b:5 inu akū.

滿文詞義 亦 無

7b:6 jobocun be sara, isabure be lashalara, mukiyere giyan be bahara,

滿文詞義 憂 把知道的使其集的把 決斷的 滅的 理 把 得的

7b:7 doro be tacime yabure be, duin yargiyan sembi. aika unenggi

滿文詞義 道 把 學習著 行的 把 四 實 謂 若是 誠

7b:8 untuhun de ferguwecuke i acanaci, muten, mutere ba gemu akū

滿文詞義 空 於 奇 以 適合則 藝 能的 地方 俱 無

8a:1 ofi, aide duin yargiyan bisire akū ba bini.

滿文詞義 因為何處 四 實 所有的無 地方有呢

滿文 無憂、集、滅、道。無聰明，亦無得。

句義 知憂、斷集、得滅理、學習行道，謂四實。若是以奇合誠空，則因為藝、能的地方皆無，何處有四實有無的地方呢？

法圖本 無苦集滅道，無智，亦無得。

含註演 見苦、斷集、證滅、修道，名曰四諦。若妙契真空，則無能無所，四諦之有無，皆何可得哉？

玄奘本 無苦、集、滅、道；無智，亦無得。 〔二本句讀異〕

法圖本備註 38	「四諦」，法圖本譯作「duin yargiyan」，意「四實」，其中「苦」譯作「jobocun」，意「憂」；「集」譯作「isabure」，意「集」；「滅」譯作「mukiyere」，意「滅」；「道」譯作「doro」，意「道」，註演作「見苦、斷集、證滅、修道」，更清楚說明此四諦的內涵。按中村元解釋「苦」的梵文為「duḥkha」，即「苦痛」；「集」的梵文為「samudaya」，其意為「苦的原因」；「滅」的梵文為「nirodha」，「苦的控制」；「道」的梵文為「mārga」，「控制苦的方法」。此四個真理（四諦）乃佛陀教義的根本，所謂「苦諦」意思是人生充滿了「生老病死」等四苦外，還有「愛別離苦、怨憎會苦、求不得苦、五蘊盛苦」共「八苦」的真理；「集諦」意指「苦乃依迷惘而聚集成業的原因」之真理；「滅諦」是「控制煩惱、斷盡迷惘而達到永遠平安境地理想」之真理；「道諦」是「為達到此理想而必須實踐『八正道』」的真理。中村元更解釋「以否定型式的文句陳述作為佛教基礎的四諦，是為了破除對四諦的執著，充分發揮四諦的真意」。[172]聖嚴法師則點出此「四諦」之間的關係，「集為苦之因，苦是集之果；道為滅之因，滅是道之果。集與苦為世間因果，道與滅是出世間因果。」[173]
法圖本備註 39	聖嚴法師解釋「無智」乃因「諸法是空，既然是空，那麼能觀照的智，和所證得的理，當然也是空，也就是無可執著。因此『無智』才是真智慧、究竟的智慧」；而「『無得』，是說沒有什麼可以得到。有人說修行可得功德，修行可得智慧，修行可證道果，又說什麼四果、五果，乃至七果、八果，如果有果可證，就是一種執著了」，[174]可知此段在強調破除對於「四諦」、「智」、「得」的執著。

172 中村元，《般若経典》，162-163。

173 聖嚴法師，《心經新釋》，102。

174 聖嚴法師，《心經新釋》，104。

8a:2 baharangge akū turgunde, tuttu putisado sehebi. sure
滿文詞義 所得的 無 緣故 所以 菩薩 已說了 聰明

8a:3 ulhisu i cargi dalin de akūnaha de nikefi, gūnin de
滿文詞義 穎悟 以那邊 河岸 於 到對岸了 於 倚靠後 意 於

8a:4 ušabure dalibure ba akū. ušabure dalibure ba akū
滿文詞義 罣誤的 被遮蔽的地方無 罣誤的 被遮蔽的地方無

8a:5 turgunde, gelere sengguwere ba akū ofi, waka, fudasi, tolgin,
滿文詞義 緣故 怕的 懼的 地方無 做為 非 悖謬 夢

8a:6 gūnin ci umesi aljafi, amba nirwan i ten de isinahabi.
滿文詞義 意 從 著實 離開後 大 涅槃 的 極 於 已到去了

8a:7 gūnire serengge, getehun[getuhun] i fon i gūninjarangge. tolgin serengge,
滿文詞義 思想的所謂的 醒著 的候的 所思量的 夢 所謂的

8a:8 amgafi gūnijarangge. aika unenggi untuhun de ferguwecuke i
滿文詞義 睡後 所思量的 若是 誠 空 於 奇 以

8b:1 acanaci, gūninjarangge uthai gūnirakū ombi. daci gūninjarakū
滿文詞義 適合則 所思量的 即 不思想 為 本來 不思量

8b:2 ofi, tuttu akū seci ojorakū, aljaci ombi seci ojorakū,
滿文詞義 因為所以 無 說 不可 離開 可 說 不可

8b:3 ere yargiyan i umesi aljaha seci ombi. enetkek i gisun de,
滿文詞義 此 實在 著實 離開了說 可 梵 的 言 以

8b:4 nirwan, nikan i gisun de, niye pan sembi. jaluka mukiyehe sere
滿文詞義 涅槃 漢 的 言 以 涅 槃 云 滿了 滅了 說是

8b:5 gisun. eiten sain bolgo unenggi ningge gemu bireme yongkiyame
滿文詞義 言 一切 善 潔淨 誠 的 俱 一概 全備著

8b:6 jaluka, eiten ehe balai holo ningge yooni enteheme wacihiyame
滿文詞義 滿了 一切 惡 妄 虛假 的 全 長遠著 完結著

8b:7 mukiyehe be.

滿文詞義 滅了 也

滿文句義 無所得之故，所以說菩薩，倚靠以聰明穎悟到了河彼岸後，意無被罣誤遮蔽的地方。無被罣誤遮蔽處之故，無怕懼的地方，確實從非、悖謬、夢意離開後，已到大涅槃之極去了。

所謂想，醒著時所思量的。所謂夢，睡後所思量的。若是以奇合誠空，則所思量的即為不思想。因為本來不思量，所以不可說無，不可說可離開，這實在可說確實離開了。梵言云：寧哩也嚩喃；漢言云：涅槃。所謂滿了滅了之言。一切善、淨、誠者皆一概全備滿了，一切惡、妄、假者全長遠完結滅了也。

法圖本含註演 以無所得，故菩提薩埵，依般若波羅蜜多，故心無罣礙。無罣礙故，無有恐怖，遠離顛倒夢想，究竟涅槃。

想者，醒之想；夢者，寐之想也。若妙契真空，則想即無想，蓋本元無想，故無與離俱不可說，乃是真遠離也。梵言尼勒完。華言涅槃，圓寂也。諸行皆圓，諸妄永寂也。

玄奘本 以無所得故，菩提薩埵依般若波羅蜜多故，心無罣礙；無罣礙故，無有恐怖，遠離顛倒夢想，究竟涅槃。

〔二本句讀異〕

法圖本備註 40 法圖本與玄奘本對於「以無所得故菩提薩埵依般若波羅蜜多故心無罣礙」的斷句不同，或可作為版本釐清的參考，然就現有資料，尚難判斷法圖本底本出處。

法圖本備註 41 「遠離顛倒夢想」，滿文譯作「waka, fudasi, tolgin, gūnin ci umesi aljafi」，意「從非、悖謬、夢意確實離開後」，「顛倒」滿文譯作「waka fudasi」，「夢想」滿文譯作「tolgin gūnin」，意「夢意」，註演進一步說明二者差異「想者，醒之想。夢者，寐之想也」，故滿文分別譯之。

法圖本備註 42 「究竟涅槃」已於滿藏本備註 47 討論過，而註演「圓寂」，滿文譯作「jaluka mukiyehe」，意「滿了滅了」，其內涵為「諸行皆圓，諸妄永寂也」，滿文譯作「eiten sain bolgo unenggi ningge gemu bireme yongkiyame jaluka, eiten ehe balai holo ningge yooni enteheme wacihiyame mukiyehe be」，意「一切善、淨、誠者皆一概全備滿了，一切惡、妄、假者全長遠完結滅了也」，滿文相對口語化，其解說更易於瞭解詞彙涵義。

8b:8	ilan forgon i geren fucihi sa, sure ulhisu i cargi dalin de
滿文詞義	三 時 的 眾 佛 們 聰明 穎悟 以 那邊 河岸 於
9a:1	akūnaha de nikefi, tuttu o no do lo san miyoo san pu
滿文詞義	到對岸了 於 倚靠後 所以 阿耨 多 羅 三 藐 三 菩
9a:2	ti be bahabi.
滿文詞義	提把 已得了
9a:3	enetkek i gisun de o no do lo san miyoo san pu ti serengge
滿文詞義	梵 的 言 以阿 耨 多 羅 三 藐 三 菩 提 所謂的
9a:4	cala akū, umesi wesihun, unenggi ulhihe amba doro be.
滿文詞義	那邊 無 著實 崇高 誠 曉得了 大 道 也
滿文句義	三時的眾佛們，倚靠以聰明穎悟到了河彼岸，所以得了阿耨多羅三藐三菩提。 梵言云：耨跢蘭糝藐世糝沒地，無邊，著實崇高，誠曉的大道也。
法圖本含註演	三世諸佛，依般若波羅蜜多，故得阿耨多羅三藐三菩提。 梵言阿耨多羅三藐三菩提。華言無上正等正覺也。
玄奘本	三世諸佛依般若波羅蜜多故，得阿耨多羅三藐三菩提。 〔二本句讀異〕

法圖本備註 43	本段法圖本與玄奘本在斷句上亦不同，應重新考慮其底本來源。

法圖本備註 44	「三世」，滿文譯作「ilan forgon」，意「三時」，可參照滿藏本備註 48。

法圖本備註 45	「阿耨多羅三藐三菩提」，法圖本採漢文音譯作「o no do lo san miyoo san pu ti」，並在註演中說明「阿耨多羅三藐三菩提」即「無上正等正覺」，滿文譯作「cala akū, umesi wesihun, unenggi ulhihe amba doro」，意「無邊，著實崇高，誠曉的大道」，用滿文口語繙譯佛教辭彙，易於瞭解其內涵。

9a:5 tuttu ofi, sure ulhesu i cargi dalin de akūnaha serengge,
滿文詞義 是故 聰明 穎悟 以那邊 河岸 於 到對岸了 所謂的

9a:6 amba ferguwecuke tarni, amba genggiyen tarni, cala akū tarni,
滿文詞義 大 奇 咒 大 明 咒 那邊 無 咒

9a:7 jergi akū tarni, eiten jobocun be sume mutembi, yargiyan unenggi
滿文詞義 等 無 咒 一切 憂 把 解 能 實 誠

9a:8 tašan akū. tuttu sure ulhisu i cargi dalin de akūnaha
滿文詞義 虛 無 所以 聰明 穎悟 以那邊 河岸 於 到達了

9b:1 tarni be hūlambi.
滿文詞義 咒 把 贊禮

9b:2 datyata, om, g'adi g'adi, barang g'adi barsang g'adi, bodi
滿文詞義 －－－－－－－－－－－－〔梵文咒音譯〕－－－－－－－－－－－

9b:3 soha.
滿文詞義 －－－

9b:4 sure ulhisu cargi dalin de akūnaha niyaman sere ging yongkiyaha.
滿文詞義 聰明 穎悟 那邊 河岸 於 到達了 心 說是 經 全備了

9b:5 doro buraki be untuhun obure, fucihi i sure de nikerengge,
滿文詞義 道 塵埃 把 空 做為的 佛 的聰明 於 倚靠的

9b:6 ere ging ci dulenderengge akū. yaya niyalma, aika unenggi
滿文詞義 這 經 從 過的 無 凡 人 若是 誠

9b:7 untuhun de ferguwecuke i acanaci, eiten inu gemu bi seci
滿文詞義 空 於 奇 以 適合則 一切 亦 俱 有 說

9b:8 ojorakū, akū seci ojorakū, eiten uthai bi, uthai
滿文詞義 不可 無 說 不可 一切 即 有 即

10a:1 akū, yooni unenggi untuhun ombi. udu doro baha seci,
滿文詞義 無 全 誠 空 為 雖 道 得 若說

10a:2 yargiyan baha ba akū be teni yargiyan i doro baha sembi.
滿文詞義 實 得 地方無 把 才 真的 道 得 云

10a:3 tuttu guwan ši yen pusa, giyan i ere sure ulhisu i cargi
滿文詞義 所以 觀 世 音 菩薩 應 這 聰明 穎悟 以那邊

10a:4 dalin de akūnaha be tacime yabuci acambi seme, še li dzi de
滿文詞義 河岸 於 到達了 把 學習著 行 該當 云 舍 利 子於

10a:5 alahabi.
滿文詞義 已告訴了

10a:6 ere ging ni bithei gūnin, gehun iletu. manju bithe ubaliyambume
滿文詞義 這 經 的 書的 意 明明看見 顯 滿 書 繙譯著

10a:7 ofi, tuttu muwašame sume fisembuhebi. ferguwecuke doro beyei
滿文詞義 因為所以 粗作著 解著 已述說了 奇 道 身的

10a:8 gūnin de bi. damu ging ni jurgan be jafafi yarume tucibuhe, ume
滿文詞義 意 在 只 經 的 書行 把 拿後 引著 現出了 不必

10b:1 bithe hergen be memerereo.
滿文詞義 書 字 把 拘泥 祈

滿文句義 是故，所謂以聰明穎悟到了河彼岸，大奇咒，大明咒，無邊咒，無等咒，能解一切憂，實誠無虛。

所以贊禮到達了聰明穎悟的河彼岸的咒。怛爾也他唵誐諦誐諦播囉誐諦播囉僧誐諦冒地娑嚩賀。

到達聰明穎悟河彼岸的心經全。

為空道塵，倚靠佛的聰明，無從此經過的。凡人，若是以奇合誠空，則一切亦皆不可說有，不可說無，一切即有，即無，全是誠空。雖說得道，實無得之處才是得真道。所以觀世音菩薩告訴了舍利子：應當學行這以聰明穎悟到達了河彼岸。此經書之意明顯。因為滿文繙譯，所以粗解述說了。奇道在自身之意。只拿經文引現，祈不必拘泥文字。

法圖本含註演 故知波〔原文如此〕若波羅蜜多，是大神咒，是大明咒，是無上咒，是無等等咒，能除一切苦，真實不虛。故說般若波羅蜜多咒。

即說咒曰：揭諦，揭諦，波羅揭諦，波羅僧揭諦，菩提莎婆訶。

般若波羅蜜多心經終

空法塵，依佛智，莫過於此經。凡人但妙契真空，則一切

法圖本含註演（續）	亦皆不有不無，即有即無，悉是真空矣。雖曰得道，實無所得，方名真得道。故觀世音菩薩告舍利子尊者以應如是修習是智慧到彼岸〔岸〕也。此經文義明顯，因譯以滿文，故略為註演，然妙理在自心，不過藉經文而引起耳。不可拘執文字也。
玄奘本	故知般若波羅蜜多是大神咒、是大明咒、是無上咒、是無等等咒，能除一切苦，真實不虛，故說般若波羅蜜多咒。〔二本句讀異〕 即說咒曰：揭帝揭帝般羅揭帝般羅僧揭帝菩提僧莎訶 般若波羅蜜多心經
法圖本備註 46	「故知般若波羅蜜多是大神咒」法圖本與玄奘本斷句不同。「大神咒」，法圖本滿文譯作「amba ferguwecuke tarni」，意「大奇咒」，中村元指出「神」自應為漢譯者插入，謂「不可思議的靈力」；「大明咒」，意「偉大領悟的真言」，滿文作「amba genggiyen tarni」，意「大明咒」；「無上咒」，即「此上再無的真言」，滿文譯作「cala akū tarni」，意「無邊咒」；「無等等咒」，即「無比的真言」，滿文譯作「jergi akū tarni」，意「無等咒」。[175] 按印順法師「大神，喻讚般若有極大的力量；『大明』，喻讚般若的能破一切黑暗愚癡；『無上』，喻般若為一切法門中最，沒有更過其上的。涅槃為無等法，非一切可及，而般若如涅槃，所以名為『無等等』。」[176] 而聖嚴法師則解釋「『大神咒』是說有很大功能咒語，而且此『大』不是比較的大，是絕對的大，大得不可思議。『大明咒』，大明能破一切黑暗愚癡，所以大明即大智慧之意。『無上咒』意謂最高、最尊、最勝的咒中之咒。『無等等咒』意謂無任何一咒能與之相比。」[177]
法圖本備註 47	「故說般若波羅蜜多咒」，法圖本譯作「tuttu sure ulhisu i cargi dalin de akūnaha tarni be hūlambi」，意「所以贊禮到達了聰明穎悟的河彼岸的咒」，滿文用「hūlambi」而不用「sembi」。
法圖本備註 48	咒文玄奘本作「揭帝揭帝般羅揭帝般羅僧揭帝菩提僧莎訶」，法圖本滿文音譯作「om, g'adi g'adi, barang g'adi barsang g'adi, bodi soha」，漢文寫作「揭諦，揭諦，波羅揭諦，波羅僧揭諦，菩提莎婆訶」，除「soha」之漢文與玄奘本不同外，法圖本咒文多了「om」音，漢文作「唵」。

175 中村元，《般若経典》，165。

176 印順法師，〈般若波羅蜜多心經講記〉，203。

177 聖嚴法師，《心經新釋》，120。

圖 3　（明）仇氏杜陵內史畫白衣大士像
國立故宮博物院藏

伍、滿藏本使用底本考察

透過上段繙譯及內容討論可知法圖本《心經》經文基本源於玄奘本，僅有幾處句讀與《大正藏》版本不同，然其註演內容與《大正藏》所收註疏皆不同，惟就目前資料，無法得知其版本、出處。另一方面，滿藏本之使用底本在《大正藏》所收諸本中，確實最接近法成本，然細細比對後，發現經文內容仍有幾處不同，這些明顯的繙譯差異不容忽視，尤其這些經文與達賴喇嘛所使用的漢譯藏傳本更為相近，故應考察是否有使用其他底本的可能？就現有關於《心經》版本著作中，以林光明《心經集成》最全，收錄了以漢、梵、英、日、藏、韓、印尼、越南、法、德、俄等語文所撰寫之各種版本，共計 184 本，[1]書中除比對各本經文內容外，對於各版本的書目資料亦做了簡明扼要的說明，並附有「漢滿蒙藏《般若波羅蜜多心經》」一本，利於經文內容、版本及語文繙譯等議題之比較分析，故本段試圖運用此書所收錄的多種版本，考察滿藏本使用底本究竟為何？

本段首先以前段繙譯校勘後之滿藏本滿文經文為主，再附上法圖本、林士鉉四合本，以及達賴喇嘛的漢譯藏傳本做為參考，[2]惟因林士鉉四合本滿文羅馬拼音乃轉寫自《心經集成》收錄的「漢滿

1 林光明編著，《心經集成》序。
2 達賴喇嘛，《達賴喇嘛談心經》，63-65。

蒙藏《般若波羅蜜多心經》」本，故當四合本滿文拼音與原本滿文有出入時，本書將原本滿文附於四合本各詞彙後，以供參考。

其次，為求能與各版本參照，以利分析比對，本段採用《心經集成》中之版本編號及簡稱，並依其經文分段法分段。[3]根據林光明考察，至清初止之《心經》漢譯本共 22 本，[4]考量滿藏本成書於乾隆年間（最早始於 1771，最晚成於 1794），故選錄出明至清初各本（各本書目資料詳見附錄三），其中定年於明朝者 1 本，即林光明於北大圖書館發現之智光譯本《大明新譯摩訶般若波羅蜜多心經》（「117 智光漢」），清朝有 5 本，包括康熙年間譯本《大內譯般若波羅蜜多心經》，即林光明於北大圖書館發現之《摩訶般若波羅蜜多心經》，亦即林士鉉四合本之底本（「119 雍序漢」），另有貢噶呼圖克圖譯本《薄伽梵母智慧到彼岸心經》（「121 貢噶漢」）、郭尚先譯本《般若波羅蜜多心經》（「120 尚先漢」）、方廣錩修訂之敦煌遺書異本《般若波羅蜜多心經》（「123 方敦漢」），以及乾隆年間僅將咒語依《同文韻統》改譯，經文內容仍與玄奘本相同之譯本《般若波羅蜜多心經》等本，惟因滿藏本乃長本形式，故本書不列乾隆年間之咒語改譯本。另包含法成本在內等諸本句讀皆按林光明《心經集成》收錄內容標示，可能與其他出版品所收版本之句讀不同，特此說明。

3 林光明編著，《心經集成》，43-44、61-65。

4 林光明，〈新發現智光漢譯廣本《心經》〉，《十方雜誌》17:3（1998），41-42。林光明，〈清康熙譯廣本心經〉，30、35。

經文分段	01. 經名：般若波羅蜜多心經（玄奘本）
滿藏本	sure i cargi dalin de akūnaha niyaman i nomun, manju gisun de, eteme yongkiyafi colgoroko eme sure i cargi dalin de akūnaha niyaman i nomun,
法圖本	sure ulhisu cargi dalin de akūnaha niyaman sere ging.
四合本	eteme yongkiyafi duleke fucihi i eme sure i cargi dalin de akūnaha niyaman i ging. enetkek i gisun de, bag'awadi baramdza baramida hiri daya. manju gisun de, eteme yongkiyafi duleke fucihi i eme sure i cargi dalin de akūnaha niyaman i ging.
達賴本	薄伽梵母智慧到彼岸心經 梵語：拔噶瓦得　巴喇加　巴喇蜜答　啥答鴨
法圖漢	般若波羅蜜多心經
002 玄奘漢	般若波羅蜜多心經
115 法成漢	般若波羅蜜多心經
117 智光漢	大明新譯摩訶般若波羅蜜多心經
118 康熙漢	大內譯般若波羅蜜多心經 摩訶般若波羅蜜多心經
119 雍序漢	梵言：薄伽婆諦般若波羅蜜多吸哩達呀。華言：出有壞母智慧到彼岸心經。
120 尚先漢	般若波羅蜜多心經
121 貢噶漢	薄伽梵母智慧到彼岸心經
123 方敦漢	般若波羅蜜多心經

底本考察備註 1	經題的滿文繙譯將一併於滿文諸本經題比較分析段落討論，達賴喇嘛指出西藏經典之中，有標示梵文經名的傳統，主要是要「表明其起源的可信度」，同時「也證明西藏人傳統上非常尊重從印度語文繙譯的典籍及印度傳統本身」，[5]而這樣的傳統也可見於本書所選錄的滿藏本《心經》及法圖本《心經》註演中。
底本考察備註 2	林光明曾於〈清康熙譯廣本心經〉探討過「漢滿蒙藏《般若波羅蜜多心經》」的漢文部分（即雍序漢），雖然其比對本為玄奘本，但因涉及林士鉉文中之四合本滿文部分，以及本書所討論的滿藏本底本問題，故仍擇要錄出部分內容以釐清版本議題，其他細節請詳見其文。 就版本問題林光明據其序言指出此本為康熙時得西藏舊本《心經》，譯出時間同為康熙年間，故林光明原題作〈清康熙譯廣本心經〉，而正式刻版發行時間為雍正元年（1723），故收錄在《心經集成》時改稱雍序漢（未免混淆，本書稱此本漢文為雍序漢，滿文則援依林士鉉文稱為四合本）。此外，林光明更指出此本經名依西藏譯經傳統，包含藏譯經名及梵文經名，惟梵文羅馬拼音係依漢音還原而成。[6]

5 達賴喇嘛，《達賴喇嘛談心經》，70。

6 林光明，〈清康熙譯廣本心經〉，33。

經文分段	01-01. 歸敬文（林光明漢譯本）
滿藏本	〔無〕
法圖本	〔無〕
四合本	〔無〕
達賴本	〔無〕
法圖漢	〔無〕
002 玄奘漢	〔無〕
115 法成漢	〔無〕
117 智光漢	〔無〕
118 康熙漢	〔無〕
119 雍序漢	〔無〕
120 尚先漢	〔無〕
121 貢噶漢	凝念讚絕智慧到彼岸，不生不滅虛空之自性，各各自明智慧之境界，三時佛母尊前皈命禮。
123 方敦漢	〔無〕

經文分段	01-02. 如是我聞：一時，佛在王舍城耆闍崛山中，與大比丘眾及大菩薩眾俱（般利本）
滿藏本	uttu seme mini donjihangge emu fonde, eteme yongkiyafi colgoroko fucihi, randzagirha hecen i g'adarigut alin de, bodisado, geren gelung hūbarak uhei isafi tembihe,
法圖本	〔無〕
四合本	uttu seme mini donjihangge emu fonde, eteme yongkigafi duleke fucihi, jandzagirha sere hecen i g'adarigut sere alin de gelung sei jergi hūbarak, jai bodisado i jergi hūbarak i emgi tehe bihe,
達賴本	【第一卷】 如是我聞一時：薄伽梵在王舍城靈鷲山中，與大比丘眾及大菩薩眾俱。
法圖漢	〔無〕
002 玄奘漢	〔無〕
115 法成漢	如是我聞：一時，薄伽梵住王舍城鷲峯山中，與大苾蒭眾及諸菩薩摩訶薩俱。

117	智光漢	如是我聞：一時，佛在王舍城耆闍崛山中，與大比丘僧及大菩薩眾俱。
118	康熙漢	如是我聞：一時，薄伽梵在王舍城靈鷲山中，與大比丘眾、大菩薩眾俱。
119	雍序漢	如是我聞：一時，薄伽梵在王舍城靈鷲山中，與大比丘眾、大菩薩眾俱。
120	尚先漢	如是我聞：一時，薄伽梵在王舍城靈鷲山中，與大比丘眾、大菩薩眾俱。
121	貢噶漢	如是我聞：一時，薄伽梵在王舍城靈鷲山中，與大比丘眾及大菩薩眾俱。
123	方敦漢	如是我聞，一時薄伽梵在王舍城鷲峯山中，與大苾蒭眾及諸菩薩摩訶薩俱。

底本考察備註 3	達賴本經文前有【第一卷】一詞，或作「這是第一部分」，根據達賴喇嘛說明是用以「區分部分」，「為了確保藏經在未來不至產生訛誤，像是語詞的增、略。由於《心經》經文很短，只有二十五頌，因此只有一個部分。」[7]
底本考察備註 4	在滿藏本繙譯考察時，討論過「bodisado, geren gelung hūbarak」應作「菩提薩埵、眾出家階位者」解（滿藏本備註 6、滿藏本備註 7）。此處再進一步與四合本比對，「gelung sei jergi hūbarak, jai bodisado i jergi hūbarak i emgi tehe bihe」，按林士鉉所註詞義為「噶倫們等僧侶，又菩提薩埵等僧侶一同坐了」，[8]然若將「hūbarak」改作「神職身分」解，則其意為「出家眾等級階位，和菩提薩埵等級階位者同坐來著」，即合於雍序漢（即四合本之漢文部分）「與大比丘眾、大菩薩眾俱」之意，滿文更點出漢文「眾」實指該「等級（滿文作 jergi）」之眾，語意更為清晰。惟滿藏本中「bodisado」與「gelung」的順序明顯與四合本及諸漢譯本不同，可能需要再考察其藏文及蒙文版本，才能解決此疑問。

7 達賴喇嘛，《達賴喇嘛談心經》，72。
8 林士鉉，〈清代滿文譯本《般若波羅密多心經》初探〉，518。

經文分段	01-03. 其名曰：「觀世音菩薩、文殊師利菩薩、彌勒菩薩」等以為上首，皆得三昧總持，住不思議解脫。爾時，觀自在菩薩摩訶薩在彼敷坐，於其眾中，即從座起，詣世尊所，面向合掌，曲躬恭敬，瞻仰尊顏，而白佛言：「世尊！我欲於此會中，說諸菩薩普遍智藏般若波羅蜜多心，唯願世尊聽我所說，為諸菩薩宣祕法要。」爾時，世尊以妙梵音告觀自在菩薩摩訶薩言：「善哉！善哉！具大悲者！聽汝所說，與諸眾生作大光明。」（此句唯法月譯本有）

經文分段	01-04. 時佛世尊即入三昧，名「廣大甚深」（般利本）
滿藏本	tere fonde eteme yongkiyafi colgoroko fucihi, šumin narhūn be genggiyelembi sere samadi de cib seme dosimbihebi,
法圖本	〔無〕
四合本	tere fonde eteme yongkiyafi dulek fucihi, šumin narhūn be tuwara ging ni hacin sere can de necin i tembihe,
達賴本	爾時薄伽梵入觀照深妙品三昧。
法圖漢	〔無〕
002 玄奘漢	〔無〕
115 法成漢	爾時世尊等入甚深明了三摩地法之異門。
117 智光漢	爾時世尊為諸大眾演說甚深光明微妙法已，即入甚深三摩地定。
118 康熙漢	爾時薄伽梵入觀照深妙法品三昧。
119 雍序漢	爾時，薄伽梵入觀照深妙法品三昧。
120 尚先漢	爾時薄伽梵入觀照深妙法品三昧。
121 貢噶漢	爾時薄伽梵入觀照深妙法品三昧。
123 方敦漢	爾時世尊入諸法平等甚深顯了三摩地。

底本考察備註 5	在考察滿藏本繙譯（參見滿藏本備註 35）時，發現法成本共於四處使用「爾時」一詞表示時間，而其對應滿文皆不同，是依其經文語境（context）作不同繙譯？還是另有使用底本？現與清初各本比對以釐清此疑問。（1）經文分段 01-04 滿藏本及四合本皆作「tere fonde」，意「那時候」，明清漢譯各本皆作「爾時」；（2）經文分段 02 滿藏本作「ineku tere nerginde」，意「原本那即刻」，四合本作「ineku tere fonde」，意「原本那時候」，智光漢僅作「時」，而康熙漢、雍序漢、尚先漢、貢噶漢等本作「是時復有」，「方敦漢」作「復於爾時」；（3）經文分段 12 法成本作「是故『爾時』空性之中」，滿藏本及四合本皆未譯出，而明清漢譯本亦皆無「爾時」一詞；（4）經文分段 32-02 滿藏本作「tede」，意「於今」，四合本作「tereci」，意「由此」，智光漢、方敦漢二本作「爾時」，康熙漢、雍序漢、貢噶漢等本作「於是」，尚先漢本無此詞。相較於法成本，滿藏本的繙譯更接近康熙漢、雍序漢、貢噶漢等漢譯本，而據林光明考察，這三本實譯自藏文本，其中康熙漢及雍序漢乃譯自清聖祖所得之「西藏舊本」，而貢噶漢則於 1948 年在上海據藏文所譯之本（書目資料可參見附錄三），[9]故滿藏本使用藏文底本的可能性很高。
底本考察備註 6	在滿藏本及法圖本繙譯段落皆討論過「narhūn」涵義（滿藏本備註 9、法圖本備註 13），若再參照四合本之滿漢譯本分別為「šumin narhūn be tuwara ging ni hacin」及「觀照深妙法品」，「narhūn」譯作「妙」，與法圖本同，則滿藏本「šumin narhūn be genggiyelembi sere samadi de cib seme dosimbihebi」意為「已悄然進入了叫做明深妙的三摩地」，與明清各漢譯本文意不同。達賴喇嘛解釋「『深妙』意指空性，或是『真如』、『實相』。空性被稱為『深妙』，是因為想要了解空性必須深觀。這極難為凡夫所了知。」[10]查「真如」，梵文作「bhūta-tathatā」或「tathatā」，指「遍布於宇宙中真實之本體；為一切萬有之根源」；「實相」，梵文「dharmatā」或「bhūta-tathatā」，「原義為本體、實體、真相、本性等；引申指一切萬法真實不虛之體相，或真實之理法、不變之理、真如、法性等。」[11]

9 林光明編著，《心經集成》，30-31。

10 達賴喇嘛，《達賴喇嘛談心經》，74。

11 《佛光大辭典》，s.vv.「真如」，2：4197-4199；「實相」，3：5787。

經文分段	02. 觀自在菩薩（玄奘本）
滿藏本	ineku tere nerginde, bodisado mahasado, arya awalogida šori,
法圖本	ini cisui uthai sabure pusa.
四合本	ineku tere fonde, bodisado mahasado arya awalogida šori,
達賴本	是時復有聖觀自在菩薩摩訶薩
法圖漢	觀自在菩薩，
002 玄奘漢	觀自在菩薩
115 法成漢	復於爾時，觀自在菩薩摩訶薩，
117 智光漢	時觀自在菩薩摩訶薩，
118 康熙漢	是時復有觀自在菩薩摩訶薩，
119 雍序漢	是時復有觀自在菩薩摩訶薩，
120 尚先漢	是時復有觀自在菩薩摩訶薩，
121 貢噶漢	是時復有聖觀自在菩薩摩訶薩，
123 方敦漢	復於爾時，觀自在菩薩，
底本考察備註 7	「觀自在菩薩」滿藏本及四合本皆作「bodisado mahasado arya awalogida šori」，意「菩薩摩訶薩埵聖觀自在」，智光漢、康熙漢、雍序漢、方敦漢皆作「觀自在菩薩摩訶薩」，僅貢噶漢譯出「聖」字，再看達喇喇嘛所使用的漢譯藏傳本也譯出「聖」字。

經文分段	02-01. 蒙佛聽許，佛所護念，入於慧光三昧正受，入此定已，以三昧力（此句唯法月譯本有）
經文分段	03. 行深般若波羅蜜多時（玄奘本）
滿藏本	barandza baramida i šumin narhūn doro be sibkime ulhifi,
法圖本	sure ulhisu i cargi dalin de akūnaha šumin yabun de
四合本	barandza baramida i šumin narhūn yabun be tuwafi,
達賴本	觀照般若波羅蜜多深妙行，
法圖漢	行深般若波羅蜜多，時，
002 玄奘漢	行深般若波羅蜜多時，
115 法成漢	行深般若波羅蜜多時，
117 智光漢	行深般若波羅蜜多，
118 康熙漢	觀般若波羅蜜多深妙行，
119 雍序漢	觀般若波羅蜜多深妙行，
120 尚先漢	觀般若波羅蜜多深妙行，
121 貢噶漢	觀照般若波羅蜜多深妙行，
123 方敦漢	行深般若波羅蜜多時，
底本考察 備註 8	在討論滿藏本繙譯時（滿藏本備註 11），曾提出滿藏本與法成本此句文意不甚相合，在參照四合本及明清漢譯本後，滿藏本「barandza, baramida i šumin narhūn doro be sibkime ulhifi」，與康熙漢、雍序漢、尚先漢等本之「觀般若波羅蜜多深妙行」文句相近，惟滿藏本將「觀」譯作「sibkime ulhifi」，意「窮究通曉後」，「行」譯作「doro」，意「道」，四合本則分別譯作「tuwafi」及「yabun」，緊扣漢文詞意。

經文分段	04. 照見五蘊皆空（玄奘本）
滿藏本	sunja iktan i da banin be inu untuhun seme bahabuha,
法圖本	sunja falin gemu untuhun be safi,
四合本	terse sunja falin be unenggi banin untuhun seme tuwaha,
達賴本	照見五蘊皆自性空。
法圖漢	照見五蘊皆空，
002 玄奘漢	照見五蘊皆空，
115 法成漢	觀察照見五蘊體性悉皆是空。
117 智光漢	照見五蘊自性皆空。
118 康熙漢	照見五蘊皆自性空。
119 雍序漢	照見五蘊皆自性空。
120 尚先漢	照見五蘊皆自性空。
121 貢噶漢	照見五蘊皆自性空。
123 方敦漢	照見五蘊體空。
底本考察備註 9	在滿藏本備註 13 考察過此句滿藏本與法成本文意亦不甚相合，法成本「觀察照見」一詞，明清諸本皆作「照見」，四合本譯作「tuwaha」，意「觀了」，滿藏本作「bahabuha」，有「會了、掌握了」之意，「bahabuha」更能反映出佛教語彙「觀照」之涵義。
底本考察備註 10	首先在法成本「體性」一詞的部分，明清漢譯本中皆作「自性」，滿藏本譯作「da banin」，意「本性」，四合本則作「unenggi banin」，意「誠性」，各本對於「體性」或「自性」的繙譯分析，詳見經文詞彙備註 28。 林光明指出在通行的梵文本中有玄奘本所沒有的「自性」二字，雍序漢與梵文本同，且達賴喇嘛在 1997 年來臺演講提到《心經》時，也特別提到「自性」二字，[12]這點與本文所參考的達賴喇嘛漢譯藏傳本亦相符。

12 林光明，〈清康熙譯廣本心經〉，33。

經文分段	04-01. 從彼三昧安詳而起，即告慧命舍利弗言：「善男子！菩薩有般若波羅蜜多心，名『普遍智藏』，汝今諦聽，善思念之，吾當為汝分別解說。」作是語已（此句唯法月譯本有）
經文分段	05. 度一切苦厄（玄奘本）
滿藏本	〔無〕
法圖本	eiten gosihon jobolon be sumbi.
四合本	〔無〕
達賴本	〔無〕
法圖漢	度一切苦厄。
002 玄奘漢	度一切苦厄。
115 法成漢	〔無〕
117 智光漢	〔無〕
118 康熙漢	〔無〕
119 雍序漢	〔無〕
120 尚先漢	〔無〕
121 貢噶漢	〔無〕
123 方敦漢	〔無〕

經文分段	05-01. 即時舍利弗承佛威力，合掌恭敬，白觀自在菩薩摩訶薩言（般利本）
滿藏本	tereci fucihi i adistit i hūsun de, jalafungga šaribudari i bodisado, mahasado arya awalogida šori de fonjihangge,
法圖本	〔無〕
四合本	tereci fucihi i hūsun de jalafungga šaribudari bodi dado[sado] maha sado arya awalogida šori de uttu seme fonjime,
達賴本	爾時尊者舍利子承佛神力，白聖觀自在菩薩摩訶薩言：
法圖漢	〔無〕
002 玄奘漢	〔無〕
115 法成漢	時具壽舍利子承佛威力，白聖者觀自在菩薩摩訶薩曰：
117 智光漢	時，舍利子承佛威神，白觀自在菩薩言：
118 康熙漢	於是壽命具足舍利子承佛神力，白觀自在菩薩摩訶薩言：
119 雍序漢	於是壽命具足舍利子承佛神力，白觀自在菩薩摩訶薩言：
120 尚先漢	於是壽命具足舍利子承佛神力，白觀自在菩薩摩訶薩言：
121 貢噶漢	於是壽命具足舍利子承佛神力，白聖觀自在菩薩摩訶薩言：
123 方敦漢	時具壽舍利子承佛威力，白觀自在菩薩曰：
底本考察備註 11	滿藏本備註 17 討論過法成本「具壽舍利子承佛威力」與滿文語序「fucihi i adistit i hūsun de, jalafungga šaribudari」不同，查其他清漢譯本語序與法成本同，是否因滿藏本及四合本之滿文語法或語序習慣而調整？
底本考察備註 12	滿藏本繙譯考察過「adistit」字義（參見滿藏本備註 18），故知「adistit i hūsun」意為「加持力」，四合本則僅作「hūsun」，意「力」，而漢文諸本各有不同，智光漢作「威神」，康熙漢、雍序漢、尚先漢、貢噶漢等本皆作「神力」，方敦漢作「威力」。

經文分段	05-02. 「善男子若有欲學甚深般若波羅蜜多行者，云何修行？」如是問已。（般利本）
滿藏本	a, sain fulehengge jui, barandza baramida i šumin narhūn doro be yabuki seme buyere urse adarame tacime yabuci acambi seme fonjiha manggi,
法圖本	〔無〕
四合本	ai, sain fulehengge jui, yaya barandza baramida i šumin narhūn yabun be yabuki seme buyeci, adarame tacime yabumbi seme fonjiha manggi,
達賴本	「善男子、善女人若有欲修般若波羅蜜多深妙行者，作何修習？」
法圖漢	〔無〕
002 玄奘漢	〔無〕
115 法成漢	「若善男子欲修行甚深般若波羅蜜多者，復當云何修學？」作是語已。
117 智光漢	「若善男子、善女人於是甚深般若波羅蜜多樂欲修行，彼云何學？」
118 康熙漢	「善男子若有欲修般若波羅蜜多深妙行者，作何修習？」
119 雍序漢	「善男子若有欲修般若波羅蜜多深妙行者，作何修習？」
120 尚先漢	「善男子若有欲脩〔原文如此〕般若波羅蜜多深妙行者，作何脩〔原文如此〕習？」
121 貢噶漢	「善男子若有欲修般若波羅蜜多深妙行者，作何修習？」
123 方敦漢	「若善男子、善女人欲修行甚深般若波羅蜜多者，應云何修學？」作是語已。
底本考察備註 13	在滿藏本繙譯考察時（滿藏本備註 11、滿藏本備註 22、滿藏本備註 23），發現與法成本在「行深般若波羅蜜多時」、「欲修行甚深般若波羅蜜多者」等文句表達不甚相符，是否有其他繙譯底本之可能？從底本考察備註 8 可知滿藏本文句與康熙漢、雍序漢等清初漢譯本相合，此處是否亦然？按法成本作「甚深般若波羅蜜多」而滿藏本作「barandza baramida i šumin narhūn doro」，未譯出「甚深般若」與「深般若」之區別，然若參照康熙漢、雍序漢、尚先漢、貢噶漢等本作「般若波羅蜜多深妙行」，則與底本考察備註 8 使用相同詞彙，也與滿藏本繙譯相符。
底本考察備註 14	再滿藏本並未譯出「若」字，並將「者」字譯作「urse」，與四合本「yaya」不同；另外滿藏本「adarame tacime yabuci acambi」表達出「該當」語意，亦未見於康熙漢、雍序漢等本中，僅方敦漢有「應」字。

經文分段	05-03. 爾時，觀自在菩薩摩訶薩告具壽舍利弗言（般利本）
滿藏本	bodisado, mahasado, arya awalogida šori, jalafungga šaribudari de jabume,
法圖本	〔無〕
四合本	bodi sado maha sado arya awalogida šori, jalafungga šaribudari de hendume,
達賴本	時聖觀自在菩薩摩訶薩告尊者舍利子言：
法圖漢	〔無〕
002 玄奘漢	〔無〕
115 法成漢	觀自在菩薩摩訶薩答具壽舍利子言：
117 智光漢	觀自在菩薩告舍利子言：
118 康熙漢	觀自在菩薩摩訶薩告壽命具足舍利子言：
119 雍序漢	觀自在菩薩摩訶薩告壽命具足舍利子言：
120 尚先漢	觀自在菩薩摩訶薩告壽命具足舍利子言：
121 貢噶漢	聖觀自在菩薩摩訶薩告壽命具足舍利子言：
123 方敦漢	觀自在菩薩摩訶薩答具壽舍利子言：

經文分段	05-04. 「舍利子！若善男子、善女人行甚深般若波羅蜜多行時，應觀五蘊性空（般利本）
滿藏本	a, šaribudari sain fulehengge juse, sain fulehengge sargan juse, barandza baramida i šumin yabun be yabuki seme buyerele urse uttu obume tuwa, tenteke sunja iktan i da banin inu untuhun seme yargiyalaci acambi,
法圖本	〔無〕
四合本	ai, šaribudari, sain fulehengge juse, sain fulehengge sargan juse, yaya barandza baramida i šumin narhūn yabun be yabuki seme buyeci, tese uttu seme tuwambi terse sunja falin be unenggi banin untuhun seme yargiyan obume tuwaci acambi,
達賴本	「若有善男子、善女人樂修般若波羅蜜多深妙行者，應作是觀：應以五蘊亦從自性空真實觀。
法圖漢	〔無〕
002 玄奘漢	〔無〕
115 法成漢	「若善男子及善女人欲修行甚深般若波羅蜜多者，彼應如是觀察，五蘊體性皆空。
117 智光漢	「若善男子、善女人欲行是甚深般若波羅蜜多，當如是學：所謂應觀五蘊自性皆空，云何五蘊自性皆空？
118 康熙漢	「舍利子！若有善男子、善女人樂脩〔原文如此〕般若波羅蜜多深妙行者，應作是觀，應以五蘊亦從自性空真實觀。
119 雍序漢	「舍利子！若有善男子、善女人樂修般若波羅蜜多深妙行者，應作是觀：應以五蘊亦從自性空真實觀。
120 尚先漢	「舍利子！若有善男子、善女人樂脩〔原文如此〕般若波羅蜜多深妙行者，應作是觀，應以五蘊亦從自性空真實觀。
121 貢噶漢	「舍利子！若善男子、善女人樂修般若波羅蜜多深妙行者，應作是觀，應以五蘊亦從自性空真實觀。
123 方敦漢	「若善男子、善女人，欲修行甚深般若波羅蜜多時，照見五蘊體空，度一切苦厄。

底本考察備註 15	在底本考察備註 8 及底本考察備註 13 皆討論過滿藏本、四合本與康熙漢及雍序漢等滿漢文本在「般若波羅蜜多深妙行」一詞的繙譯差異，本段亦有相似文句，滿藏本作「barandza baramida šumin yabun」，意「般若波羅蜜深行」，未譯出「妙」之意。
底本考察備註 16	在滿藏本備註 24 曾提出過與字根「buyembi」與片語「ki sembi」語意重複，有進一步考察的必要。參考雍序漢文句「若有善男子、善女人樂修般若波羅蜜多深妙行者，應作是觀」，四合本譯作「sain fulehengge juse, sain fulehengge sargan juse, yaya barandza baramida i šumin narhūn yabun be yabuki seme buyeci,」，若將片語「ki sembi」譯作「想要」，「buyembi」不作「愛」、「願之」、「欲之」解，而譯作「樂意」，[13]則意為「有善根的男子們、有善根的女子們，若凡樂於想要行般若波羅蜜多的深妙行」，合於雍序漢中「樂修」之意；同樣地，滿藏本「sain fulehengge juse, sain fulehengge sargan juse, barandza baramida i šumin yabun be yabuki seme buyerele urse」，意為「有善根的男子們、有善根的女子們，所有樂於想要行般若波羅蜜深行的眾人」，亦具「樂修」之意。
底本考察備註 17	滿藏本備註 26 討論過法成本「五蘊體性皆空」與滿藏本「tenteke sunja iktan i da banin inu untuhun seme yargiyalaci acambi」，意「應當驗實那樣五積蓄物的本性是空」語意不同。若參照雍序漢「應以五蘊亦從自性空真實觀」，四合本譯作「terse sunja falin be unenggi banin untuhun seme yargiyan obume tuwaci acambi」，意「應當真實看那些五結自性空」，發現滿藏本與四合本語意相近，可能系出同源。若以雍序漢為本，再次分析滿藏本文句，則「i」應作「工具格格助詞」解，譯作「以」，「inu」譯作「亦」，全句語意為「應當以那五積蓄物驗實本性亦空」。

13 《新滿漢大詞典》，第 2 版，s.v.「buyembi」，202。

經文分段	06. 舍利子（玄奘本）
滿藏本	〔無〕
法圖本	še li dzi,
四合本	〔無〕
達賴本	〔無〕
法圖漢	舍利子。
002 玄奘漢	「舍利子！
115 法成漢	〔無〕
117 智光漢	〔無〕
118 康熙漢	〔無〕
119 雍序漢	〔無〕
120 尚先漢	〔無〕
121 貢噶漢	〔無〕
123 方敦漢	舍利子！

經文分段	06-01. 色性是空，空性是色（法月重）
滿藏本	dursun uthai untuhun, untuhun uthai dursun inu,
法圖本	〔無〕
四合本	boco uthai untuhun, untuhun uthai boco inu,
達賴本	色即是空，空即是色；
法圖漢	〔無〕
002 玄奘漢	〔無〕
115 法成漢	色即是空，空即是色；
117 智光漢	〔無〕
118 康熙漢	色即是空，空即是色；
119 雍序漢	色即是空，空即是色；
120 尚先漢	色即是空，空即是色；
121 貢噶漢	色即是空，空即是色；
123 方敦漢	〔無〕

經文分段	07. 色不異空，空不異色（玄奘本）
滿藏本	dursun, untuhun ci encu akū, untuhun, dursun ci encu akū,
法圖本	boco, untuhun ci encu akū. untuhun, boco ci encu akū.
四合本	boco, untuhun ci encu akū, untuhun, boco ci encu akū,
達賴本	色不異空，空不異色。
法圖漢	色不異空，空不異色。
002 玄奘漢	色不異空，空不異色；
115 法成漢	色不異空，空不異色；
117 智光漢	色不異空，空不異色；
118 康熙漢	色不異空，空不異色；
119 雍序漢	色不異空，空不異色；
120 尚先漢	色不異空，空不異色；
121 貢噶漢	色不異空，空不異色；
123 方敦漢	色不異空，空不異色；

經文分段	08. 色即是空，空即是色（玄奘本）
滿藏本	〔無〕
法圖本	boco, uthai untuhun. untuhun, uthai boco.
四合本	〔無〕
達賴本	〔無〕
法圖漢	色即是空，空即是色；
002 玄奘漢	色即是空，空即是色；
115 法成漢	〔無〕
117 智光漢	色即是空，空即是色；
118 康熙漢	〔無〕
119 雍序漢	〔無〕
120 尚先漢	〔無〕
121 貢噶漢	〔無〕
123 方敦漢	色即是空，空即是色；
底本考察備註 18	林光明指出雍序漢的「色空關係」與玄奘本基本相同，惟順序相反，然二本與通行梵文本不同，梵文本為六句「色者空也，空者色也；色不異空，空不異色；是色即空，是空即色。」[14]

14 林光明，〈清康熙譯廣本心經〉，33。

經文分段	09. 受、想、行、識亦復如是（玄奘本）
滿藏本	tereci serere, gūnire, weilere, ulhirengge gemu untuhun kai,
法圖本	alire, gūnire yabure, sara, inu ere adali.
四合本	terei adali serere, gūninre[gūnire], weilere sarangge gemu untuhun kai,
達賴本	受、想、行、識，亦復如是。
法圖漢	受想行識，亦復如是。
002 玄奘漢	受、想、行、識亦復如是。
115 法成漢	如是受、想、行、識亦復皆空。
117 智光漢	受、想、行、識亦復如是。
118 康熙漢	受、想、行、識亦如是空。
119 雍序漢	受、想、行、識亦如是空。
120 尚先漢	受、想、行、識亦如是空。
121 貢噶漢	受、想、行、識亦如是空。
123 方敦漢	受想行識，亦復如是。
底本考察 備註 19	法成本「亦復如是」與滿藏本「gemu untuhun」表達不同，然若參照康熙漢、雍序漢、尚先漢、貢噶漢等本作「亦如是空」，可知滿藏本書義表達更接近康、雍等清譯諸本。據林光明考察玄奘本及通行梵文本並無「空」字，[15]再看達賴喇嘛所使用的漢譯藏傳本亦無。

15 林光明，〈清康熙譯廣本心經〉，33。

經文分段	09-01. 識性是空，空性是識；識不異空，空不異識；識即是空，空即是識（此句唯法月譯本有）
經文分段	10. 舍利子，是諸法空相（玄奘本）
滿藏本	a, šaribudari tuttu ofi, eiten jaka gemu untuhun, temgetu banin akū,
法圖本	še li dzi, eiten gemu untuhun.
四合本	šaribudari, tuttu ofi eitem[eiten] ging gemu untuhun kai, arbun akū,
達賴本	舍利子！以是諸法皆空而無相；
法圖漢	舍利子！是諸法空相，
002 玄奘漢	舍利子！是諸法空相，
115 法成漢	是故，舍利子！一切法空性、無相，
117 智光漢	舍利子！是諸法空相，
118 康熙漢	舍利子！以是諸法皆空、無相，
119 雍序漢	舍利子！以是諸法皆空、無相，
120 尚先漢	舍利子！以是諸法皆空、無相，
121 貢噶漢	舍利子！以是諸法皆空而無相，
123 方敦漢	舍利子！是諸法空相，
底本考察 備註 20	在考察滿藏本繙譯（滿藏本備註 36）時，發現法成本共於四處使用「是故」一詞：（1）經文分段 10 法成本「『是故』舍利子！一切法空性無相」，滿藏本及四合本譯作「tuttu ofi」，康熙漢、雍序漢、尚先漢、貢噶漢皆作「以是」；（2）經文分段 12 法成本「『是故』爾時空性之中」，滿藏本及四合本譯作「tuttu ojoro jakade」，意「因為那樣」、「因此」，康熙漢、雍序漢、尚先漢、貢噶漢皆作「是故」；（3）經文分段 20-01 法成本作「『是故』舍利子！以無所得故」，滿藏本及四合本譯作「tuttu ofi」，康熙漢、雍序漢、尚先漢、貢噶漢皆作「是故」；（4）經文分段 26 法成本作「舍利子！『是故』當知般若波羅蜜多大密咒者」，滿藏本及四合本譯作「tuttu ofi」，康熙漢、雍序漢、尚先漢、貢噶漢皆作「故」。此四處「是故」一詞與清時漢譯本表達各自不同，而滿文譯本也依語意變化使用不同詞彙。福井文雅亦曾關注過「故」字使用，並撰文探討，雖然討論對象主要為玄奘本，仍有助於理解經文結構及論述，或可參考。[16]

16 福井文雅，〈般若心経の核心〉，《東洋の思想と宗教》4（1987）：21-24。福井文雅，《般若心経の総合的研究——歴史·社会·資料》，571-574。

經文分段	11. 不生、不滅，不垢、不淨，不增、不減（玄奘本）
滿藏本	banjin akū, gukubun akū, icihi akū, icihi ci aljarangge inu akū, ekiyen akū, nonggin akū kai,
法圖本	banjirakū, mukiyerakū, icihi akū, bolgo akū, nonggirakū, ekiyerakū.
四合本	banjirakū, gukurakū, icihi akū, icihi ci aljaci inu ojorakū, ekiyerakū, nonggirakū kai,
達賴本	不生、不滅；無垢，亦無離垢；不增、不減。
法圖漢	不生、不滅，不垢、不淨，不增、不減。
002 玄奘漢	不生、不滅，不垢、不淨，不增、不減。
115 法成漢	無生、無滅，無垢、離垢，無減、無增。
117 智光漢	不生、不滅，不垢、不淨，不增、不減。
118 康熙漢	不生、不滅，無垢亦不離垢，不減、不增。
119 雍序漢	不生、不滅，無垢亦不離垢，不減、不增。
120 尚先漢	不生、不滅，無垢亦不離垢，不減、不增。
121 貢噶漢	不生、不滅，無垢、亦無離垢，無減、無增。
123 方敦漢	不生不滅，不垢不淨，不增不減
底本考察備註 21	滿藏本備註 34 討論過滿藏本 52「icihi ci aljarangge inu akū」，意「也無從垢離開的」，滿藏本 57「icihi akū ci aljarangge inu akū」，意「也無從無垢離開的」皆與法成本「離垢」詞意有著令人無忽視的顯著差異，而參考達賴喇嘛的漢譯藏傳本作「亦無離垢」，更為相近，故在此段進一步比對與西藏舊本頗有淵源的清本。雍序漢作「亦不離垢」，四合本譯作「icihi ci aljaci inu ojorakū」，意「也不可從垢離開」，滿藏本 57「icihi」後可能誤植「akū」一詞，以致與滿藏本 52 語意相反。此外，玄奘本與法圖本皆作「不淨」，法成本作「離垢」，與康熙漢、雍序漢等本不同，可見滿藏本與此二本的關聯性較高。
底本考察備註 22	據林光明研究雍序漢「無垢亦不離垢」乃梵文「amalāvimala」的直譯；「不減、不增」與梵文本順序相同，[17] 達賴喇嘛使用本順序則與玄奘本「不增、不減」相同。

17 林光明，〈清康熙譯廣本心經〉，33。

經文分段	11-01. 是空法，非過去、非未來、非現在（此句唯羅什譯本有）
經文分段	12. 是故，空中（玄奘本）
滿藏本	a, šaribudari tuttu ojoro jakade, untuhun de
法圖本	tuttu untuhun de,
四合本	šaribudari, tuttu ojoro jakade, untuhun de
達賴本	是故空中
法圖漢	是故空中：
002 玄奘漢	是故，空中：
115 法成漢	舍利子！是故爾時空性之中：
117 智光漢	是故，空中：
118 康熙漢	舍利子！是故，空中：
119 雍序漢	舍利子！是故，空中：
120 尚先漢	舍利子！是故，空中：
121 貢噶漢	舍利子！是故，空中：
123 方敦漢	是故，空中：
經文分段	13. 無色，無受、想、行、識（玄奘本）
滿藏本	dursun akū, serebun akū, gūnijan akū, weilen akū, ulhibun akū,
法圖本	boco akū, alire, gūnire, yabure, sara akū.
四合本	boco akū, sererakū, gūnirakū, weilerakū, sarakū,
達賴本	無色，無受，無想，無行，無識。
法圖漢	無色，無受想行識。
002 玄奘漢	無色，無受、想、行、識；
115 法成漢	無色，無受、無想、無行、亦無有識；
117 智光漢	無色，無受、想、行、識；
118 康熙漢	無色，無受、想、行、識；
119 雍序漢	無色，無受、想、行、識；
120 尚先漢	無色，無受、想、行、識；
121 貢噶漢	無色，無受、想、行、識；
123 方敦漢	無色，無受想行識；
底本考察 備註 23	滿藏本及四合本在「色」、「受」、「想」、「行」、「識」後皆各加否定「akū」，與明清漢譯諸本不同。

經文分段	14. 無眼、耳、鼻、舌、身、意（玄奘本）
滿藏本	yasa akū, šan akū, oforo akū, ilenggu akū, beye akū, gūnin akū,
法圖本	yasa, šan, oforo, ilenggu, beye, gūnin akū.
四合本	yasa akū, šan akū, oforo akū, ilenggu akū, beye akū, gūnin akū,
達賴本	無眼，無耳，無鼻，無舌，無身，無意。
法圖漢	無眼耳鼻舌身意。
002 玄奘漢	無眼、耳、鼻、舌、身、意；
115 法成漢	無眼、無耳、無鼻、無舌、無身、無意；
117 智光漢	無眼、耳、鼻、舌、身、意；
118 康熙漢	無眼、無耳、無鼻、無舌、無身、無意；
119 雍序漢	無眼、無耳、無鼻、無舌、無身、無意；
120 尚先漢	無眼、無耳、無鼻、無舌、無身、無意；
121 貢噶漢	無眼、無耳、無鼻、無舌、無身、無意；
123 方敦漢	無眼耳鼻舌身意；
底本考察 備註 24	滿藏本及四合本在「眼」、「耳」、「鼻」、「舌」、「身」、「意」後皆各加否定「akū」，與康熙漢、雍序漢、尚先漢、貢噶漢諸本相同。

經文分段	15. 無色、聲、香、味、觸、法（玄奘本）
滿藏本	dursun akū, jilgan akū, wa akū, amtan akū, aligan akū, jaka akū kai,
法圖本	boco, jilgan, wa, amtan, aligan, doro akū.
四合本	boco akū, jilgan akū, wa akū, amtan akū, aligan akū, ging akū kai,
達賴本	無色，無聲，無香，無味，無觸，無法。
法圖漢	無色聲香味觸法。
002 玄奘漢	無色、聲、香、味、觸、法；
115 法成漢	無色、無聲、無香、無味、無觸、無法；
117 智光漢	無色、聲、香、味、觸、法；
118 康熙漢	無色、無聲、無香、無味、無觸、無法；
119 雍序漢	無色、無聲、無香、無味、無觸、無法；
120 尚先漢	無色、無聲、無香、無味、無觸、無法；
121 貢噶漢	無色、無聲、無香、無味、無觸、無法；
123 方敦漢	無色聲香味觸法；
底本考察 備註 25	滿藏本及四合本在「色」、「聲」、「香」、「味」、「觸」、「法」後皆各加否定「akū」，與康熙漢、雍序漢、尚先漢、貢噶漢諸本相同。林光明指出此「六根」及「六塵」共用了十二次「無」，亦常見於其他梵文長本中。[18]格西圖登金巴（Geshe Thupten Jinpa，1958-）在《達賴喇嘛談心經》序言中也指出「《心經》的核心訊息是一連串『否定語句』（遮詮），這可能會令對大乘佛教不熟悉的讀者感到困惑⋯⋯想要解決這個困惑，就必須了解否定語句在般若經典中所扮演的角色。佛教一開始，就以解脫我們對執著的這個束縛為中心思想，特別是法我執和人我執。⋯⋯唯有對人我執有徹底的解構，才可以帶領我們達到精神上的真正自由。《心經》對萬法（特別是五蘊）自性的否定，不僅可視為佛教智慧的引申，事實上也是這種智慧的最佳例子⋯⋯。」[19]

18 林光明，〈清康熙譯廣本心經〉，33。

19 格西圖登金巴，《達賴喇嘛談心經》序，達賴喇嘛，VIII-IX。

經文分段	16. 無眼界，乃至無意識界（玄奘本）
滿藏本	yasa i fulehe akū sere ci, gūnin i fulehe de isitala inu akū, gūnin i ulhirengge i fulehe de isitala inu akū kai,
法圖本	yasa hešen akū ci, gūnin sara hešen de isitala akū.
四合本	yasai da akū sere ci, gūnin i da inu akū, gūnin i ulhire i da de isitala inu akū kai,
達賴本	無眼界及無意界，乃至無意識界。
法圖漢	無眼界，乃至無意識界。
002 玄奘漢	無眼界，乃至無意識界；
115 法成漢	無眼界，乃至無意識界；
117 智光漢	無眼界，乃至無意識界；
118 康熙漢	無眼界及無意界，乃至無意識界；
119 雍序漢	無眼界及無意界，乃至無意識界；
120 尚先漢	無眼界及無意界，乃至無意識界；
121 貢噶漢	無眼界及無意界，乃至無意識界；
123 方敦漢	無眼界乃至無意識界。
底本考察備註 26	滿藏本備註 39 討論過滿藏本比法成本多了「gūnin i fulehe de isitala inu akū」句，意「亦無直至意的根」。參考四合本「gūnin i da inu akū」，意「亦無意的本」，以及康熙漢、雍序漢、尚先漢、貢噶漢諸本，知從「及無意界」一句而來。然若再參考法圖本備註 24 及法圖本備註 31，此處言「十八界」，故無論是「yasa i fulehe」、「gūnin i fulehe」或「gūnin i ulhirengge i fulehe」之「fulehe」皆應改譯作「hešen」更為適當。
底本考察備註 27	再關於「de isitala」句式問題，在滿藏本備註 40 及法圖本備註 30 皆討論過，若看四合本「yasai da akū sere ci, gūnin i da inu akū, gūnin i ulhire i da de isitala」，意「從叫做無眼的本，亦無意的本，直至意的曉得的本」，其句尾加上「inu akū kai」，又將前段語意轉為否定，若按雍序漢「無眼界及無意界，乃至無意識界」經文，改作「yasai da akū sere ci, gūnin i da inu akū, gūnin i ulhire i da akū de isitala kai」，是否更合於文意？

經文分段	17. 無無明，亦無無明盡（玄奘本）
滿藏本	mentuhun akū, mentuhun wajin akū sere ci,
法圖本	genggiyen akū akū. genggiyen akū i mohon inu akū sere ci,
四合本	hūlhi akū, hūlhi wajirakū sere ci
達賴本	無無明，亦無無明盡，
法圖漢	無無明，亦無無明盡，
002 玄奘漢	無無明，亦無無明盡；
115 法成漢	無無明，亦無無明盡；
117 智光漢	無無明，亦無無明盡；
118 康熙漢	無無明，亦無無明盡；
119 雍序漢	無無明，亦無無明盡；
120 尚先漢	無無明，亦無無明盡；
121 貢噶漢	無無明，亦無無明盡；
123 方敦漢	無無明，亦無無明盡；

經文分段	18. 乃至無老死，亦無老死盡（玄奘本）
滿藏本	sakdara, bucere akū, sakdara bucere wajin akū sere de isitala inu gemu akū kai,
法圖本	sakdarakū, bucerakū, sakdara bucere i mohon akū de isitala inu akū.
四合本	sakdarakū, bucerakū, sakdara bucere wajirakū de isitala inu gemu akū kai,
達賴本	乃至無老死，亦無老死盡。
法圖漢	乃至無老死，亦無老死盡。
002 玄奘漢	乃至無老死，亦無老死盡；
115 法成漢	乃至無老死，亦無老死盡；
117 智光漢	乃至無老死，亦無老死盡；
118 康熙漢	乃至無老死，亦無老死盡；
119 雍序漢	乃至無老死，亦無老死盡；
120 尚先漢	乃至無老死，亦無老死盡；
121 貢噶漢	乃至無老死，亦無老死盡；
123 方敦漢	乃至無老死，亦無老死盡。
底本考察 備註 28	滿藏本備註 41 及法圖本備註 34 皆曾提出過句式問題，看四合本「hūlhi akū, hūlhi wajirakū sere ci sakdarakū, bucerakū, sakdara bucere wajirakū de isitala inu gemu akū kai」，意「亦都無從叫做無糊塗，糊塗不完，直至不老、不死，老死不完啊」，因在句末加上「gemu akū」，全段文意轉為否定，與雍序漢語意不合。

經文分段	19. 無苦、集、滅、道（玄奘本）
滿藏本	tuttu ofi jobolon, eiten i banjin, gukubun, songko gemu akū,
法圖本	jobocun, isabure, mukiyere, doro akū.
四合本	terei adali jobolon, eiten be banjibure, gudubure [gukubure], jugūn gemu akū,
達賴本	是以無苦、集、滅、道。
法圖漢	無苦集滅道，
002 玄奘漢	無苦、集、滅、道；
115 法成漢	無苦、集、滅、道；
117 智光漢	無苦、集、滅、道；
118 康熙漢	是以無苦、集、滅、道；
119 雍序漢	是以無苦、集、滅、道；
120 尚先漢	是以無苦、集、滅、道；
121 貢噶漢	是以無苦、集、滅、道；
123 方敦漢	無苦集滅道。

經文分段	20. 無智，亦無得（玄奘本）
滿藏本	sure ulhisu akū, bahabun akū, baharakūngge inu akū kai,
法圖本	sure akū, baharangge inu akū.
四合本	sara ulhisu inu akū, baharakū, baharakūngge inu akū kai,
達賴本	無智，無得，亦無不得。
法圖漢	無智，亦無得。
002 玄奘漢	無智，亦無得。
115 法成漢	無智，無得、亦無不得。
117 智光漢	無色亦無智，無得亦無無得
118 康熙漢	無智，無得、亦無不得。
119 雍序漢	無智，無得亦無不得。
120 尚先漢	無智，無得、亦無不得。
121 貢噶漢	無智，無得、亦無不得。
123 方敦漢	無智亦無得，

經文分段	20-01. 是故，舍利子（法成譯本）
滿藏本	a, šaribudari tuttu ofi,
法圖本	〔無〕
四合本	šaribudari, tuttu ofi
達賴本	舍利子！是故
法圖漢	〔無〕
002 玄奘漢	〔無〕
115 法成漢	是故，舍利子！
117 智光漢	是故，舍利子！
118 康熙漢	舍利子！是故，
119 雍序漢	舍利子！是故
120 尚先漢	舍利子！是故，
121 貢噶漢	舍利子！是故，
123 方敦漢	〔無〕
底本考察 備註 29	滿藏本備註 44 討論過法成本「是故舍利子！以無所得故，諸菩薩眾依止般若波羅蜜多」，與滿藏本語意相符但語序不同。若同時參考康熙漢、雍序漢、尚先漢、貢噶漢諸本作「舍利子！是故菩提薩埵以無所得故，依般若波羅蜜多」，則滿藏本與清漢譯本語序相符。

經文分段	21. 以無所得故（玄奘本）
滿藏本	bodisado sa bahabun akū turgunde,
法圖本	baharangge akū turgunde,
四合本	bodisado sa baharakū turgunde,
達賴本	菩提薩埵以無所得故，
法圖漢	以無所得，
002 玄奘漢	以無所得故，
115 法成漢	以無所得故，
117 智光漢	以無所得故，
118 康熙漢	菩提薩埵以無所得故，
119 雍序漢	菩提薩埵以無所得故，
120 尚先漢	菩提薩埵以無所得故，
121 貢噶漢	菩提薩埵以無所得故，
123 方敦漢	以無所得故。
底本考察 備註 30	林光明指出「以無所得故」在各家注疏中約一半置於「無智亦無得」之後，作為前半段經文的「結尾句」，而另一半將其作為開啟後半段經文的「起始句」，雍序漢採後者解，與大多長本相同，[20]四合本、滿藏本滿文譯作「turgunde」，「turgun」譯作「緣故」，「de」則作為「承上啟下」之用（參見附錄四），[21]合於雍序漢語意。

20 林光明，〈清康熙譯廣本心經〉，34。
21 （清）傅恆等奉敕撰，《御製增訂清文鑑》s.vv.「緣故」，5：13a；「承上啟下」，18：67b。

經文分段	22. 菩提薩埵依般若波羅蜜多故，心無罣礙（玄奘本）
滿藏本	barandza baramida de akdame nikefi, gūnin de dalibun akū ojoro jakade,
法圖本	tuttu putisado sehebi. sure ulhisu i cargi dalin de akūnaha de nikefi, gūnin de ušabure dalibure ba akū.
四合本	barandza baramida de nikefi bimbi, gūnin de dalibun akū ofi,
達賴本	依般若波羅蜜多。心無罣礙，
法圖漢	故菩提薩埵，依般若波羅蜜多，故心無罣礙，
002 玄奘漢	菩提薩埵依般若波羅蜜多故，心無罣礙。
115 法成漢	諸菩薩眾依止般若波羅蜜多，心無障礙。
117 智光漢	菩提薩埵依般若波羅蜜多，心無罣礙。
118 康熙漢	依般若波羅蜜多，心無罣礙。
119 雍序漢	依般若波羅蜜多，心無罣礙故。
120 尚先漢	依般若波羅蜜多，心無罣礙。
121 貢噶漢	依般若波羅蜜多，心無罣礙。
123 方敦漢	菩提薩埵依般若波羅蜜多故，心無罣礙。

底本考察備註 31	滿藏本備註 45 討論過「gūnin de dalibun akū ojoro jakade」與法成本「心無障礙」語意不同，「ojoro jakade」，意「因為這樣」，參考四合本作「ofi」，在明清漢譯諸本中，僅雍序漢作「心無罣礙故」，語意相符，滿藏本之底本為雍序漢的可能性提高。

底本考察備註 32	林光明在〈清康熙譯廣本心經〉文中特別強調從 19 世紀末以來，梵文本《心經》受到學界關注及研究，在諸多版本中，內容差異最多、各家爭論最大的部分即為玄奘本「菩提薩埵依般若波羅蜜多故」句，若依玄奘本「菩提薩埵」作為主格，然按通行梵文本直譯為「依菩提薩埵之般若波羅蜜多而住」，則「菩提薩埵」為屬格，雍序漢之「菩提薩埵」作主格用，與通行梵文本不同，[22] 滿藏本及四合本皆合於雍序漢語意。

22 林光明，〈清康熙譯廣本心經〉，34。

經文分段	23. 無罣礙故，無有恐怖（玄奘本）
滿藏本	gelere ba inu akū,
法圖本	ušabure dalibure ba akū turgunde, gelere sengguwere ba akū ofi,
四合本	gelere ba inu akū kai,
達賴本	故無恐怖，
法圖漢	無罣礙，故無有恐怖，
002 玄奘漢	無罣礙故，無有恐怖，
115 法成漢	無有恐怖，
117 智光漢	無罣礙故，無有恐怖，
118 康熙漢	故無恐怖，
119 雍序漢	無恐怖，
120 尚先漢	故無恐怖，
121 貢噶漢	故無恐怖，
123 方敦漢	無罣礙故，無有恐怖，

底本考察 備註 33	雍序漢經文在「心無罣礙故。無恐怖」處的句讀與其他明清漢譯本皆不同，滿藏本「gelere ba inu akū」，意「無害怕的地方」與四合本、雍序漢語意相符，惟四合本句尾多了語氣詞「kai」。

經文分段	24. 遠離顛倒、夢想，究竟涅槃（玄奘本）
滿藏本	calgabun fudasi ci fuhali ukcafi, amba nirwan i ten de isinaha,
法圖本	waka, fudasi, tolgin, gūnin ci umesi aljafi, amba nirwan i ten de isinahabi.
四合本	waka fudasi ci umesi dulefi amba nirwan i ten de isinaha,
達賴本	遠離顛倒，究竟大涅槃。
法圖漢	遠離顛倒夢想，究竟涅槃。
002 玄奘漢	遠離顛倒、夢想，究竟涅槃。
115 法成漢	超過顛倒，究竟涅槃。
117 智光漢	遠離顛倒，究竟涅槃。
118 康熙漢	遠離顛倒，究竟涅槃。
119 雍序漢	遠離顛倒，究竟涅槃。
120 尚先漢	遠離顛倒，究竟涅槃。
121 貢噶漢	遠離顛倒，究竟大涅槃。
123 方敦漢	遠離顛倒夢想，究竟涅槃。
底本考察備註 34	滿藏本備註 46 曾討論過法成本「超過顛倒」之「超過」滿藏本作「fuhali ukcafi」，意「全然脫開後」，滿漢本語意不同，若參考漢譯諸本包括智光漢、康熙漢、雍序漢、尚先漢、貢噶漢、方敦漢等本皆作「遠離」，相較於四合本作「umesi dulefi」，意「著實通過後」，滿藏本語意更近於漢譯諸本。
底本考察備註 35	滿藏本備註 47 曾指出達賴喇嘛的漢譯藏傳本作「大涅槃」，與滿藏本「amba nirwan」語意相合，而在明清漢譯諸本中，僅貢噶漢作「大涅槃」。

經文分段	25. 三世諸佛依般若波羅蜜多故，得阿耨多羅三藐三菩提（玄奘本）
滿藏本	ilan forgon de enggelenjihe geren fucihi, barandza baramida de akdafi, duibuleci ojorakū, unenggi hafuka bodi doro be iletu yongkiyafi fucihi oho,
法圖本	ilan forgon i geren fucihi sa, sure ulhisu i cargi dalin de akūnaha de nikefi, tuttu o no do lo san miyoo san pu ti be bahabi.
四合本	ilan forgon de enteheme bisire geren fucihi se, barandza baramida de nikefi, duibuleci ojorakū unenggi hafuka bodi doro be iletu yongkiyafi fucihi oho,
達賴本	三時安住諸佛，亦依般若波羅蜜多，得阿耨多羅三藐三菩提。
法圖漢	三世諸佛，依般若波羅蜜多，故得阿耨多羅三藐三菩提。
002 玄奘漢	三世諸佛依般若波羅蜜多故，得阿耨多羅三藐三菩提。
115 法成漢	三世一切諸佛亦皆依般若波羅蜜多故，證得無上正等菩提。
117 智光漢	三世諸佛依般若波羅蜜多故，得阿耨多羅三藐三菩提
118 康熙漢	三世諸佛依般若波羅蜜多故，得阿耨多羅三藐三菩提。
119 雍序漢	三世諸佛依般若波羅蜜多故，得阿耨多羅三藐三菩提。
120 尚先漢	三世諸佛依般若波羅蜜多故，得阿耨多羅三藐三菩提。
121 貢噶漢	三世諸佛依般若波羅蜜多故，得阿耨多羅三藐三菩提。
123 方敦漢	三世諸佛依般若波羅蜜多故，得阿耨多羅三藐三菩提。
底本考察備註 36	滿藏本備註 48 曾提出法成本「三世一切諸佛」與滿藏本「ilan forgon de enggelenjihe geren fucihi」語意不同，滿藏本未譯出「一切」之意，且「三世」滿藏本作「ilan forgon」，與達賴喇嘛使用的漢譯藏傳本相合。參考四合本將「三世諸佛」譯作「ilan forgon de enteheme bisire geren fucihi se」，意「三時常在的所有諸佛們」，與達賴本語意相近，而雍序漢僅作「三世諸佛」。若參考達賴本，則滿藏本將「安住」譯作「enggelenjihe」，意「降臨了」。[23]
底本考察備註 37	與法成本「證得無上正等菩提」不同，智光漢、康熙漢、雍序漢、尚先漢、貢噶漢、方敦漢等本皆採音譯「得阿耨多羅三藐三菩提」，而滿藏本與四合本皆採意譯，易於理解經義。

23 《新滿漢大詞典》，第 2 版，s.v.「enggelenzhimbi」，382。

經文分段	26. 故知般若波羅蜜多是大神咒（玄奘本）
滿藏本	tuttu ofi, barandza baramida i tarni,
法圖本	tuttu ofi, sure ulhesu i cargi dalin de akūnaha serengge,
四合本	tuttu ofi barandza baramida i tarni,
達賴本	是故應知般若波羅蜜多咒——大神咒，
法圖漢	故知般若波羅蜜多，是大神咒，
002 玄奘漢	故知般若波羅蜜多，是大神咒、
115 法成漢	舍利子！是故當知般若波羅蜜多大蜜〔原文如此〕咒者，
117 智光漢	故知般若波羅蜜多是大神呪〔原文如此〕、
118 康熙漢	故知般若波羅蜜多咒
119 雍序漢	故知般若波羅蜜多咒
120 尚先漢	故知般若波羅蜜多咒
121 貢噶漢	是故應知般若波羅蜜多咒
123 方敦漢	故知般若波羅蜜多是大神咒，
底本考察備註 38	滿藏本備註 50 提過法成本「舍利子」一詞未見於滿藏本，再看明清諸本亦無。
底本考察備註 39	法成本「般若波羅蜜多大密咒者」，滿藏本與四合本皆作「barandza baramida i tarni」，意「般若波羅蜜的咒」，未譯出「大密咒者」，在明清漢譯諸本中，康熙漢、雍序漢、尚先漢、貢噶漢等本皆作「般若波羅蜜多咒」，智光漢作「般若波羅蜜多是大神呪」、方敦漢作「般若波羅蜜多是大神咒」，可知滿藏本繙譯合於康、雍等本。

經文分段	27. 是大明咒、是無上咒、是無等等咒（玄奘本）
滿藏本	amba ulhisungge tarni, duibuleci ojorakū tarni, jergileci ojorakū de jergilere tarni,
法圖本	amba ferguwecuke tarni, amba genggiyen tarni, cala akū tarni, jergi akū tarni,
四合本	amba ulhisugge tarni duibuleci ojorakū tarni. adališaci ojorakū tarni,
達賴本	無上咒，無等等咒，
法圖漢	是大明咒，是無上咒，是無等等咒，
002 玄奘漢	是大明咒、是無上咒、是無等等咒，
115 法成漢	是大明咒、是無上咒、是無等等咒、
117 智光漢	是大明呪〔原文如此〕、是無上呪〔原文如此〕、是無等等呪〔原文如此〕，
118 康熙漢	是大明咒、是無上咒、是無等等咒，
119 雍序漢	是大明咒、是無上咒、是無等等咒，
120 尚先漢	是大明咒、是無上咒、是無等等咒，
121 貢噶漢	大明咒、無上咒、無等與等咒，
123 方敦漢	是大明咒，是無上咒，是無等等咒，

經文分段	28. 能除一切苦（玄奘本）
滿藏本	eiten jobolon be yooni mayambure tarni,
法圖本	eiten jobocun be sume mutembi,
四合本	eiten jobolon be umesi elhe obure tarni,
達賴本	除一切苦咒——
法圖漢	能除一切苦，
002 玄奘漢	能除一切苦，
115 法成漢	能除一切諸苦之咒，
117 智光漢	離於邪正，能除眾苦，
118 康熙漢	是除一切苦咒，
119 雍序漢	是除一切苦咒，
120 尚先漢	是除一切苦咒，
121 貢噶漢	除一切苦咒，
123 方敦漢	能除一切苦，
底本考察備註 40	雍序漢「是除一切苦咒」，四合本譯作「eiten jobolon be umesi elhe obure tarni」，意「把一切苦成為甚安的咒」，並未譯出「除」之意，而滿藏本譯作「eiten jobolon be yooni mayambure tarni」，意「完全消滅一切憂患的咒」，與康熙漢、雍序漢、尚先漢、貢噶漢等本語意更為接近。
底本考察備註 41	林光明指出經文分段 26.至 28.玄奘本及雍序漢的差異，包括雍序漢無「大神咒」一詞，但在「般若波羅蜜多」及「除一切苦」之後皆多了「咒」字，在意義上有相當的差異，[24]就底本考察備註 39、底本考察備註 40 的討論可知滿藏本及四合本基本上合於雍序漢的語意。

24 林光明，〈清康熙譯廣本心經〉，34。

經文分段	29. 真實不虛（故）（玄奘本）
滿藏本	holo waka unenggi seme safi
法圖本	yargiyan unenggi tašan akū.
四合本	holo waka unenggi seme safi,
達賴本	真實不虛。
法圖漢	真實不虛，
002 玄奘漢	真實，不虛（故）。
115 法成漢	真實無倒。
117 智光漢	〔無〕
118 康熙漢	真實不虛。
119 雍序漢	真實不虛故。
120 尚先漢	真實不虛。
121 貢噶漢	真實不虛故。
123 方敦漢	真實不虛。
底本考察 備註 42	康熙漢及尚先漢作「真實不虛」，雍序漢及貢噶漢作「真實不虛故」，而滿藏本及四合本皆作「holo waka, unenggi seme safi」，意「知非虛假，誠然後」並未譯出「故」之意，再其語序與漢譯本相反。

經文分段	29-01. 諸修學者當如是學（此句唯施護譯本有）
經文分段	30. （故）說般若波羅蜜多咒（玄奘本）
滿藏本	barandza baramida i tarni be tarnilaha,
法圖本	tuttu sure ulhisu i cargi dalin de akūnaha tarni be hūlambi.
四合本	barandza baramida i tarni be hūlambi,
達賴本	故說般若波羅蜜多咒：
法圖漢	故說般若波羅蜜多咒，
002 玄奘漢	（故）說般若波羅蜜多咒，
115 法成漢	故知般若波羅蜜多是祕密咒，
117 智光漢	故說般若波羅蜜多呪〔原文如此〕，
118 康熙漢	故說般若波羅蜜多咒，
119 雍序漢	說般若波羅蜜多咒，
120 尚先漢	故說般若波羅蜜多咒，
121 貢噶漢	說般若波羅蜜多咒，
123 方敦漢	故說般若波羅蜜多咒，
底本考察備註 43	與底本考察備註 42 相關之「故」字分段問題，康熙漢及尚先漢將「故」字置於此段，作「故說般若波羅蜜多咒」，而雍序漢及貢噶漢則作「說般若波羅蜜多咒」。林光明亦指出此段經文斷句同為學界主要爭論點之一，傳統上玄奘本斷作「真實不虛，故說般若波羅蜜多咒」，而梵文本直譯為「真實，以不虛故。於般若波羅蜜多中說咒」，各家對於「故」字應屬前句最後一字或後句第一字仍無定論，但就雍序漢及其對應藏文本來看，作「真實不虛故」，與傳統看法不同，[25]底本考察備註 42 討論過滿藏本及四合本並未譯出「故」之意，且其語序與漢譯諸本相反，值得注意。
底本考察備註 44	法成本「祕密咒」一詞，在明清滿漢諸譯本皆未見。另外滿藏本將「說」譯作「tarnilaha」，意「念咒了」，四合本則用「hūlambi」，意「贊禮」，涵義上有些微差異。

25 林光明，〈清康熙譯廣本心經〉，34。

經文分段	31. 即說咒曰（玄奘本）
滿藏本	datyata,
法圖本	datyata,
四合本	datyata,
達賴本	『爹雅他
法圖漢	即說咒曰：
002 玄奘漢	即說咒曰：
115 法成漢	即說般若波羅蜜多咒，曰：
117 智光漢	即說咒曰：怛爹達
118 康熙漢	怛旨他
119 雍序漢	怛只他：
120 尚先漢	怛旨他
121 貢噶漢	爹雅他：
123 方敦漢	即說咒曰：
底本考察 備註 45	梵文「tadyathā」，智光漢兼採意譯及音譯作「即說咒曰：怛爹達」，康熙漢、雍序漢、尚先漢、貢噶漢選用不同漢字音譯，方敦漢則採意譯；滿藏本及四合本皆以滿文音譯。

經文分段	32. 揭諦！揭諦！般羅揭諦！般羅僧揭諦！菩提，僧莎訶（玄奘本）
滿藏本	g'adi g'adi, barang g'adi, barasang g'adi, bodi sowaha,
法圖本	om, g'adi g'adi, barang g'adi barsang g'adi, bodi soha.
四合本	g'adi g'adi barang g'adi barasang g'adi bodi suwaha,
達賴本	嗡 噶得 噶得 巴喇噶得 巴喇桑噶得 菩提娑哈。』
法圖漢	揭諦，揭諦，波羅揭諦，波羅僧揭諦，菩提莎婆訶。
002 玄奘漢	『揭諦！揭諦！般羅揭諦！般羅僧揭諦！菩提，僧莎訶！』
115 法成漢	『峩帝！峩帝！波囉峩帝！波囉僧峩帝！菩提，莎訶！』
117 智光漢	『唵！葛諦，葛諦，巴嘲葛諦，巴嘲僧葛諦，菩提，莎訶！』
118 康熙漢	『揭諦！揭諦！波羅揭諦！波羅僧揭諦！菩提，娑訶！』
119 雍序漢	『揭諦，揭諦，波羅揭諦，波羅僧揭諦，菩提，娑訶。』
120 尚先漢	『揭諦！揭諦！波羅揭諦！波羅僧揭諦！菩提，娑訶！』
121 貢噶漢	『嗡！噶得，噶得，巴喇噶得，巴喇桑噶得，菩提，娑哈！』
123 方敦漢	揭帝揭帝 波羅揭帝 波羅僧揭帝 菩提 薩婆訶
底本考察備註 46	智光漢及貢噶漢咒文有「唵」或「嗡」字，其餘漢譯本無，而滿藏本及四合本皆無；另一方面，法圖本滿文有「om」，漢文則無，滿文似非完全按玄奘本繙譯，應追究其底本。

經文分段	32-01. 如是，舍利弗！諸菩薩摩訶薩於甚深般若波羅蜜多行，應如是行。」如是說已（般利本）
滿藏本	a, šaribudari, bodisado, mahasado sa, tere gese šumin narhūn barandza baramida be tacikini sehe,
法圖本	〔無〕
四合本	šaribudari, ambakasi bodisado mahasaso sa, tere gese šumin narhūn barandza baramida be tacici acambi sehe,
達賴本	舍利子！菩薩摩訶薩應如是修習深妙般若波羅蜜多！」
法圖漢	〔無〕
002 玄奘漢	〔無〕
115 法成漢	舍利子！菩薩摩訶薩應如是修學甚深般若波羅蜜多。」
117 智光漢	如是，舍利弗！諸菩薩摩訶薩於甚深般若波羅蜜多，當依是學。」
118 康熙漢	舍利子！諸菩薩摩訶薩相應如是修習深妙般若波羅蜜多。」
119 雍序漢	舍利子！諸菩薩摩訶薩相應如是修習深妙般若波羅蜜多。」
120 尚先漢	〔無〕
121 貢噶漢	舍利子！菩薩摩訶薩相應如是修習深妙般若波羅蜜多。」
123 方敦漢	舍利子！菩薩摩訶薩依如是修學甚深般若波羅蜜多。」

底本考察備註 47	滿藏本「bodisado mahasado sa」之繙譯合於康熙漢及雍序漢之「諸菩薩摩訶薩」，反觀四合本作「ambakasi bodisado mahasaso sa」，意「大些的菩薩摩訶薩們」，其「ambakasi」不知源自何本？按後段經文詞彙備註 10 所論「大菩薩」可指「深行之菩薩」，或作為「菩薩之尊稱」，抑或是相對於經文前段提及的「大比丘眾」而言，仍待考。

底本考察備註 48	法成本「甚深般若波羅蜜多」，滿藏本作「šumin narhūn barandza baramida」，並不相合，但與康熙漢、雍序漢、貢噶漢之「深妙般若波羅蜜多」相合，滿藏本之使用底本與這三本漢譯本之關聯性較高。

底本考察備註 49	康熙漢、雍序漢、貢噶漢三本「相應如是修習」，滿藏本採「tere gese…acikini」表達，而四合本則作「tere gese…tacici acambi」，語意強度不同，「-kini」有「使」、「令」之意，而「-ci acambi」乃「該當」之意。[26]

26 （清）萬福編著，〈轉寫本〉，《重刻清文虛字指南編》，1：291-293；1：267。

經文分段	32-02. 即時，世尊從廣大甚深三摩地起，讚觀自在菩薩摩訶薩言（般利本）
滿藏本	tede eteme yongkiyafi colgoroko fucihi samadi ci aljafi, bodisado mahasado, arya awalogida, šori de sain seme hendufi,
法圖本	〔無〕
四合本	tereci eteme yongkiyafi duleke fucihi tere can ci alifi[ilifi], bodisado mahasaso arya awalogida šori de sain seme hendufi,
達賴本	爾時薄伽梵從三昧起，告聖觀自在菩薩摩訶薩言：
法圖漢	〔無〕
002 玄奘漢	〔無〕
115 法成漢	爾時，世尊從彼定起，告聖者觀自在菩薩摩訶薩曰：
117 智光漢	爾時，世尊從三摩地安詳而起，讚觀自在菩薩言：
118 康熙漢	於是薄伽梵從三昧起，告觀自在菩薩摩訶薩言：
119 雍序漢	於是薄伽梵從三昧起，告觀自在菩薩摩訶薩言：
120 尚先漢	〔無〕
121 貢噶漢	於是薄伽梵從三昧起，告聖觀自在菩薩摩訶薩言：
123 方敦漢	爾時世尊從三昧起，告觀自在菩薩曰：
底本考察備註 50	滿藏本將「起」字譯作「aljafi」，意「離開後」，而四合本則直譯為「ilifi」，在語意上有些微差異。

經文分段	32-03. 善哉！善哉！善男子！如是！如是！如汝所說，甚深般若波羅蜜多行，應如是行。如是行時，一切如來皆悉隨喜。」（般利本）

滿藏本 geli sain, sain fulehengge juse, tere tuttu inu, tere yargiyan i tuttu ombi, sini giyangnaha yaya šumin narhūn barandza baramida be urebume tacime yabuci, ineku jidere fucihi ele yooni dahame urgunjendumbi,

法圖本 〔無〕

四合本 geli sain sain, fulehengge juse tere tuttu kai, tere tuttu ombi, sini yaya tuwabuha tere adali šumin narhūn barandza baramida be tacime yabu, terei adali jihe fucihi se inu dahame urgunjembi,

達賴本 「善哉，善哉！善男子！如是，如是！如汝所說深妙般若波羅蜜多，當如是學！一切如來，亦皆隨喜。」

法圖漢 〔無〕

002 玄奘漢 〔無〕

115 法成漢 「善哉！善哉！善男子！如是！如是！如汝所說，彼當如是修學般若波羅蜜多。一切如來亦當隨喜。」

117 智光漢 「善哉！善哉！善男子！如是！如是！如汝所說，甚深般若波羅蜜多當如是學，一切如來悉皆隨喜。」

118 康熙漢 「善哉！復云：善哉！善哉！善男子！是乃如是，是誠如是，如汝所說，深妙般若波羅蜜多，作是修習，一切如來亦應隨喜。」

119 雍序漢	「善哉！」復云：「善哉！善哉！善男子，是乃如是，是誠如是，如汝所說，深妙般若波羅蜜多，作是修習，一切如來亦應隨喜。」
120 尚先漢	〔無〕
121 貢噶漢	「善哉！復云：善哉！善哉！善男子！是乃如是，是誠如是，如汝所說，深妙般若波羅蜜多，作是修習，一切如來亦皆隨喜。」
123 方敦漢	「善哉！善哉！善男子應如是修學。一切如來，亦當隨喜。」

底本考察備註 51	滿藏本及四合本「sain seme hendufi, geli sain」，意「說了善後，又〔說〕善」，與明清漢譯諸本表達上，有些微差異。此外，康熙漢、雍序漢、貢噶漢三本「是乃如是，是誠如是」的表達，滿藏本譯作「tere tuttu inu, tere yargiyan tuttu ombi」，意「那是那樣，那真是那樣」，四合本譯作「tere tuttu kai. tere tuttu ombi」，意「那是那樣啊！那是那樣」，滿藏本在用字及語意上更為相合。

底本考察備註 52	「一切如來亦應隨喜」滿藏本作「ineku jidere fucihi ele yooni dahame urgunjendumbi」，意「所有從本原將要來的佛全都隨著一起喜悅」，四合本則作「terei adali jihe fucihi se inu dahame urgunjembi」，意「如同那樣來了的佛們也隨著喜悅」，皆與《五譯合璧集要》將「如來」譯作「ineku jihe」不同，「隨喜」的繙譯也不相同（參見經文詞彙備註 98、經文詞彙備註 99）。

經文分段	32-04. 爾時，世尊說是語已（般利本）
滿藏本	eteme yongkiyafi colgoroko fucihi tuttu hese wasimbuha manggi,
法圖本	〔無〕
四合本	eteme yongkiyafi duleke fucihi tuttu seme hese wasimbuha manggi,
達賴本	薄伽梵作說是語已，
法圖漢	〔無〕
002 玄奘漢	〔無〕
115 法成漢	時薄伽梵說是語已，
117 智光漢	佛說此經已，
118 康熙漢	薄伽梵作是語已，
119 雍序漢	薄伽梵作是語已，
120 尚先漢	〔無〕
121 貢噶漢	薄伽梵作是語已，
123 方敦漢	時薄伽梵說是語已，
底本考察備註 53	法成本「時」字未見於滿藏本，若參考康熙漢、雍序漢、貢噶漢及四合本等本，亦無「時」字，可見滿藏本之底本與清漢譯本的關聯性高。

經文分段	32-05. 具壽舍利弗大喜充遍，觀自在菩薩摩訶薩亦大歡喜（般利本）
滿藏本	jalafungga šaribudari, bodisado, mahasado arya awalogida šori,
法圖本	〔無〕
四合本	jalafungga šaribudari, bodi sodo[sado] maha sado arya awa logida šori,
達賴本	尊者舍利子、聖觀自在菩薩
法圖漢	〔無〕
002 玄奘漢	〔無〕
115 法成漢	具壽舍利子、聖者觀自在菩薩摩訶薩，
117 智光漢	觀自在菩薩
118 康熙漢	壽命具足舍利子、觀自在菩薩摩訶薩，
119 雍序漢	壽命具足舍利子、觀自在菩薩摩訶薩，
120 尚先漢	〔無〕
121 貢噶漢	壽命具足舍利子、聖觀自在菩薩摩訶薩，
123 方敦漢	具壽舍利子及觀自在菩薩摩訶薩，

經文分段	32-06. 時彼眾會天、人、阿修羅、乾闥婆等（般利本）
滿藏本	geren gucuse, jai abkai enduri, niyalma, asuri, g'andari, jalan de bisirenggele
法圖本	〔無〕
四合本	geren gucuse, jai abkai enduri, niyalma, asuri, g'andari, jalan de bisirenggele
達賴本	及諸眷屬——人、天、阿修羅、乾闥婆——等一切大眾，
法圖漢	〔無〕
002 玄奘漢	〔無〕
115 法成漢	一切世間天、人、阿蘇羅、乾闥婆等，
117 智光漢	及諸大眾天、龍、夜叉、乾闥婆、阿脩〔原文如此〕羅、伽樓羅、緊那羅、摩睺羅伽人非人等，
118 康熙漢	及諸眷屬天、人、阿修羅、乾達婆、一切世間，
119 雍序漢	暨諸眷屬天、人、阿修羅、乾闥婆一切世間，
120 尚先漢	〔無〕
121 貢噶漢	暨諸眷屬，天、人、阿修羅、乾闥婆等一切世間，
123 方敦漢	一切世間天、人、阿修羅、乾闥婆等，

底本考察備註 54	滿藏本「geren gucuse」，意「眾朋友們」，法成本無，若參考明清漢譯本，智光漢作「及諸大眾」，康熙漢作「及諸眷屬」，雍序漢及貢噶漢作「暨諸眷屬」，方敦漢無。按「大眾」，梵文作「mahā-sajgha」、「sabhā」或「mahā-sabhā」，意為「多數之眾」，一般指「比丘等多人集會」；「眷屬」，梵文作「parivāra」，「眷為親愛，屬為隸屬，指親近、順從者」，[27]與漢文「眷屬」有「家眷」之意不同。[28]

底本考察備註 55	據林光明考察，在諸漢譯本中，僅智光漢羅列出所有「天龍八部」，[29]是否與其使用底本相關，就目前資料尚未可知。

27 《佛光大辭典》，s.vv.「大眾」，1：852；「眷屬」，3：4745。
28 《辭源》，臺四版，s.v.「眷屬」，1062。
29 林光明，〈新發現智光漢譯廣本《心經》〉，45。

經文分段	32-07. 聞佛所說，皆大歡喜，信受奉行（般利本）
滿藏本	gemu gingguleme dahafi, eteme yongkiyafi colgoroko fucihi i hese be iletu maktame saišaha,
法圖本	〔無〕
四合本	gemu ungnggi[unenggi] seme ginggulefi eteme yongkiyafi duleke fucihi i hese be iletu maktame saišaha.
達賴本	皆大歡喜，信受奉行。
法圖漢	〔無〕
002 玄奘漢	〔無〕
115 法成漢	聞佛所說，皆大歡喜，信受奉行。
117 智光漢	聞佛所說，皆大歡喜，信受奉行。
118 康熙漢	皆大歡喜，宣讚佛旨。
119 雍序漢	皆大歡喜，宣讚佛旨。
120 尚先漢	〔無〕
121 貢噶漢	皆大歡喜，宣讚佛旨。
123 方敦漢	聞佛所說，皆大歡喜，信受奉行。
底本考察 備註 56	法成本「聞佛所說，皆大歡喜，信受奉行」，與滿藏本不相合，參考其他漢譯本，智光漢及方敦漢與法成本同，而康熙漢、雍序漢及貢噶漢皆作「皆大歡喜，宣讚佛旨」，四合本譯作「gemu unegnggi seme ginggulefi eteme yongkiyafi duleke fucihi i hese be iletu maktame saišaha」，意「都誠然致敬後，顯然稱讚誇獎了得勝全備超群的佛的旨意」，與滿藏本語意大致相同。

經文分段	32-08. 誦此經破十惡、五逆、九十五種邪道；若欲供養十方諸佛，報十方諸佛恩，常誦觀世音般若百遍、千遍，無間晝夜，常誦此經，無願不果（此句唯義淨本有）
經文分段	33. 般若波羅蜜多心經（般利本）
滿藏本	enduringge sure i cargi dalin de akūnaha niyaman sere nomun yongkiyaha.
法圖本	sure ulhisu cargi dalin de akūnaha niyaman sere ging yongkiyaha.
四合本	jalafungga sure i cargi dalin de akūnaha niyaman sere ging yongkiyaha.
達賴本	〔無〕
法圖漢	般若波羅蜜多心經終
002 玄奘漢	般若波羅蜜多心經
115 法成漢	般若波羅蜜多心經
117 智光漢	大明新譯般若波羅蜜多心経〔原文如此〕
118 康熙漢	〔無〕
119 雍序漢	摩訶般若波羅蜜多心經終
120 尚先漢	〔無〕
121 貢噶漢	〔無〕
123 方敦漢	般若波羅蜜多心經
底本考察 備註 57	林光明在〈清康熙譯廣本心經〉一文中指出「經後經名的『摩訶般若波羅蜜多心經終』，與梵文本用法相同，『終』字是梵文 samāptam 的漢譯」，[30]在滿藏本備註 60 曾提出經末經題與經前經題不同，將於下段滿文諸本經題分析比較討論。

30 林光明，〈清康熙譯廣本心經〉，34。

在比較滿藏本、四合本及明清漢譯本經文內容後，發現滿藏本之使用底本與清初各本接近，尤與康熙漢及雍序漢最為相近，而此二漢譯本之底本已知乃清聖祖所得之西藏舊本，[31]這點與印、藏流通本主要為長本之研究亦相符，若能再詳細比對考察其藏文原本及蒙文本，或許能獲得更多線索。

此外，據莊吉發四書滿文譯本之研究，清高宗曾將康熙年間刊佈的《清文日講四書解義》重加釐定而為《御製繙譯四書》，此乾隆年間改譯本主要特色有：（一）將滿文虛字或介詞連寫，（二）將康熙年間的漢文讀音直譯，改為意譯，（三）改變康熙年間滿文的語法句型結構。[32]其中第二點，莊吉發曾以《詩經》書名為例，指出康熙時的《日講四書解義》取其音，譯作「ši ging」，而乾隆時的《御製繙譯四書》則改按文義譯作「irgebun i nomun」，[33]此佳例或可說明四合本經題中以「ging」音譯「經」，而滿藏本改為意譯「nomun」之緣由。再者，若這三項特色為清朝滿文繙譯之通則，或許能據以推測法圖本之繙譯年代，如法圖本經題亦以「ging」音譯「經」，則其繙譯年代或許不晚於清高宗釐定滿文譯本之時，當然更加詳細的考證是必要的，具體定年還需要更多的參考資料，不過若能大量分析比對滿漢繙譯詞彙，歸納出繙譯準則，或許能成為清朝滿文繙譯文本定年的方法之一。

---

31 林光明編著，《心經集成》，30-31。

32 莊吉發，〈清高宗敕譯《四書》的探討〉，收錄於《清史論集》（臺北市：文史哲出版社，2000），4：61-76。

33 莊吉發，〈繙譯四書——四書滿文譯本與清代考證學的發展〉，收錄於《清史論集》（臺北市：文史哲出版社，民 106），27：115。

圖 4　（清）姚文瀚畫釋迦牟尼佛

國立故宮博物院藏

陸、滿文諸本比較分析

在考察了二種《般若波羅蜜多心經》滿文譯本後，發現其中所使用的滿文辭彙不盡相同，若能再進一步分析比對，或許能使清朝滿文繙譯的理路更加清晰，故除以本書研究主體之滿藏本及法圖本做為比較對象外，亦加入已有論文發表之文本，即林士鉉的四合本、三合本，以及王敵非的藏傳本三種，[1]分析包括原梵文、漢文、滿文等相關辭彙，試圖從另一面相呈現滿文繙譯議題，擬分為經題及經文詞彙二部分討論。

一、經題比較分析

本書在滿藏本備註 1 及滿藏本備註 60、法圖本備註 1、底本考察備註 1 及底本考察備註 57 等處皆提出《心經》經題的滿文繙譯有多處異同，值得詳細探討，故特闢此段分析比對，希冀能凸顯清時佛經滿文繙譯的考量及特色，並藉由滿文繙譯釐清《心經》經題涵義（參見表 6）。

---

1 林士鉉，〈清代滿文譯本《般若波羅密多心經》初探〉，517-530、531-537。
王敵非，〈滿譯藏傳《般若波羅蜜多心經》研究〉，111-114。

表 6 《般若心經》滿文諸譯本研究之經題列表

		梵文	Prajñāpāramitāhṛdaya	
滿藏本	滿文	經前經題	manju gisun de, eteme yongkiyafi colgoroko eme sure i cargi dalin de akūnaha niyaman i nomun,	
		經末經題	enduringge sure i cargi dalin de akūnaha niyaman sere nomun yongkiyaha.	
		側欄經題	sure i cargi dalin de akūnaha niyaman i nomun,	
		目錄經題	eteme yongkiyaha umesi colgoroko eme sure i cargi dalin de akūnaha niyaman i nomun,（滿藏本 52）	sure i cargi dalin de akūnaha niyaman i nomun,（滿藏本 57）
	漢文	側欄經題	般若波羅蜜多心經（滿藏本 52）	般若波羅密多心經（滿藏本 57）①
		目錄經題	心經（滿藏本 52）	般若波羅密多心經（滿藏本 57）
漢滿蒙藏《般若波羅蜜多心經》	滿文（四合本）	護經板經題	jalafungga sure i cargi dalin de akūnaha niyaman sere ging.	
		經前經題	eteme yongkiyafi duleke fucihi i eme sure i cargi dalin de akūnaha niyaman i ging.	
			enetkek i gisun de, bag'awadi baramdza baramida hiri daya.	
			manju gisun de, eteme yongkiyafi duleke fucihi i eme sure i cargi dalin de akūnaha niyaman i ging.	
		經末經題	jalafungga sure i cargi dalin de akūnaha niyaman sere ging yongkiyaha.	
	漢文（雍序漢）	護經板經題	摩訶般若波羅蜜多心經②	
		經前經題	摩訶般若波羅蜜多心經	
			梵言薄伽婆諦般若波羅蜜多吸哩達呀	
			華言出有壞母智到彼岸心經	
		經末經題	摩訶般若波羅蜜多心經終	

表 6　《般若心經》滿諸本文譯本研究之經題列表（續）

法圖本	滿文	經前經題	sure ulhisu cargi dalin de akūnaha niyaman sere ging.
		經末經題	sure ulhisu cargi dalin de akūnaha niyaman sere ging yongkiyaha.
		註演	enetkek i gisun de, barandza baramida,hiri daya sembi.
	漢文	經前經題	般若波羅蜜多心經
		經末經題	般若波羅蜜多心經終
		註演	梵言巴蘭咱巴喇蜜他吸哩達牙 華言智慧到彼岸心經
三合本	滿文	〔文中未提及，僅在參考文獻條目中說明「滿文《心經》，刻本，日本東洋文庫藏。」〕	
	漢文	〔同上〕	
藏傳本	滿文	經前經題	sure i cargi dalin de akūnaha niyaman i nomun
	漢文	經前經題	般若波羅蜜多心經

註：① 滿藏本漢文側欄經題二本所選「蜜」、「密」字不同。

② 查林光明《心經集成》附錄「漢滿蒙藏《般若波羅蜜多心經》」護經板經題及經前經題漢文作「蜜」，而林士鉉四合本作「密」，應為誤植，此處漢文經題以原本（即雍序漢）為準。

資料來源：“Manchu Canon Image Archive,” *Research Material for the Manchu Buddhist Canon*, Dharma Drum Buddhist College <http://buddhist informatics.dila.edu.tw/manchu/images.php>.

“Bo re bo luo mi duo xin jing [zhu yan] 般若波羅蜜多心經[註演 trad. par Xuan-zang 玄奘], avec commentaire,” *Gallica*, <https://archiveset manuscrits.bnf.fr/ark:/12148/cc34453f>.

林士鉉，〈清代滿文譯本《般若波羅密多心經》初探〉，517-530、531-537。

王敵非，〈滿譯藏傳《般若波羅蜜多心經》研究〉，111-114。

滿藏本滿文經題可見於〈御譯大藏經目錄〉（參見表 2）、經文前、經文末，及經文側欄等處（參見附錄二），而漢文經題僅見於〈御譯大藏經目錄〉及經文側欄，滿藏本備註 1 討論過「般若波羅蜜多心」各別詞彙涵義。簡言之，「般若」音譯自梵文「prajñā」，意為「智慧」；而「波羅蜜多」音譯自梵文「prajñāpāramitā」，可作二種解釋，「到彼岸」或「完全到達」，故「般若波羅蜜多」意為「智慧到彼岸」或「智慧完成」；「心」意譯自梵文「hṛdaya」，原意為「心臟」，後轉為「精髓」、「要目」之意，另外也可作「咒文、真言、陀羅尼」解；「經」之梵文作「sūtra」，乃漢譯者後加。滿藏本目錄及側欄經題皆作「sure i cargi dalin de akūnaha niyaman i nomun」，意「以智慧到了河彼岸的心的經」，可知「波羅蜜多」採「到彼岸」解，經題符合《般若波羅蜜多心經》之涵義。此外，最初原典並無經名，乃漢譯者將經末「prajñā-pāramitā-hṛdayaṃ samāptam」〔「智慧到彼岸的心終」或「智慧完成的心終」〕之「prajñāpāramitāhṛdaya」部分，即「般若波羅蜜多心」，改置於經首成為題名，並加上「經」字，故而成為傳統，可謂滿藏本包含經前經題及經末經題的緣由。

滿藏本滿文經前經題作「manju gisun de eteme yongkiyafi colgoroko eme sure i cargi dalin de akūnaha niyaman i nomun」，意「滿言云得勝全備超群的母親以智慧到了彼岸心的經」，在經題前多了「manju gisun de」一短語，此即前述達賴喇嘛所言承經典傳統而標示不同語文經題（參見底本考察備註 1），其中「de」在此處應作「以、用」解，[2]即「以」滿文撰寫的《般若波羅蜜多心經》，莊

2 《滿漢大辭典》，s.v.「De」，675-676。

吉發譯作「滿文云」，[3]更合於漢文行文習慣及語意，故本書沿用。而在「manju gisun de」後的經題部分，參照滿藏本目錄及側欄經題作「sure i cargi dalin de akūnaha niyaman i nomun」，權且將經前經題分作「eteme yongkiyafi colgoroko eme」及「sure i cargi dalin de akūnaha niyaman i nomun」兩部分，第二部分即為前述《般若波羅蜜多心經》之滿文繙譯，那麼第一部份又作何解？

要回答這個問題，應先考察與滿藏本底本關聯性很高的「漢滿蒙藏《般若波羅蜜多心經》」經題，護經板經題雍序漢作《摩訶般若波羅蜜多心經》，而四合本滿文題名作「jalafungga sure i cargi dalin de akūnaha niyaman sere ging」，似將「摩訶」譯作「jalafungga」，然滿藏本備註 19 已考察過「jalafungga」意「有壽者」，法成本作「具壽」，滿漢文不合。再看經前經題，雍序漢仍作《摩訶般若波羅蜜多心經》，四合本則作「eteme yongkiyafi duleke fucihi i eme sure i cargi dalin de akūnaha niyaman i ging」，意「得勝全備後過去的佛的母親以智慧到了彼岸心的經」，與護經板經題不同，其後雍序漢依經典傳統，並列出梵文經題「梵言薄伽婆諦般若波羅蜜多吸哩達呀」及漢文經題「華言出有壞母智到彼岸心經」，四合本則列出梵文經題「enetkek i gisun de, bag'awadi baramdza baramida hiri daya」及滿文經題「manju gisun de, eteme yongkiyafi duleke fucihi i eme sure i cargi dalin de akūnaha niyaman i ging」，可以看出無論雍序漢或四合本之梵文經題皆無「經」或「sūtra」等字，合於福井文雅關於「經」字為漢譯者後加之研究。

3 莊吉發，〈國立故宮博物院典藏《大藏經》滿文譯本研究〉，收錄於《清史論集》，3：27-28。

若與前述滿藏本經題一樣，將「漢滿蒙藏《般若波羅蜜多心經》」中「梵言」經題分作二部分，即為「薄伽婆諦」及「般若波羅蜜多吸哩達呀」，並「bag'awadi」及「baramdza baramida hiri daya」，第二部分也很清楚是已討論過的「般若波羅蜜多心」，而第一部分與法成本「一時薄伽梵住王舍城鷲峰山中」句中的「薄伽梵」相近，四合本「bag'awadi」也與梵文「bhagavat」音相近，滿藏本備註 5 曾討論過，「薄伽梵」即指佛陀，故知「bag'awadi」及「薄伽婆諦」應皆為「bhagavat」音譯。再看「華言」經題作「出有壞母智到彼岸心經」，其中「智到彼岸心經」的部分即指《般若波羅蜜多心經》，「出有壞母」一詞未見於《佛光大辭典》，但《五譯合璧集要》在「佛通號名」一類中收錄了「出有壞」一詞（參見經文詞彙備註 6），可知「出有壞」亦指佛，其梵文以藏文書寫作「bhagavān」，滿文作「eteme yongkiyafi colgoroko」，[4]「bhagavān」應為「bhagavat」之不同拼寫，可能是語言或詞性變化之故，其滿文與滿藏本拼寫相同，在滿藏本備註 5 已討論過「薄伽梵」，滿文譯作「eteme yongkiyafi colgoroko fucihi」，指已征服並完全超越四魔的佛，故知雍序漢「華言」經題即為「佛母智到彼岸心經」，再「梵言」經題「薄伽婆諦般若波羅蜜多吸哩達呀」及「bag'awadi baramdza baramida hiri daya」即為「佛般若波羅蜜多心」之意，又與「華言」經題略有不同。

同理，滿藏本經前經題第一部份「eteme yongkiyafi colgoroko eme」，即為「佛母」，故知滿藏本經前經題「manju gisun de eteme yongkiyafi colgoroko eme sure i cargi dalin de akūnaha niyaman i

4 *Pentaglot Dictionary of Buddhist Term: in Sanskrit, Tibetan, Manchurian, Mongolian, and Chinese*, s.v. "出有壞," 5.

nomun」，即為「滿言云佛母以智慧到了河彼岸的心的經」之意。而四合本經前經題第一部分「eteme yongkiyafi duleke fucihi i eme」與滿藏本僅在「duleke fucihi」部分不同，「dulembi」也有「超過」之意，與「colgorombi」意「超出、超眾、絕倫」相近，[5]且其後加上「fucihi」即「佛」一詞，使文意更清楚明瞭，故四合本經前經題「eteme yongkiyafi duleke fucihi i eme sure i cargi dalin de akūnaha niyaman i ging」亦為「佛母以智慧到了河彼岸的心的經」。而「佛母」又為何意？是指佛陀故事中常聽聞的悉達多生母摩耶夫人嗎？[6]則經題又與摩耶夫人有何關聯？

查《佛光大辭典》「佛母」一詞解釋有四：1. 即釋尊之生母摩耶夫人（Mahā-māyā）；2. 指「般若波羅蜜」，亦即「能生出一切佛者」；3.「法」，因「佛以法為師，由法而成佛，故謂法為佛母」；4. 指「佛眼尊」，密教中，「能產生諸佛、諸菩薩者，將之神格化，稱為佛母、佛母尊」。[7]星雲大師說「佛陀的母親是『般若』」，又說「摩耶夫人可以生悉達多太子，但是不能生釋迦牟尼佛，釋迦如來是般若生的，般若是他的母親」；達賴喇嘛在《達賴喇嘛談心經》中解釋「《心經》藏譯本的經題是：『薄伽梵母智慧到彼岸心經。』其中『薄伽梵』一詞譯為『母親』。因此，將『智慧到彼岸』比作母親產下聖人。經題中的『智慧到彼岸』指出《心經》的主題」，[8]二說皆符合「佛母」之第二義。此外，在蔣央噶威洛追（'Jam dbyangs dga' ba'i blo gros）所撰附錄〈般若心經釋：善明句義〉中，註釋 25

5 《新滿漢大詞典》，第 2 版，s.vv.「dulembi」，328；「cholgorombi」，236。
6 星雲大師，《般若心經的生活觀》，20。
7 《佛光大辭典》，s.v.「佛母」，2：2619。
8 星雲大師，《般若心經的生活觀》，20、172。
達賴喇嘛，《達賴喇嘛談心經》，71。

也解釋了「『薄伽梵母』(即『佛母』或『諸佛之母』)與『般若波羅蜜多』二者是同位語」，[9]若按此解，則滿藏本及四合本之經前經題可否能理解為採用二種滿文意譯詮釋「般若波羅蜜多」之涵義——「能生出一切佛者」(eteme yongkiyafi colgoroko eme)及「以智慧到彼岸」(sure i cargi dalin de akūnaha niyaman)？

再看經末經題，雍序漢作「《摩訶般若波羅蜜多心經》終」，四合本作「jalafungga sure i cargi dalin de akūnaha niyaman sere ging yongkiyaha」，與護經板經題基本相同，林士鉉在文中討論過與經前經題差異在於「『世尊』之譯，在經板部分『世尊』的滿譯改為『jalafungga』，亦即『具壽的』，並沒有『摩訶』之意」，[10]然而「具壽」並不在佛陀「十號」之內，[11]如何肯定「jalafungga」即為「世尊」？要回答這個問題，同樣應參考底本同源的滿藏本，其經末經題作「enduringge sure i cargi dalin de akūnaha niyaman sere nomun yongkiyaha」，意為「叫做聖者以智慧到了河彼岸的心的經終」，與四合本比較，滿藏本不用「jalafungga」而用「enduringge」，意「聖者」，合於「薄伽梵」一詞在「印度用於有德之神或聖者之敬稱」(參見經文詞彙備註 6)，可知此處將「enduringge」做為「薄伽梵」之代稱。再看「具壽」詞義，乃「對佛弟子、阿羅漢等之尊稱」，又可作「賢者、聖者、尊者、淨命、長老、慧命」，原指「具足智慧與德行，得受尊敬之人」，而後「不限於佛弟子，凡祖師或先德，亦可稱具壽」(參見經文詞彙備註 32)，若將佛陀視為「祖師」，不作「具壽」而改以「聖者」稱之，則「jalafungga」即通於前述「enduringge」之意，換言之，以「enduringge」或「jalafungga」

---

9 達賴喇嘛，《達賴喇嘛談心經》，185。

10 林士鉉，〈清代滿文譯本《般若波羅密多心經》初探〉，538。

11 《佛光大辭典》，s.v.「十號」，1：480。

代稱「薄伽梵」，故無論滿藏本或四合本之經末經題皆具「佛般若波羅蜜多心」之意，又合於前述四合本經前「梵言」經題。順帶一提，經末經題最後一字「yongkiyaha」與用來形容薄伽梵是全能的「yongkiyafi」不同，是指《心經》全文完結於此之意。

在考察了滿藏本、四合本及雍序漢之經題之後，藏傳本經題「sure i cargi dalin de akūnaha niyaman i nomun」便相當容易理解，其與滿藏本側欄經題相同，意為「以智慧到了河彼岸的心的經」。而法圖本經題在法圖本備註 1 討論過「般若」作「sure ulhisu」，且「經」採音譯漢文作「ging」，繙譯雖略有不同（參見經文詞彙備註 2、經文詞彙備註 5），然「sure ulhisu cargi dalin de akūnaha niyaman sere ging」並未超過前述經題涵義，惟「sure ulhisu」後無工具格格助詞「i」，與漢譯「智慧到彼岸」相近，而與其他滿文譯本不同，值得注意；滿文註演同樣附有「梵言」經題「enetkek i gisun de, barandza baramida,hiri daya sembi」，漢文註演則附有「梵言」經題「巴蘭咱巴喇蜜他吸哩達牙」及「華言」經題「智慧到彼岸心經」。

另一個值得注意的部分是「sere」一詞的使用，滿藏本經末經題不作「i nomun」，而作「sere nomun」，法圖本經前經題及經末經題、四合本經末經題及護經板經題不作「i ging」，而作「sere ging」，「sere」意「說是」（參見附錄四），[12]口語亦即「叫做」，故滿藏本經末經題「enduringge sure i cargi dalin de akūnaha niyaman sere nomun」，及四合本「jalafungga sure i cargi dalin de akūnaha niyaman sere ging」，意為「叫做『聖者以智慧到了河彼岸的心』的經」，法圖本「sure ulhisu cargi dalin de akūnaha niyaman sere ging」即為「叫

12 （清）傅恆等奉敕撰，《御製增訂清文鑑》s.v.「說是」，18：64b。

做『智慧到了河彼岸的心』的經」，這樣的滿文繙譯，與滿藏本目錄及側欄「sure i cargi dalin de akūnaha niyaman i nomun」,「以智慧到了河彼岸的心的經」相比，更能回應原梵文經題並無「經」字，而是漢譯者後來加上，成為傳統。

二、經文詞彙比較分析

本段欲考察《般若波羅蜜多心經》經文梵、漢、滿文互譯情形，在梵文《心經》版本中，因 Conze 及中村元與紀野一義所校訂的長、短本引用甚廣，且內容各異，有助於比較使用詞彙異同，故選用林光明《心經集成》所收 Conze 校訂的《心經》版本「041 睿梵一」、「042 睿梵二」與「134 睿廣梵」，以及中村元、紀野一義校訂本「049 村略梵」與「145 村廣梵」（各本書目資料詳見附錄三），漢文版本則使用之「002 玄奘漢」及「119 雍序漢」為參考。從滿藏本及法圖本中選出佛教術語，並附上四合本、三合本、藏傳本之對應詞彙。再者，為求便於參照各詞彙詞義，首列《佛光大辭典》梵、漢詞彙，輔以《五譯合璧集要》梵、漢、滿語彙，藉以比對出各本選用字詞的異同。而在考察佛教術語時，若對於滿文詞彙有疑義，則查檢《御製增訂清文鑑》詞彙定義，釐清滿文語彙內涵，了解當時如何用滿文繙譯佛教術語。

在滿文諸本中，因可取得滿藏本與法圖本之數位本，以及四合本與《五譯合璧集要》印刷本，故一併附上此四本之滿文字體，以供參考。其中各本滿文字體，因考量滿藏本 52 及滿藏本 57 二本字跡清晰度各有不同，故本段所附滿文以二本中較清晰者為主，因二本內容基本相同，不另標示出於何本；再者，本書所使用之《五譯合璧集要》乃 Raghu Vira 編纂的版本，其梵、漢、滿各體轉寫拼音仍使用法鼓佛教學院製作之語彙對照表。[13]北京故宮藏有《五譯合璧輯要》原稿本，據其說明，此稿本收錄約 996 條佛教名詞術語，「可能是乾隆年間翻譯、編纂滿文《大藏經》的前期準備成果」，[14]惜未能取得此本，故本書使用已出版之 Vira 本。與北京故宮藏本相較，Vira 本除字體不同，且漫漶不清外，收錄詞彙數量亦不同，據法鼓佛教學院網站說明，Vira 本收錄了 1071 條，特此說明。

---

13 "Pentaglot Dictionary of Buddhist Terms," <http://buddhistinformatics.dila.edu.tw/manchu/glossary.php>。

14 按北京故宮網頁條目作《五譯合璧輯要》，然網頁所附影像中作「集要」，本書僅在指稱北京故宮所藏稿本時，按其網頁條目作《五譯合璧輯要》，其餘仍作《五譯合璧集要》，特此說明。
《五譯合璧輯要》，故宮博物院，2021 年 12 月 27 日檢索，<https://www.dpm.org.cn/ancient/nation/165345.html>。

經文分段01.

002 玄奘漢 般若波羅蜜多心經
041 睿梵一 〔無〕
042 睿梵二 〔無〕
049 村略梵 〔無〕
119 雍序漢 摩訶般若波羅蜜多心經
134 睿廣梵 〔無〕
145 村廣梵 〔無〕

順次	《佛光大辭典》		《五譯合璧集要》		
	漢文	梵文	漢文	梵文（以藏文拼寫）	滿文
	滿藏本（1771-1794間）	法圖本（約1730-1760）	四合本（1723）	三合本（1784）	藏傳本（年代不詳）
1.	摩訶	mahā	〔無〕		
	〔無〕	〔無〕	〔無〕	〔無〕	〔無〕

經文詞彙備註 1 摩訶

日本讀誦用的《心經》往往在題名前冠有「摩訶」或「仏説摩訶」等詞彙，然據中村元考證，僅支謙本、羅什本、實叉難陀本所譯《心經》經題前有「摩訶」一詞。[15]雍序漢本前冠有「摩訶」一詞，應更深入考察其底本原文及漢文繙譯，惟因其底本「西藏舊本」並非本書研究主體，且篇幅有限，故暫且擱置，待來日探討。按《佛光大辭典》「摩訶」有「大、多、勝、妙之意」，[16]然而四合本滿文並無音譯「maha」或意譯「amba」等詞彙；其他法圖本、三合本及藏傳本漢文皆無「摩訶」一詞，滿文亦未譯出。

15 中村元,《般若経典》, 155。
16 《佛光大辭典》，s.v.「摩訶」，3：6076。

	般若	prajñā	〔無〕		
2.	 sure	 sure ulhisu	 sure	〔無〕	sure

經文詞彙備註 2 般若

「般若」，梵文「prajñā」，漢文意譯作「慧、智慧、明、黠慧」，「明見一切事物及道理之高深智慧，即稱般若。菩薩為達彼岸，必修六種行，亦即修六波羅蜜。其中之般若波羅蜜（智慧波羅蜜），即稱為「諸佛之母」，成為其他五波羅蜜之根據，而居於最重要之地位」，[17]滿藏本備註 11 曾討論過因「般若」智慧與世間智慧不同，故古漢譯家將一詞列為「五種不翻之一」，而以漢文音譯原語。

然滿文譯本在經題部分以意譯為主，除法圖本用「sure ulhisu」外，餘皆用「sure」一詞，按《御製增訂清文鑑》（參見附錄四）「sure」漢文作「聰明」，意為「秉性清明穎悟」，「ulhisu」漢文作「穎悟」，意為「凡聞事即知者」，[18]可知「sure」包含「聞事即知」之意，故滿藏本、四合本及藏傳本皆作「sure」。其他與「智慧」相關的滿文尚有「mergen」，漢文「智」，指「聰明敏捷的人」；「eluri」，漢文「聰慧」，專指「與年紀不相稱，知道、懂得，且身子強壯的男子們」；「sektu」指「伶俐的男子們」或「內心明白的人」；「nergi」用於讚美「靈透英俊的人」，[19]皆用以形容人物的特質，與「般若」原意不同，故滿文用「sure」表達「明見一切事物及道理之高深智慧」。

17 《佛光大辭典》，s.v.「般若」，2：4301-4302。

18 （清）傅恆等奉敕撰，《御製增訂清文鑑》，s.vv.「聰明」，11：51a；「穎悟」，11：52b。

19 （清）傅恆等奉敕撰，《御製增訂清文鑑》，svv.「智」，11：51a；「聰慧」，10：34b；「靈透」，10：35b、11：56a；「伶透」，11：55a。

	波羅蜜	pāramitā	〔無〕		
3.	 cargi dalin de akūnaha	 cargi dalin de akūnaha	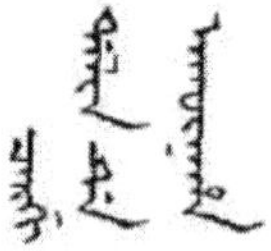 cargi dalin de akūnaha	〔無〕	cargi dalin de akūnaha

經文詞彙備註 3 波羅蜜

「波羅蜜」，梵文「pāramitā」，意「自生死迷界之此岸而至涅槃解脫之彼岸」，漢文意譯作「到彼岸、度無極、度、事究竟」，常指「菩薩之修行」，即「菩薩之大行能究竟一切自行化他之事，故稱事究竟；乘此大行能由生死之此岸到達涅槃之彼岸，故稱到彼岸；此大行能度諸法之廣遠，故稱度無極」，除「到達彼岸」外，還有「終了、圓滿」等義，[20]英文多採此義，如前言所引將「prajñāpāramitā」譯作「perfection of wisdom」。滿文譯本在經題部分主要採「到彼岸」解，並意譯作「cargi dalin de akūnaha」，其中「akūnambi」採完整體，表示動作完了，[21]即「已到了河彼岸」之意。

20 《佛光大辭典》，s.v.「波羅蜜」，2：3445-3447。

21 （清）萬福編著，〈整理說明〉，《重刻清文虛字指南編》，1：11。

	肉團心	hṛdaya	心	hṛdayam	 niyaman
4.	 niyaman	 niyaman	 niyaman	〔無〕	niyaman

經文詞彙備註 4 肉團心　《佛光大辭典》「心」有二義：(1) 梵文分別作「citta」，漢文又音譯作「質多」，「指執取具有思量（緣慮）之作用者」，如經文「心無罣礙」之「心」(詳見經文詞彙備註 81)；（2）「hrd」或「hrdaya」，音譯作「汗栗馱」，意譯作「肉團心」，「即凡夫肉身五臟中之心臟」，其「原語乃具有心、精神、心臟等義之中性名詞」，而「般若心經所說之『心』即意謂般若皆空之心髓精要」，[22]據福井文雅研究也有「咒文」之義(參見滿藏本備註 1)。《五譯合璧集要》「身體名」類下之「心」詞條，梵文作「hṛdayam」，[23]可能是採藏文拼寫或本身詞性變化之故，滿文譯本皆作「niyaman」，即為「心臟」之意。

22 《佛光大辭典》，s.vv.「心」，1：1395-1396；「質多」，3：6184；「汗栗馱」，2：2471-2472；「肉團心」，2：2513。

23 *Pentaglot Dictionary of Buddhist Term: in Sanskrit, Tibetan, Manchurian, Mongolian, and Chinese*, s.v. "心," 328.

	經	sūtra	〔無〕		
5.	 nomun	 ging	 ging	〔無〕	nomun

經文詞彙備註 5 經　按《佛光大辭典》「經」，梵文「sūtra」詞義有三：(1) 原為婆羅門教之用語，後佛教用以稱釋尊所說教理而成之書，取其「連綴文義不散」之意；(2) 因其原意為「線」、「條」、「綖」等，故引申其義為「貫穿攝持」；(3) 除「貫穿」、「攝持」外，亦有「恆常」等義。而在佛教中，「經」又可依廣義及狹義論之：就廣義而言，凡「釋尊所說之一切教法均稱『經』」；而就其狹義又可指：(1) 經、律、論三藏中之經，一般又分成大乘經、小乘經二種；(2) 九部經、十二部經中之契經，即以散文記載佛陀直說之教法；(3) 泛指小乘三藏以外之大乘經。[24]滿文譯本或音譯作「ging」，或意譯作「nomun」，據《御製增訂清文鑑》「nomun」有「聖人所定，長遠遵照不能更換的書」之意（參見附錄四）。[25]

24 《佛光大辭典》，s.v.「經」，3：5548-5549。

25 （清）傅恆等奉敕撰，《御製增訂清文鑑》，s.v.「經」，7：25a。

	002 玄奘漢	〔無〕
	041 睿梵一	〔無〕
	042 睿梵二	〔無〕
	049 村略梵	〔無〕
經文分段 01-02.	119 雍序漢	（梵言：薄伽婆諦般若波羅蜜多吸哩達呀。華言：出有壞母智慧到彼岸心經。） 如是我聞：一時，薄伽梵在王舍城靈鷲山中，與大比丘眾、大菩薩眾俱。
	134 睿廣梵	Evaṃ mayā śrutam ekasmin samaye. Bhagavān Rājagṛhe viharati sma Gṛdhrakūṭa-parvate, mahatā bhikṣu-saṃghena sārdhaṃ mahatā ca bodhisattva- saṃghena.
	145 村廣梵	evaṃ mayā śrutam. ekasmin samaye bhagavān Rājagṛhe viharati sma Gṛdhrakūṭa parvate mahatā bhikṣusaṃghena sārdhaṃ mahatā ca bodhisattvasaṃghena.

6.	薄伽梵／婆伽婆／世尊	bhagavat	出有壞	bhagavān	ᡝᡨᡝᠮᡝ ᠶᠣᠩᡴᡳᠶᠠᡶᡳ ᠴᠣᠯᡤᠣᡵᠣᡴᠣ eteme yongkiyafi colgoroko

6.（續）	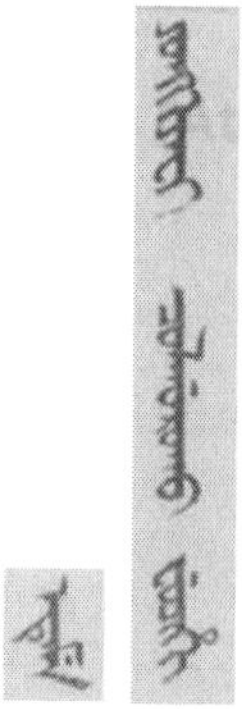 eteme yongkiyafi colgoroko fucihi	〔無〕	 bag'awadi  eteme yongkiyafi duleke fucihi	〔無〕	〔無〕

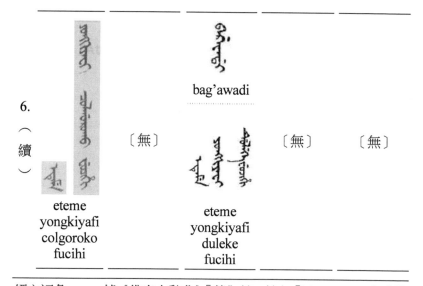

經文詞彙備註 6 薄伽梵

據《佛光大辭典》「薄伽梵」梵文「bhagavat」，為「佛陀十號之一」或「諸佛通號之一」，又作「婆伽婆、婆伽梵、婆誐嚩帝」，或意譯作「有德、能破、世尊、尊貴」，乃「有德而為世所尊重者」之意。而在印度亦用於「有德之神或聖者」之敬稱，在佛教中則為「佛」之尊稱，又因佛陀具「有德、能分別、受眾人尊敬、能破除煩惱」等眾德，故「薄伽梵」亦具「有德、巧分別、有名聲、能破」等四種意義」。[26]在上段滿文諸本經題比較分析也可見四合本譯作「薄伽婆諦」、「出有壞」等詞，其內涵已討論過，不再贅述。滿藏本備註 5 討論過因佛已征服、完全超越四魔，故滿文作「eteme yongkiyafi colgoroko fucihi」，再經題比較分析亦討論過四合本「eteme yongkiyafi duleke fucihi」雖用字不同，仍合其意。

26 《佛光大辭典》，s.vv.「薄伽梵」，3：6510-6511；「世尊」，1：1522；「婆伽婆」，2：4453-4454。

	王舍城	Rājagrha	〔無〕		
7.	 randzagirha hecen	〔無〕	 jandzagirha sere hecen	〔無〕	〔無〕

經文詞彙備註 7 王舍城　王舍城，梵文作「Rājagrha」，為「中印度摩羯陀國之都城」，「相傳佛陀入滅後第一次經典結集在此舉行」，[27]為佛教聖地之一。滿藏本音譯作「randzagirha hecen」，四合本則作「jandzagirha sere hecen」，意「叫做王舍的城」，使詞意更為清晰。

	靈鷲山	Grdhrakūta	〔無〕		
8.	 g'adarigut alin	〔無〕	 g'adarigut sere alin	〔無〕	〔無〕

經文詞彙備註 8 靈鷲山　靈鷲山，法成本作「鷲峰山」，梵文作「Grdhrakūta」，故又常音譯作「耆闍崛山」，此山「位於中印度摩揭陀國王舍城東北」，因「如來嘗講法華等大乘經於此」，而成為佛教勝地之一，其名由來一說是以山頂形狀類於鷲鳥而名，另一說是因山頂棲息眾多鷲鳥，故稱之。[28]滿藏本和四合本皆音譯作「g'adarigut」，滿藏本後加「alin」，意「山」，四合本則用「sere alin」，使詞意更為清楚。

27 《佛光大辭典》，s.v.「王舍城」，1：1510-1511。
28 《佛光大辭典》，s.vv.「靈鷲山」，3：6945-6946；「耆闍崛山」，2：4287-4288。

	比丘	bhiksu	〔無〕		
9.	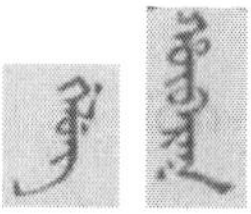 gelung hūbarak	〔無〕	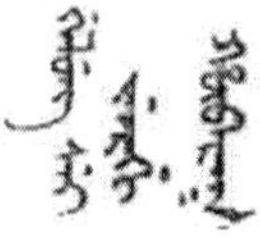 gelung sei jergi hūbarak	〔無〕	〔無〕

經文詞彙備註 9 比丘

「比丘」，梵文「bhiksu」，由「求乞（bhiks）」一詞而來，或作「bhinna-kleśa」解，有「破煩惱者之意」，指「出家得度，受具足戒之男子」，[29]滿藏本備註 6、滿藏本備註 7 及底本考察備註 4 已詳細討論過滿藏本「geren gelung hūbarak」及四合本「gelung sei jergi hūbarak」之意，若再就 Conze 及中村元的梵文本中「bhikṣu-saṃghena」及「bodhisattva-saṃghena」二詞來看，「saṃghena」之字根為「saṃgha」，有「群體」、「眾多」、「團體」、「共同體」、「集合」、「僧團」等意，[30]合於滿藏本繙譯考察結果。

29 《佛光大辭典》，s.v.「比丘」，1：1479-1480。

30 《梵漢大辭典》，s.v.「saṃ-gha」，2：1091。

	菩薩階位／ 大菩薩／ 菩薩 （菩提薩埵）	〔無〕 bodhi-sattva	菩薩 （菩薩通號名）	bodhisattvaḥ	 fusa
10.	 bodisado [hūbarak]	〔無〕	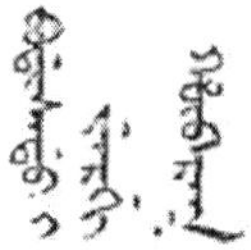 bodisado i jergi hūbarak	〔無〕	〔無〕

經文詞彙備註 10 菩薩

雍序漢「大菩薩眾」一詞，四合本作「bodisado i jergi hūbarak」，滿藏本作「bodisado [hūbarak]」，皆未譯出「大」之字義，據《佛光大辭典》「大菩薩」詞條說明，「大菩薩」可指「深行之菩薩」，或作為「菩薩之尊稱」，另外若相對於「小菩薩」者，即指「發自利利他之願心，實行佛道，於菩薩位中已達不退位」之菩薩，而「尚在退位者，則為小菩薩」。再「菩薩」一詞乃「菩提薩埵之略稱」，梵文「bodhi-sattva」，意為「求道求大覺之人、求道之大心人」，「菩提」有「覺、智、道」之意，「薩埵」乃「眾生、有情」之意。此外，《佛光大辭典》就「菩薩階位」一詞亦有解釋，乃「指菩薩自初發菩提心，累積修行之功德，以至達於佛果，其間所歷經之各階位；通常以『位』或『心』稱之，如十信位（又稱十信心）、十迴向位（又稱十迴向心）等，均為菩薩階位之名稱。然有關菩薩階位之位次、名義，諸經論所說不一」，[31]或可作為支持本書將滿藏本及四合本「hūbarak」譯作「階位」之論據之一。再看《五譯合璧集要》滿文按漢文「菩薩」音譯作「fusa」，[32]與滿藏本和四合本音譯自梵文不同。

31 《佛光大辭典》，s.vv.「大菩薩」，1：865；「菩薩」，3：5209-5211；「菩薩階位」，3：5221-5225。

32 *Pentaglot Dictionary of Buddhist Term: in Sanskrit, Tibetan, Manchurian, Mongolian, and Chinese*, s.v. "菩薩," 86.

經文分段 01-04.	002 玄奘漢	〔無〕
	041 睿梵一	〔無〕
	042 睿梵二	〔無〕
	049 村略梵	〔無〕
	119 雍序漢	爾時，薄伽梵入觀照深妙法品三昧。
	134 睿廣梵	tena khalu punaḥ samayena Bhagavān gambhīra-avabhāsaṃ nāma dharmaparyāyaṃ bhāṣitvā samādhiṃ samāpannaḥ.
	145 村廣梵	tena khalu samayena bhagavān Gaṃbhīravasaṃbodhaṃ nāma samādhiṃ samāpannaḥ.

11.	三摩地／三昧	samādhi	〔無〕		
	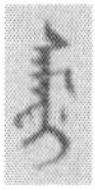 samadi	〔無〕	 can	〔無〕	〔無〕

經文詞彙備註 11 三摩地

「三摩地」，或作「三昧」，梵文「samādhi」有「遠離惛沈掉舉，心專住一境之精神作用」之意，即「將心定於一處（或一境）的一種安定狀態」。[33]雍序漢作「入觀照深妙法品三昧」，其四合本滿文作「šumin narhūn be tuwara ging ni hacin sere can de necin i tembihe」，意「以平和坐於叫做看深妙的經之類的禪」，其中「三昧」音譯作「can」，林士鉉已在文中討論過，乃出於四合本之蒙文部分「diyan」，音譯自梵文「dhyāna」，詳見其文。[34]《佛

33 《佛光大辭典》，s.vv.「三摩地」，1：670-671；「三昧」，1：580-582。
34 林士鉉，〈清代滿文譯本《般若波羅密多心經》初探〉，545-546。

經文詞彙備註 11 三摩地（續）	光大辭典》解釋「禪」有「寂靜審慮之意」，即「將心專注於某一對象，極寂靜以詳密思惟之定慧均等之狀態」，[35]可知「三昧」與「禪」二詞在定義上有相通之處。 再「深妙」譯作「šumin narhūn」已在滿藏本備註 9、法圖本備註 13、底本考察備註 6 討論過，可參照；四合本將「深妙法」之「法」作「ging」，此處「ging」並非經題之「經」字音譯，而是指「法」，關於「經」與「法」的滿文用字，林士鉉已詳細考察過，認為應是受到蒙古習慣影響，詳見其文。[36] 「觀照深妙法品」四合本譯作「šumin narhūn be tuwara ging ni hacin」，「品」滿文作「hacin」，有「（事物的）種類、門類」之意，[37]可知「觀照深妙法」是「法」的一種「品類」，即為「禪」。而滿藏本則譯作「šumin narhūn be genggiyelembi sere samadi de cib seme dosimbihebi」，意「已悄然進入了叫做明深妙的三摩地」，雖未緊扣漢文詞意，但更易於理解文句內涵。

35 《佛光大辭典》，s.v.「禪」，3：6451-6453。

36 林士鉉，〈清代滿文譯本《般若波羅密多心經》初探〉，546-548。

37 《新滿漢大詞典》，第 2 版，s.v.「hachin」，603。

經文分段02.	002 玄奘漢	觀自在菩薩
	041 睿梵一	Ārya-Avalokiteśvaro bodhisattvo
	042 睿梵二	Ārya-avalokiteśvaro bodhisattvo
	049 村略梵	āryāvalokiteśvaro bodhisattvo
	119 雍序漢	是時復有觀自在菩薩摩訶薩，
	134 睿廣梵	tena ca samayena Ārya-avalokiteśavaro bodhisattvo mahāsattvo
	145 村廣梵	tena ca samayenāryāvalokiteśavaro bodhisattvo mahāsattvo

12. 觀世音菩薩 Avalokiteśvara	觀世音（各菩薩名）	avalokiteśvaraḥ	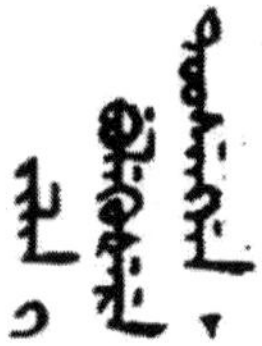 jilan i bulekušere toosengga
	權衡（菩薩通號名）	īśvaraḥ	 toosengga

12.（續）	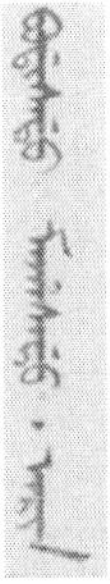  bodisado mahasado arya awalogida šori	 ini cisui uthai sabure pusa  arya awalogida šori  guwan ši yen	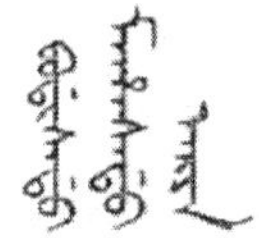 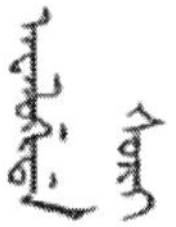 bodisado mahasado arya awalogida šori	〔無〕	jilan i bulekušere toosengga fusa

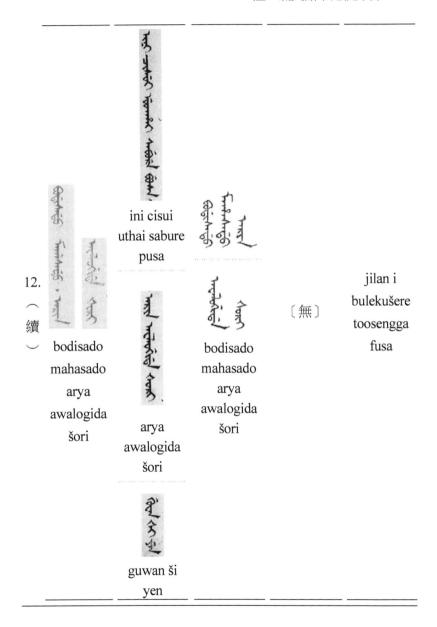

經文詞彙備註 12 觀世音菩薩

林士鉉所轉寫之三合本未譯出「觀自在菩薩」一句，因未能取得原本，故不知是錯漏，亦或是原版本遺缺，特此說明。[38]

滿藏本備註 10 討論過「觀世音菩薩」與「觀自在菩薩」皆指 Avalokiteśvara，惟在強調「大悲」時主要使用「觀世音」，而要強調其「智慧」時，則使用「觀自在」，因《心經》討論的是般若智慧，故譯作「觀自在」較符合經文內涵。

若再就梵文字源及文法來看，「聖觀音」及「聖觀自在」的梵文寫法和字源不同，按林光明研究，「聖觀音」梵文組成為「(Āryā)(聖)+(a)(valokita)(觀、見、觀察)+(svara)(聲音)」，其中因「valokita」中的「loka」有「世界」之意，故漢譯多作「觀世音」，然林光明認為就梵文組成而言，譯作「觀音」較佳；「聖觀自在」的梵文組成是「(Āryā)(聖)+(avalokita)(觀)+(īśvara)(自在)」，因「ārya」字尾「a」與「avalokita」字首「a」連音而成長音「ā」，及「avalokita」字尾「a」與「īśvara」字首「ī」連音變化為「e」，而為「Āryāvalokiteśvara」，再者「īśvara」有「統治者」、「控制者」之意，引申為「獨立」、「自主」、「自在」、「不受人控制」等意，故譯作「聖觀自在」。[39]

此外，對於「觀自在菩薩」一詞的解讀有二說：一為專指「補怛落迦的觀自在菩薩」；另一說認為「凡是能觀察真理獲得痛苦解脫者，都名觀自在菩薩」，印順法師認為《心經》之「觀自在菩薩」是指後者。[40]查《佛光大辭典》「補怛落迦」應指「補陀洛山」，音譯自梵文「Potalaka」、「Potala」或「Potaraka」，此山「位於印度南海岸，傳為觀世音菩薩之住處。即在南印度秣羅矩吒國秣剌耶山（梵 Malaya）之東，中有觀世音菩薩往來之石天宮。」[41]

38 林士鉉，〈清代滿文譯本《般若波羅密多心經》初探〉，531。
39 林光明，《梵藏心經自學修訂版》，54-55。
40 印順法師，〈般若波羅蜜多心經講記〉，170-171。
41 《佛光大辭典》，s.v.「補陀洛山」，3：5270。

經文詞彙備註 12（續）

在滿文譯本繙譯「觀自在菩薩」或「觀自在菩薩摩訶薩」時，林光明的梵文分析與印順法師的論點提供了更多考察的線索。在滿藏本及四合本中，「觀自在菩薩摩訶薩」依梵文音譯作「bodisado mahasado arya awalogida šori」，將「awalogida」及「šori」分寫，合於林光明所分析梵文「聖觀音」的論點；另一方面，因採音譯，無法進一步考察此「聖觀音」是否專指住在補陀洛山的觀世音。

法圖本將「觀自在菩薩」譯作「ini cisui uthai sabure pusa」，意「自然即見的菩薩」（參見法圖本備註 6），此處「pusa」雖為漢文音譯，卻與《御製增訂清文鑑》「fusa」拼寫法不同（可參見附錄四），[42]再根據法圖本註演解釋其義為「不用心眼而普照一切，如日如鏡，曰觀自在」，接近印順法師第二說，即「凡是能觀察真理獲得痛苦解脫者」，皆可謂觀自在菩薩。其後註演說明其梵文為「arya awalogida šori」，合於林光明之梵文分析，漢文作「觀世音」，又與經文作「觀自在菩薩」不同。

藏傳本則將「觀自在菩薩」譯作「jilan i bulekušere toosengga fusa」，意為「以慈愛洞鑑的權力者菩薩」，王敵非並未進一步解析滿文繙譯的緣由，[43]然若考量「菩薩」本義為「覺有情」（參見滿藏本備註 10），可將「jilan」理解作「有情」，「bulekušere」作「覺」解，則藏傳本「jilan i bulekušere」即指「菩薩」，其後又接「toosengga」一詞，意「有權的」、「有權勢的」，[44]觀自在菩薩與「權勢」之間有何關係？在《五譯合璧集要》「菩薩通號名」下有「權衡」詞條，滿文作「toosengga」，梵文作「īśvaraḥ」，[45]據前引林光明研究可知其本意為「統治者」、「控制者」，引申為「獨立」、「自主」、「自在」、「不受人控制」等意，可知「toosengga」即指「自在」，綜上藏傳本「jilan i bulekušere toosengga」

42 （清）傅恆等奉敕撰，《御製增訂清文鑑》，s.v.「菩薩」，19：4b。

43 王敵非，〈滿譯藏傳《般若波羅蜜多心經》研究〉，112。

44 《滿漢大辭典》，s.v.「toosengga」612。

45 *Pentaglot Dictionary of Buddhist Term: in Sanskrit, Tibetan, Manchurian, Mongolian, and Chinese*, s.v. "權衡," 90.

經文詞彙備註 12（續）

漢文意為「覺有情自在」或「菩薩自在」，其後加上「fusa」一字應作為同位語，與前述「王舍城」作「randzagirha hecen」、「靈鷲山」作「g'adariguan alin」相類。此外，更值得注意的是「toosengga」歸類在「菩薩通號名」下，近於印順法師觀點，即「īśvaraḥ」非指「補怛落迦的觀自在菩薩」。

然再查《五譯合璧集要》「各菩薩名」下有「觀世音」一詞，其滿文作「jilan i bulekušere toosengga」，[46]即與藏傳本滿文相合，惟其後無「fusa」一詞，然因歸類在「各菩薩名」中，可知「jilan i bulekušere toosengga」專指住在補陀洛山的觀世音。根據上述滿文繙譯考察，可以看出清朝各家譯者對於《心經》「觀自在菩薩」一詞的解讀不盡相同。

另一個值得關注的詞彙是《五譯合璧集要》「人類名」一類下「家主」一詞，其梵文作「āryaḥ」，滿文「booi ejen」，[47]與滿藏本備註 10 中討論過的「arya」作「聖」解不同。據《佛光大辭典》「ārya」原指「西元前 13 世紀末，自西北印度入侵，占據五河地方之白種人自稱為雅利安（梵 Ārya）」，在其所建立的社會階級制度中，為最高階級的「婆羅門（梵 brāhmana，司祭者）」，是以「此種『聖』之觀念乃與特權階級相結合」；而在佛教界，因「釋尊主張打破四姓階級。無論任何階級，一旦加入教團，皆成為平等之釋子；且不以家世、身分、財產為聖，而以正道為聖。探求正道，或實踐正道者，皆稱為聖」，故「證得聖智，而在見道位以上之人」、「佛、菩薩及權化之人」、「高僧或碩德」等人物都可以稱為「聖」或「聖人」。[48]據此，《五譯合璧集要》將「āryaḥ」譯作「家主」應取自「ārya」原意，即此人為家中之「最高階級」者，與佛教語境中的「聖」、「聖人」詞義大不相同。

46 *Pentaglot Dictionary of Buddhist Term: in Sanskrit, Tibetan, Manchurian, Mongolian, and Chinese*, s.v. "觀世音," 92.

47 *Pentaglot Dictionary of Buddhist Term: in Sanskrit, Tibetan, Manchurian, Mongolian, and Chinese*, s.v. "家主," 292.

48 《佛光大辭典》，s.vv.「聖」，3：5576-5577；「聖人」，3：5577。

12-(1).	摩訶薩埵	mahāsattva	摩訶薩	mahāsattvaḥ	 amba fusa
	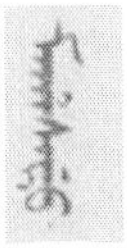 mahasado	〔無〕	 mahasado	〔無〕	〔無〕

經文詞彙備註 13 摩訶薩埵

據《佛光大辭典》「摩訶薩埵」詞條，其梵文作「mahāsattva」，為「菩薩或大士之通稱」其中「mahā」意「大」，「sattva」乃「有情、眾生」之意，故「摩訶薩埵」即謂「大有情、大眾生」，因「此大眾生係願大、行大、度眾生大，於世間諸眾生中為最上，不退其大心，故稱摩訶薩埵」，特指「求無上菩提之大乘修行者」；另「為釋尊於因位修菩薩行時之名」。[49]滿藏本及四合本皆採音譯，而《五譯合璧集要》則作「amba fusa」，[50]似將「mahā」譯作「amba」，「sattva」譯作「fusa」，經文詞彙備註 10 已討論過「fusa」為「菩薩」之音譯，與「sattva」涵義不同。此外滿藏本及四合本「bodisado mahasado arya awalogida šori」將「bodisado mahasado」置於「arya awalogida šori」之前，與 Conze 及中村元梵文本語序不同。

49 《佛光大辭典》，s.vv.「摩訶薩埵」，3：6084-6085；「菩薩」，3：5209-5211。

50 *Pentaglot Dictionary of Buddhist Term: in Sanskrit, Tibetan, Manchurian, Mongolian, and Chinese*, s.v. “摩訶薩,” 87.

經文分段 03.	002 玄奘漢	行深般若波羅蜜多時，
	041 睿梵一	gambhīrāṁ prajñāpāramitā-caryāṁ caramāṇo
	042 睿梵二	gambhīrāṃ prajñāpāramitācaryāṃ caramāṇo
	049 村略梵	gaṃbhīrāyāṃ prajñāpāramitāyāṃ caryāṃ caramāṇo
	119 雍序漢	觀般若波羅蜜多深妙行，
	134 睿廣梵	gambhīrāyāṃ prajñāpāramitāyāṃ caryāṃ caramāṇa evaṃ
	145 村廣梵	gaṃbhīrāyāṃ prajñāpāramitāyāṃ caryāṃ caramāṇa

13.	六度／六波羅蜜	sad-pāramitā ／ sat-pāramitā	十波羅密名	[daśa pāramitāḥ]	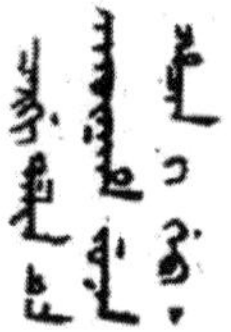 cargi dalin de akūnaha juwan hacin i gebu
	〔無〕	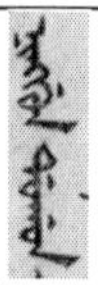 ninggun dogon	〔無〕	〔無〕	〔無〕

經文詞彙備註 14 六波羅蜜	在滿藏本備註 1、滿藏本備註 11 以及滿文諸本經題、經文詞彙備註 2、經文詞彙備註 3 等多處已討論過「般若波羅蜜」的音譯、意譯及其內涵，並在法圖本備註 3 探討過註演「六度」的詞義及滿文繙譯。「六度」《佛光大辭典》中作「六波羅蜜」，梵文「sad-pāramitā」或作「sat-pāramitā」，常譯作「六度、六度無極、六到彼岸」，指「大乘佛教中菩薩欲成佛道所實踐之六種德目」。[51]《五譯合璧集要》無「六波羅蜜」類別，但有「十波羅密名」，且滿文採意譯，[52]有助於理解內涵。按「十波羅蜜」，梵文「daśa-pāramitā」，指「菩薩到達大涅槃所必備之十種勝行」，即「六波羅蜜」再加「方便、願、力、智之四波羅蜜」。[53]

51 《佛光大辭典》，s.v.「六波羅蜜」，1：1273-1274。

52 *Pentaglot Dictionary of Buddhist Term: in Sanskrit, Tibetan, Manchurian, Mongolian, and Chinese*, s.v. "十波羅密名," 110.

53 《佛光大辭典》，s.v.「十波羅蜜」，1：449-451。

13-(1).	施波羅蜜／布施波羅蜜	dāna-pāramitā	布施	dānapāramitā	 fulehun baramit
	〔無〕	 šeleme bure	〔無〕	〔無〕	〔無〕

經文詞彙備註 15 布施

「布施波羅蜜」或「施波羅蜜」，梵文作「dāna-pāramitā」，《佛光大辭典》解釋「施有財施、法施、無畏施等三種，能對治慳吝，除滅貧窮。財施者，施財貨予他人；法施者，為他人說法教化；無畏施者，令他人安心，使不怖畏。」[54]法圖本註演將「布施」譯作「šeleme bure」，意「捨與的」；《御製增訂清文鑑》「布施」作「fulehu」，意「捨與錢銀等物給和尚、道士，謂布施」（參見附錄四），[55]僅包含「財施」一種；《五譯合璧集要》「布施」滿文作「fulehun baramit」，[56]漢文省略「波羅蜜」一詞，滿文採梵文音譯。

54 《佛光大辭典》，s.v.「施波羅蜜」，2：3829。

55 （清）傅恆等奉敕撰，《御製增訂清文鑑》，s.v.「布施」，19：9a。

56 *Pentaglot Dictionary of Buddhist Term: in Sanskrit, Tibetan, Manchurian, Mongolian, and Chinese*, s.v. "布施," 110.

13-(2).	持戒波羅蜜	śīla-pāramitā	持戒	śīlapāramitā	 targacun baramit
	〔無〕	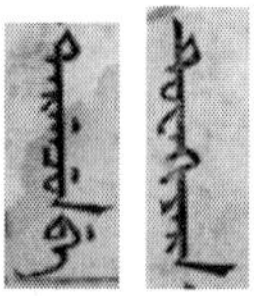 targacun be tuwakiyara	〔無〕	〔無〕	〔無〕

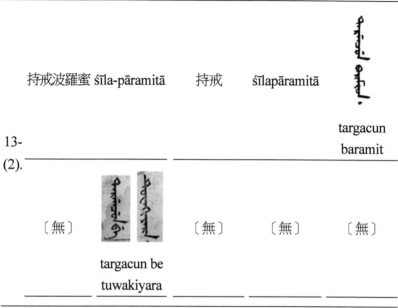

經文詞彙備註 16 持戒　「持戒波羅蜜」，梵文「śīla-pāramitā」，意「持守戒律，並常自省，能對治惡業，使身心清涼」，[57]法圖本註演「持戒」作「targacun be tuwakiyara」，意「守戒的」；《五譯合璧集要》「持戒」作「targacun baramit」，[58]意「戒波羅蜜」，未譯出「持守」之意。

57 《佛光大辭典》，s.v.「六波羅蜜」，1：1273-1274。

58 *Pentaglot Dictionary of Buddhist Term: in Sanskrit, Tibetan, Manchurian, Mongolian, and Chinese*, s.v. "持戒," 111.

13-(3).	忍辱波羅蜜	ksānti-pāramitā	忍辱	kṣāntipāramitā	 kiricun baramit
	〔無〕	 girucun be kirire	〔無〕	〔無〕	〔無〕

經文詞彙備註 17 忍辱

「忍辱波羅蜜」，梵文「ksānti-pāramitā」，即「忍耐迫害，能對治瞋恚，使心安住」之意，[59]法圖本註演「忍辱」作「girucun be kirire」，意「忍耐羞辱的」；《五譯合璧集要》「忍辱」則作「kiricun baramit」，[60]意「忍耐波羅蜜」，未譯出「辱」之意。

59 《佛光大辭典》，s.v.「六波羅蜜」，1273。

60 *Pentaglot Dictionary of Buddhist Term: in Sanskrit, Tibetan, Manchurian, Mongolian, and Chinese*, s.v. "忍辱," 111.

13-(4).	精進波羅蜜	vīrya-pāramitā	精進	vīryapāramitā	 kicen baramit
	〔無〕	 kiceme dosire	〔無〕	〔無〕	〔無〕

經文詞彙備註 18 精進　「精進波羅蜜」梵文「vīrya-pāramitā」，謂「實踐其他五德目時，上進不懈，不屈不撓，能對治懈怠，生長善法」，[61] 法圖本註演將「精進」譯作「kiceme dosire」，意「勤進的」；《五譯合璧集要》則作「kicen baramit」[62]，意「功夫波羅蜜」，未譯出「進」之意。

61 《佛光大辭典》，s.v.「六波羅蜜」，1：1273-1274。

62 *Pentaglot Dictionary of Buddhist Term: in Sanskrit, Tibetan, Manchurian, Mongolian, and Chinese*, s.v. "精進," 111.

	禪定波羅蜜	dhyāna-pāramitā	禪定	dhyānapāramitā	 samadi baramit
13-(5).	〔無〕	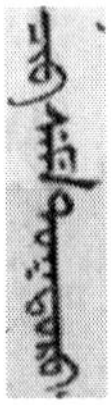 cib seme toktoro	〔無〕	〔無〕	〔無〕

經文詞彙備註 19 禪定　「禪定波羅蜜」梵文「dhyāna-pāramitā」，意「修習禪定，能對治亂意，使心安定」，[63]法圖本註演作「cib seme toktoro」，意「靜定的」；《御製增訂清文鑑》「禪定」作「samadi de toktombi」，意「和尚們坐禪後，意、心悄然為淨者」（參見附錄四），[64]將「禪」譯作「samadi」，經文詞彙備註 11 討論過的「三摩地」與「禪」的繙譯問題；《五譯合璧集要》作「samadi baramit」，[65]意「三摩地波羅蜜」，未譯出「定」之意。在檢視了多種滿文繙譯後，「三摩地」及「禪」二詞的繙譯似乎不完全貼合原梵文「samādhi」及「dhyāna」，似乎因詞意中皆有專注、安定等狀態之意而有混用的情況，宜收集更多的佛教經典詞彙等語料，更進一步考察。

63 《佛光大辭典》，s.v.「六波羅蜜」，1：1273-1274。
64 （清）傅恆等奉敕撰，《御製增訂清文鑑》，s.v.「禪定」，19：8a。
65 *Pentaglot Dictionary of Buddhist Term: in Sanskrit, Tibetan, Manchurian, Mongolian, and Chinese*, s.v. "禪定," 112.

	般若波羅蜜／智慧波羅蜜	prajñā-pāramitā	智慧	prajñāpāramitā	 sure baramit
13-(6).	 barandza baramida	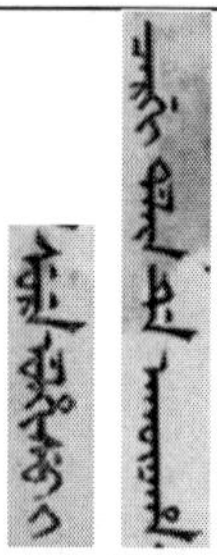 sure ulhisu i cargi dalin de akūnaha  sure ulhisu	 barandza baramida	barandza baramida	sure baramit

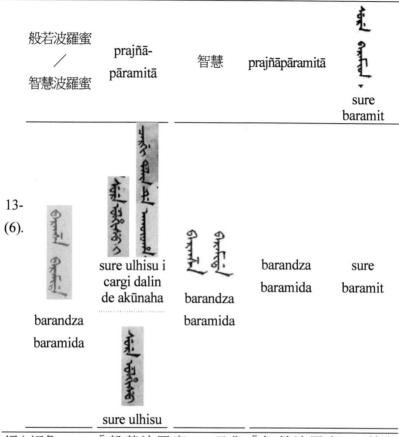

經文詞彙備註 20 智慧　「般若波羅蜜」，又作「智慧波羅蜜」，梵文「prajñā-pāramitā」，意「能對治愚癡，開真實之智慧，即可把握生命之真諦」，乃「六波羅蜜之根本，一切善法之淵源，故又稱諸佛之母」，要特別注意「般若波羅蜜」與「智波羅蜜」的區別，「智波羅蜜」梵文作「jñāna-pāramitā」，意「如實知一切法之智」，為「十波羅蜜」之一。[66]

66 《佛光大辭典》，s.vv.「六波羅蜜」，1：1273-1274；「般若波羅蜜」，2：4304；「智波羅蜜」，3：5022；「十波羅蜜」，1：449-451。

經文詞彙備註 20 智慧（續）

滿文譯本經題的繙譯主要採意譯，已於前段討論過，而經文中的「prajñāpāramitā」則主要採音譯，如已討論過的滿藏本，以及可能同源的四合本，另外還有三合本皆音譯作「barandza baramida」；法圖本仍採意譯，基本上與經題相同；藏傳本則兼採意譯及音譯作「sure baramit」，意為「智慧波羅蜜」，惟「pāramitā」的滿文音譯其他譯本不同。此外，在法圖本註演中第六度名為「智慧」，而不作「般若」，滿文作「sure ulhisu」，意「聰明穎悟」；《五譯合璧集要》漢文亦作「智慧」，滿文作「sure baramit」，[67]其中梵文「pāramitā」的滿文譯法與藏傳本相同，應進一步考察藏傳本滿文繙譯是否參考《五譯合璧集要》。

67 *Pentaglot Dictionary of Buddhist Term: in Sanskrit, Tibetan, Manchurian, Mongolian, and Chinese*, s.v. "智慧," 112.

	〔深妙行〕		〔無〕		
14.	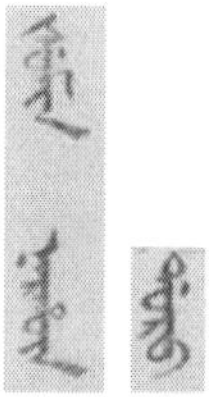 šumin narhūn doro （深妙行）	 šumin yabun （深行）  narhūn yabun （妙行）	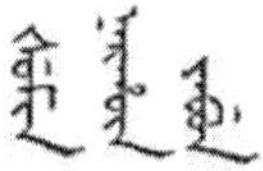 šumin narhūn yabun （深妙行）	〔無〕	〔無〕

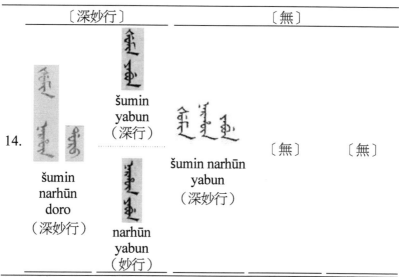

經文詞彙備註 21 深妙行

在滿藏本備註 11、滿藏本備註 22、滿藏本備註 23、法圖本備註 9、底本考察備註 8、底本考察備註 13、底本考察備註 15、底本考察備註 48 等多處討論過「深般若」、「甚深般若」、「深妙行」、「深妙」等詞彙的涵義，及漢、滿譯本的繙譯問題，如漢文「妙」字，滿文譯作「narhūn」，若按《佛光大辭典》「妙」之梵文作「sat」、「su」或「mañju」，常意譯作「不可思議、絕待、不能比較者」，[68]其梵文未見於梵文諸本中，然漢文詞意合於前述考察，滿文繙譯緣由應再考察包含藏、蒙語文在內的其他文本。另外，在法圖本備註 17 討論過「doro」與漢文關於「法」、「道」、「德」等字的對譯問題，此處再討論滿藏本中「šumin narhūn doro」之「doro」與「深妙行」之「行」的繙譯問題。查《佛光大辭典》中「行」可對應到三梵文：（1）梵文「sajskāra」，即五蘊中之「行蘊」；（2）梵文「caryā」或「carita」，有「動作、行為」之意，或指「為到達悟境所作之修行或行法」；（3）梵文「gamana」，即「進行、步行」。本段所參考的 Conze 及中村元梵文諸本皆作「caryāṃ」，與梵文「caryā」字根相合，故知若採「動作、行為」解，則滿文譯作「yabun」；若採「行法」解，則滿文「doro」合於語意。

68 《佛光大辭典》，s.v.「妙」，2：2842-2843。

經文分段 04.	002 玄奘漢	照見五蘊皆空，
	041 睿梵一	vyavalokayati sma: pañca-skandhās tāṁś ca svabhāvaśūnyān paśyati sma.
	042 睿梵二	vyavalokayati sma: pañca-skandhās tāṃś ca svabhāva-śūnyān paśyati sma.
	049 村略梵	vyavalokayati sma: pañca skaddhās, tāṃś ca svabhāva-śūnyān paśyati sma.
	119 雍序漢	照見五蘊皆自性空。
	134 睿廣梵	vyavalokayati sma: pañca-skandhās tāṃś ca svabhāva-śūnyān vyavalokayati.
	145 村廣梵	evaṃ vyavalokayati sma. paṃca skaṃdhās tāṃś ca svabhāvaśūnyān vyavalokayati.

15.	五蘊	pañca-skandha	五蘊名	pañca skandhāḥ	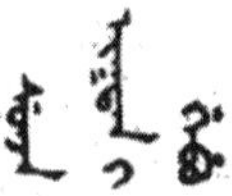 sunja iktan i gebu
	 sunja iktan	 sunja falin	 sunja falin	sunja iktan	sunja iktan

經文詞彙備註 22 五蘊	滿藏本備註 14、滿藏本備註 28、滿藏本備註 29 及法圖本備註 19 皆討論過「五蘊」的涵義，再看《佛光大辭典》中「五蘊」的解釋，其梵文作「pañca-skandha」，指「類聚一切有為法之五種類別」;「蘊」，有「積聚」、「類別」之意，即「許多物事聚集一起」，[69]滿藏本、三合本、藏傳本皆譯作「iktan」，《御製增訂清文鑑》解釋「iktan」用於指稱「積聚之物很多了」的時候（參見附錄四），[70]法圖本和四合本則作「falin」，有「結交」之意，[71]未能展現「蘊」的涵義。《五譯合璧集要》中有「五蘊名」一類，滿文作「sunja iktan i gebu」，「蘊」字亦作「iktan」。

69 《佛光大辭典》，s.vv.「五蘊」，1：1212-1213；「蘊」，3：6790-6791。

70 （清）傅恆等奉敕撰，《御製增訂清文鑑》，s.v.「積下的」，21：55a。

71 《新滿漢大詞典》，第 2 版，s.v.「falin」，416。

15-(1).	色／色蘊	rūpa／rūpa-skandha	色蘊	rūpaskandhaḥ	 dursun i iktan
	 dursun	 boco	 boco	dursun	dursun

經文詞彙備註 23 色蘊

「色蘊」，梵文「rūpa-skandha」，「色」的梵文為「rūpa」，由「rūp（造形）之動詞語根變化而來，故含有『有形狀』之意」；或說是從「rū（壞）之動詞語根轉變而來，有變壞、變化之意」。廣義之「色」，指「物質存在之總稱」，即為「色蘊」；狹義之「色」，專指「眼根所取之境」，即法圖本備註 27「六塵」中之「色」。[72]滿藏本、三合本、藏傳本皆作「dursun」，按《御製增訂清文鑑》解釋為「生的相」，即長相、模樣之意（參見附錄四），合於「存在的物質」之意；法圖本及四合本譯作「boco」，「顏色」意，[73]應譯自漢文「色」字義，而未能表達原「rūpa」內涵。《五譯合璧集要》也作「dursun i iktan」，梵文作「rūpaskandhaḥ」。[74]

72 《佛光大辭典》，s.vv.「色蘊」，2：2549-2550；「色」，2：2541-2542。

73 （清）傅恆等奉敕撰，《御製增訂清文鑑》，s.vv.「體」，11：5a；「顏色」，11：21a、23：37a。

74 *Pentaglot Dictionary of Buddhist Term: in Sanskrit, Tibetan, Manchurian, Mongolian, and Chinese*, s.v. "色蘊," 188.

	受／受蘊	vedanā／vedanā-skandhāh	受蘊	vedanāskandhaḥ	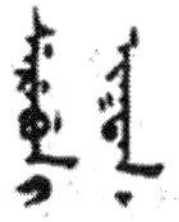 serebun i iktan
15-(2).	 serere 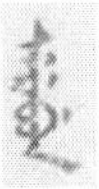 serebun	 alire	 serere	serere	serebun

經文詞彙備註 24 受蘊　「受蘊」，梵文「vedanā-skandha」，「受」也有二義：(1) 可指「受蘊」，指「苦、樂、捨等『受』及眼觸等所生之諸種感受之積聚」，也就是「肉體之感受與精神之知覺等的感受作用」，換言之，「受」有「領納之意」，即「領納違、順、俱非等之觸，及外界之對象，以此而感受苦、樂等感覺之精神作用」；(2) 或可指「十二因緣」中之「受支」。[75]滿藏本、四合本、三合本皆作「serere」，為「serembi」的未完成體，有「預先曉得」之意，滿藏本另作「serebun」，藏傳本同，意「預前知曉」，應取自「感受」意；法圖本則作「alire」，字根「alimbi」，「自身為首辦理事項」之意，取「領納」意（參見附錄（四））。[76]《五譯合璧集要》作「serebun i iktan」，亦取「感受」意。[77]

75 《佛光大辭典》，s.vv.「受蘊」，2：3110；「受」，2：3096-3098。

76 （清）傅恆等奉敕撰，《御製增訂清文鑑》，s.vv.「知覺」，12：34a；「覺」，12：33b-34a；「承當」，5：32b-33a。

77 *Pentaglot Dictionary of Buddhist Term: in Sanskrit, Tibetan, Manchurian, Mongolian, and Chinese*, s.v. "受蘊," 188.

	想／想蘊	sajjñā／sajjñā-skandha	想蘊	saṃjñāskandhaḥ	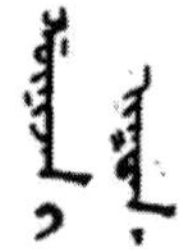 gūnijan i iktan
15-(3).	 gūnire  gūnijan	 gūnire	 gūnire	gūnire	gūnijan

經文詞彙備註 25 想蘊

「想蘊」，梵文「sajjñā-skandha」，「想」的梵文「sajjñā」是「動詞 jñā（知）與接頭語 saj（一切）連結而成，相當於現代語中『概念』一詞」，是「指對境之像，於心中浮現之精神作用而言」，即「人有想像事物善惡邪正，或想像眼、耳、鼻、舌、身、觸之種種『情想』」，積聚這些「情想」，即為「想蘊」。[78]除藏傳本外，其他滿文譯本皆作「gūnire」，為「gūnimbi」的未完成體，有「思慮、籌畫、追問、想念」之意，滿藏本另作「gūnijan」，藏傳本同，意「指望思想者」（參見附錄四），[79]皆合於「想」之涵義，僅《五譯合璧集要》作「gūnijan i iktan」，譯出「蘊」之「積聚」意。[80]

78 《佛光大辭典》，s.vv.「想蘊」，3：5452；「想」，3：5451。
79 （清）傅恆等奉敕撰，《御製增訂清文鑑》，s.vv.「思想」，11：25a；「想」，11：25a。
80 *Pentaglot Dictionary of Buddhist Term: in Sanskrit, Tibetan, Manchurian, Mongolian, and Chinese*, s.v. "想蘊," 189.

	行／ 行蘊	sajskāra／ sajskāra- skandha	行蘊	saṃskāraskandhaḥ	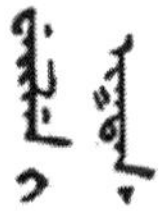 weilen i iktan
15- (4).	 weilere  weilen	 yabure	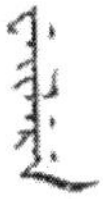 weilere	weilere	weilen

經文詞彙備註 26 行蘊

「行蘊」，梵文「sajskāra-skandha」，「行」，與經文詞彙備註 21「深妙行」之「行」不同義，「行蘊」之「行」有二義：原為「造作」之意，指「人的一切身心活動」，即「十二因緣」中的「行支」；後轉為「遷流變化」之意，即「行蘊」。[81]滿藏本、四合本、三合本皆作「weilere」，字根「weilembi」，有「作工」、「造作」之意，滿藏本另作「weilen」，藏傳本同，意「造作類的總稱」；而法圖本作「yabure」，字根「yabumbi」，意「行走」（參見附錄四），[82]可以看出使用「weile-」字根者，取原「造作」之意，而採「yabu-」字根者，取轉化後的「遷流」之意。《五譯合璧集要》作「weilen i iktan」。[83]

81 《佛光大辭典》，s.vv.「行蘊」，2：2567-2568；「行」，2：2551。

82 （清）傅恆等奉敕撰，《御製增訂清文鑑》，s.vv.「作工」，26：5b；「工程」，26：5b；「行走」，14：51a。

83 *Pentaglot Dictionary of Buddhist Term: in Sanskrit, Tibetan, Manchurian, Mongolian, and Chinese*, s.v. "行蘊," 189.

	識／識蘊	vijñāna／vijñāna-skandha	識蘊	vijñānaskandhaḥ	 ulhibun i iktan
15-(5).	 ulhirengge  ulhibun	 sara	 sarangge	ulhirengge	ulhibun

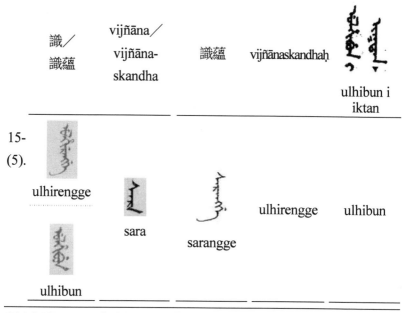

經文詞彙備註 27 識蘊

「識蘊」，梵文「vijñāna-skandha」，「識」的梵文「vijñāna」是「vi（分析、分割）與 jñāna（知）之合成語，乃謂分析、分類對象而後認知之作用」，即「眼識等諸識之聚集」。[84]滿藏本及三合本譯作「ulhirengge」，字根「ulhimbi」，意「凡知道通曉事的」，滿藏本另作「ulhibun」，藏傳本同，意「作文後使曉得告訴之言」；法圖本作「sara」，四合本作「sarangge」，皆以「sambi」為字根，意「曉得的」。[85]從《御製增訂清文鑑》可知二詞彙詞意相通，有「知道、通曉」之意（參見附錄四）。《五譯合璧集要》作「ulhibun i iktan」。[86]

84 《佛光大辭典》，s.vv.「識蘊」，3：6701；「識」，3：6697-6699。

85 （清）傅恆等奉敕撰，《御製增訂清文鑑》，s.vv.「曉得」，12：33b；「誥」，7：27a；「知道」，12：34a。

86 *Pentaglot Dictionary of Buddhist Term: in Sanskrit, Tibetan, Manchurian, Mongolian, and Chinese*, s.v. "識蘊," 189.

			自性空	svalakṣaṇaśūnyatā	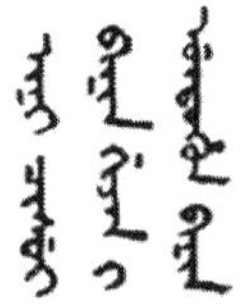 ini cisui banin giyan i untuhun banin
16.	自性	svabhāva／sva-laksana	本性空	prakṛtiśūnyatā	 da banin i untuhun banin
			無自性空	svabhāvaśūnyatā	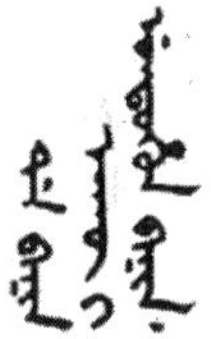 da banin akū i untuhun banin
	 da banin	〔無〕	 unenggi banin	da banin	〔無〕

經文詞彙備註 28 自性

林光明指出玄奘本未譯出梵文「對自性而言是空（svabhāvaśūnyān）」中的「自性（svabhāva）」一詞。[87]按《佛光大辭典》「自性」，梵文「svabhāva」或「sva-laksana」，謂「自體之本性」，即「諸法各自具有真實不變、清純無雜之個性」。另一方面，梵文「svabhāva」或「bhāva」又可作「體」，即「實體」或「體性」，指「法之本質，亦即法存立之根本條件」，故法成本譯作「體性」。按「體性」，指「實體」，即「事物之實質為體，而體之不變易稱為性，故體即性」。滿藏本及三合本將皆作「da banin」，意「本性」，在佛教術語中指「固有之性德」，即「常住不變之絕對真實性」，故知無論是「體性」、「自性」或「本性」皆有「實質」、「本質」之意。四合本譯作「unenggi banin」，意「誠性」，法圖本和藏傳本經文無。此外，亦應釐清「性」與「相」之義，乃分指「體性與相狀」，「不變而絕對之真實本體，或事物之自體，稱為性；差別變化之現象的相狀，稱為相」。[88]

查《五譯合璧集要》「十八空名」類下有三項與「自性」、「本性」及「svabhāva」、「sva-laksana」相關，分別為「自性空」，梵文「svalakṣaṇaśūnyatā」，滿文譯作「ini cisui banin giyan i untuhun banin」，意「自然性理的空性」；「本性空」，梵文「prakṛtiśūnyatā」，滿文作「da banin i untuhun banin」，意「本性的空性」；「無自性空」，梵文「svabhāvaśūnyatā」，

87 林光明，《梵藏心經自學修訂版》，69。

88 《佛光大辭典》，s.vv. 「自性」，2：2524；「本性」，1：1962；「體」，3：6928-6930；「體性」，3：6930；「性相」，2：3231。

經文詞彙備註 28 自性（續）

滿文作「da banin akū i untuhun banin」。[89]按《佛光大辭典》「十八空」詞條解釋，第十二曰「性空」，梵文「prakrti-śūnyatā」，又作「本性空」、「佛性空」，謂「諸法自性空」；第十三為「自相空」，梵文「svalaksana-śūnyatā」，又作「自共相空」、「相空」，即「諸法總別、同異之相不可得」；第十七「有法空」，梵文即「svabhāva-śūnyatā」，又作「自性空」、「非有性空」，即「諸法但由因緣而有，故現在之有即非實有」。[90]若按本段所參考的 Conze 及中村元梵文諸本作「svabhāva-śūnyān」，應為第十七空「有法空」。

因漢文及滿文易於混淆，故依梵文綜上整理，經文「svabhāva-śūnyān」，《佛光大辭典》漢文作「有法空」、「自性空」、「非有性空」，《五譯合璧集要》「無自性空」，滿藏本及三合本將「svabhāva」譯作「da banin」，四合本譯作「unenggi banin」，雍序漢作「自性」，法成本作「體性」。而梵文「svalaksana-śūnyatā」，《佛光大辭典》漢文作「自相空」、「自共相空」、「相空」，《五譯合璧集要》漢文作「自性空」，然並非雍序漢所謂的「自性空」。梵文「prakrti-śūnyatā」，《佛光大辭典》漢文作「性空」、「本性空」、「佛性空」，《五譯合璧集要》滿文作「da banin i untuhun banin」，亦非滿藏本「da banin be inu untuhun」所謂的「本性空」。

89 *Pentaglot Dictionary of Buddhist Term: in Sanskrit, Tibetan, Manchurian, Mongolian, and Chinese*, s.vv. “自性空,” 131; “本性空,” 130; “無自性空,” 132.

90 《佛光大辭典》，s.v.「十八空」，1：353。

	空	śūnya	空 （三解脫門名）	śūnya	 untuhun banin
			空 （四諦十六行觀名）	śūnyam	 untuhun
17.	 untuhun	 untuhun  unenggi untuhun	 untuhun	untuhun	untuhun

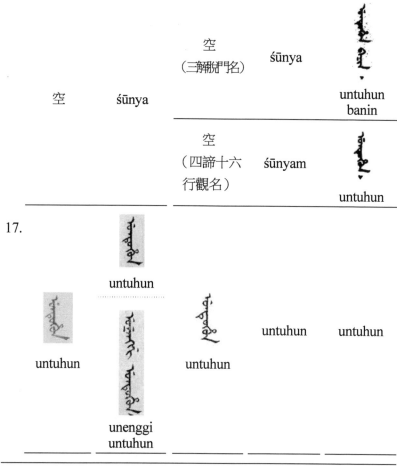

經文詞彙備註 29 空

在滿藏本備註 16、滿藏本備註 29、滿藏本備註 31、滿藏本備註 33 及、法圖本備註 12、法圖本備註 20、法圖本備註 21 等多處考察中已討論過《心經》中「空」的涵義，其滿文繙譯作「untuhun」，另法圖本註演將「真空」譯作「unenggi untuhun」，意「誠空」，不再贅述。

《佛光大辭典》解釋「空」，梵文「śūnya」，乃「與『有』

經文詞彙備註 29 空（續）

相對，指一切存在之物中，皆無自體、實體、我等，此一思想即稱空」，亦即「事物之虛幻不實」，或「理體之空寂明淨」，「自佛陀時代開始即有此思想，尤以大乘佛教為然」，且「空之思想乃般若經系統之根本思想」。[91]

在《五譯合璧集要》中，除「十八空名」外，在「三解脫門」及「四諦十六行觀名」中也收錄了「空」一詞，二詞漢文相同，而梵文及滿文繙譯略有不同，應加以區辨，有助於了解佛教詞彙的滿文繙譯。在「三解脫門」中之「空」，梵文作「śūnya」，滿文作「untuhun banin」，意為「空性」；而在「四諦十六行觀名」中，「空」梵文作「śūnyam」，滿文作「untuhun」。[92]查「三解脫門」梵文「trīni vimoksa-mukhāni」，「指得解脫到涅槃之三種法門」，包括「空門」梵文「śūnyatā」、「無相門」梵文「animitta」、「無願門」梵文「apranihita」，其中「空門」意為「觀一切法皆無自性，由因緣和合而生；若能如此通達，則於諸法而得自在」，故《五譯合璧集要》將滿文譯作「untuhun banin」，意「空性」；「十六行觀」即「十六行相」，梵文作「sodaśākārāh」，「行相」，乃「相狀」，謂在「觀四諦時，各有四種差別，於其時所產生之行相共有十六種」，其中「苦諦」之四相中，有「空」相，梵文作「śūnya」，有「違我所見故」之意，滿文譯作「untuhun」。[93]

91 《佛光大辭典》，s.v.「空」，2：3467-3470。

92 *Pentaglot Dictionary of Buddhist Term: in Sanskrit, Tibetan, Manchurian, Mongolian, and Chinese*, s.vv. "空," 119; "空" 150.

93 《佛光大辭典》，s.vv.「三解脫門」，1：644；「十六行相」，1：387-388。

	古德	〔無〕	〔無〕		
18.	〔無〕	 julgei doro baha ursei	〔無〕	〔無〕	〔無〕

經文詞彙備註 30 古德　法圖本註演多次引用「古德」之言，本書並討論過「德」之滿文繙譯，參見法圖本備註 14、法圖本備註 17。

經文分段05.

002 玄奘漢　度一切苦厄。
041 睿梵一　〔無〕
042 睿梵二　〔無〕
049 村略梵　〔無〕
119 雍序漢　〔無〕
134 睿廣梵　〔無〕
145 村廣梵　〔無〕

	度	〔無〕	〔無〕		
19.	〔無〕	 sumbi	〔無〕	〔無〕	doobuhabi
20.	苦	duḥkha	苦（十二因緣名）	śokaḥ	 gasacun
			難（十二因緣名）	duḥkham	 jobolon
			苦（四諦十六行觀名）	duḥkham	 jobolon
	〔無〕	 gosihon jobolon	〔無〕	〔無〕	jobolon gashan

經文詞彙備註 31 度一切苦厄

「度一切苦厄」一句，在故有漢譯七存本中，僅見於羅什本和玄奘本，本段所參考的 Conze 及中村元梵文諸本皆無。法圖本源於玄奘本，故有此句，滿文作「eiten gosihon jobolon be sumbi」，意「解脫一切苦難」。另外藏傳本亦有此句，滿文作「eiten jobolon gashan ci doobuhabi」，意「從一切憂苦災厄已渡河了」，其底本與玄奘本的關係，應再次納入考量。再按林士鉉研究，三合本屬短本，所附漢文為玄奘本，然滿文經文卻無此句，且全本滿譯《心經》與玄奘本出入較大，而與四合本正宗分文句接近，[94]則三合本之底本究竟為何？同樣值得深入考察。

據《佛光大辭典》「度」有「渡過」之意，「指從此處渡經生死迷惑之大海，而到達覺悟之彼岸」；或作為前述「pāramitā」之漢譯，即「從生死此岸到解脫涅槃之彼岸」。[95]可以看出法圖本依第二義譯作「sumbi」，按《御製增訂清文鑑》「sumbi」有「解」、「脫」之意，另「uksalabmi」亦有「解脫開」之意，卻未選用此字；另一方面，藏傳本依第一義譯作「doobuhabi」，有「使渡河」之意（參見附錄四）。[96]此外依動詞形也可見其語意上之不同，「sumbi」用「現在將來時」，「表示動作、形為發生在說話的當前時候或未來。也可用來泛指客觀事實、普遍真理等等」，此處應作「普遍真理」解；而「doobuhabi」為「doobumbi」的「已然語」，表示動作已完成。[97]

94 林士鉉，〈清代滿文譯本《般若波羅密多心經》初探〉，515-516、531、540-541。
95 《佛光大辭典》，s.v.「度」，2：3778。
96 （清）傅恆等奉敕撰，《御製增訂清文鑑》，s.vv.「解」，26：50a；「脫」，24：42b；「解脫開」，26：49a；「使渡河」，2：63a。
97 （清）萬福編著，〈整理說明〉，《重刻清文虛字指南編》，1：12-13；〈轉寫本〉，1：244。

經文詞彙備註 31 度一切苦厄（續）

再「苦厄」指「苦患與災厄」，其中「苦」梵文作「duhkha」，「泛指逼迫身心苦惱之狀態」，[98]法圖本譯作「gosihon jobolon」，藏傳本作「jobolon gashan」，皆有「苦」、「厄」之意（參見附錄四），再細究「gosihon」意「味苦」，故「jobolon」應作「厄」解，而藏傳本「gashan」有「災殃」之意，故「jobolon」應作「苦」解。[99]

在《五譯合璧集要》中收錄了三筆相關詞彙，[100]在「十二因緣名」之後有「苦」一詞，梵文「śokaḥ」，滿文「gasacun」，有「辛苦傷心」、「懷恨」之意（參見附錄四），[101]其後尚有「難」一詞，梵文「duḥkham」，滿文「jobolon」；另於「四諦十六行觀名」類中，亦有「苦」一詞，相關討論詳見「苦諦」（經文詞彙備註 74）。

98 《佛光大辭典》，s.vv.「苦厄」，2：3943；「苦」，2：3942-3943。

99 （清）傅恆等奉敕撰，《御製增訂清文鑑》，s.vv.「憂患」，13：57b；「苦」，28：22b；「災殃」，6：55a。

100 *Pentaglot Dictionary of Buddhist Term: in Sanskrit, Tibetan, Manchurian, Mongolian, and Chinese*, s.vv. "苦," 147, 149; "難," 14.

101 （清）傅恆等奉敕撰，《御製增訂清文鑑》，s.v.「怨」，13：53a。

	002 玄奘漢	〔無〕
	041 睿梵一	〔無〕
經	042 睿梵二	〔無〕
文	049 村略梵	〔無〕
分	119 雍序漢	於是壽命具足舍利子承佛神力，白觀自在菩薩摩訶薩言：
段	134 睿廣梵	atha-āyuṣmāñc Chāriputro buddha-anubhāvena Ārya-avalokiteśavaraṃ bodhisattvaṃ mahā-sattvam etad avocat:
05-01.	145 村廣梵	athāyuṣmāñ Chāriputro buddhānubhāvenāryāvalokiteśavaraṃ bodhisattvam etad avocet.

21.					
	具壽	āyusmat	具足	sampannaḥ	 yooni yongkiyaha
	 jalafungga	〔無〕	 jalafungga	〔無〕	〔無〕

經文詞彙備註 32 具壽

滿藏本備註 19 討論過漢譯本「具壽」的不同繙譯，雍序漢作「壽命具足」；另在經題比較分析中也討論過四合本經末經題「jalafungga」宜作「聖者」解，即指「薄伽梵」。《佛光大辭典》解釋「具壽」，梵文作「āyusmat」，乃「對佛弟子、阿羅漢等之尊稱」，又作「賢者、聖者、尊者、淨命、長老、慧命」等，原指「具足智慧與德行，得受尊敬之人」，而後「不限於佛弟子，凡祖師或先德，亦可稱具壽」，並兼有「世間壽命及出世之法身慧命」二義。[102]而《五譯合璧集要》在「大小高低名」類下有「具足」詞條，梵文作「sampannaḥ」，滿文「yooni yongkiyaha」，[103]意「全備了」，又與「壽命具足」之「具足」不同，應特別注意。

102 《佛光大辭典》，s.v.「具壽」，2：3079。

103 *Pentaglot Dictionary of Buddhist Term: in Sanskrit, Tibetan, Manchurian, Mongolian, and Chinese*, s.v. "具足," 366.

	舍利弗	Śāriputra	〔無〕		
22.	 (a) šaribudari	 še li dzi	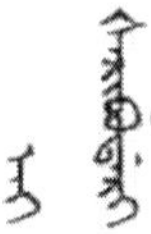 (ai) šaribudari	(a) šaribudari	šeribudari (a)

經文詞彙備註 33 舍利弗

「舍利弗」已於滿藏本備註 19 及法圖本備註 16 皆已討論過，再看《佛光大辭典》「舍利弗」音譯自梵文「Śāriputra」，為「佛陀十大弟子之一」，梵文「putra」，意「子息」，法圖本譯作「舍利子」，其名源於舍利弗之母，因「為摩伽陀國王舍城婆羅門論師之女，出生時以眼似舍利鳥（梵文 śāri），乃命名為舍利」，故「舍利弗」之名，實為「『舍利』之子息」之意。[104]此處要提出的是滿文譯本在對話中，多在「舍利子」或前或後附加感嘆詞「a」或「ai」，增添了口語氣息，這個繙譯特點未見於漢譯諸本。

104 《佛光大辭典》，s.v.「舍利弗」，2：3498-3499。

	加持	adhisthāna	四攝授名	[catvāry-adhiṣṭhānāni]	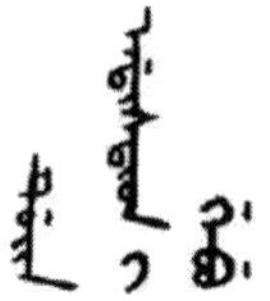 duin adistit i gebu
23.	 fucihi i adistit i hūsun	〔無〕	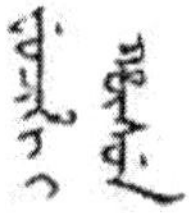 fucihi i hūsun	〔無〕	〔無〕

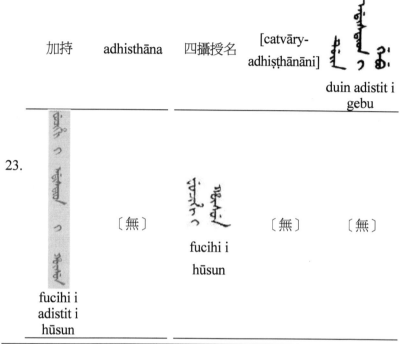

經文詞彙備註 34 加持　滿藏本備註 18 已詳細考察過「adistit」之意，而《五譯合璧集要》「四攝授名」之梵文作「catvāryadhiṣṭhānāni」，滿文譯作「duin adistit i gebu」，將「攝授」譯作「adistit」。[105] 查《佛光大辭典》「四種攝受」詞條，包括「佛攝受、天攝受、福攝受、智攝受」等四種，指「護持正法者所受之四種利益」，[106]與《五譯合璧集要》所言之「四攝授」又不同。再從 Conze 及中村元的梵文本「anubhāvena」來看，其字根「anubhāva」有「享受」、「力」、「品位」之意，「buddha～ena」則作「承佛力」、「以佛威神故」解，[107]即為此處「buddha-anubhāvena」之用法。

105 *Pentaglot Dictionary of Buddhist Term: in Sanskrit, Tibetan, Manchurian, Mongolian, and Chinese*, s.vv. "四攝授名," 202-203.

106 《佛光大辭典》，s.v.「四種攝受」，1：1825-1826。

107 《梵漢大辭典》，林光明、林怡馨編譯，1：108。

經文分段05-02.	002 玄奘漢	〔無〕
	041 睿梵一	〔無〕
	042 睿梵二	〔無〕
	049 村略梵	〔無〕
	119 雍序漢	「善男子若有欲修般若波羅蜜多深妙行者，作何修習？」
	134 睿廣梵	yaḥ kaścit kūlaputro vā kuladuhitā vā asyāṃ gambhīrāyāṃ prajñāpāramitāyāṃ caryāṃ cartukāmas tena kathaṃ śikṣitavyam? evam ukta
	145 村廣梵	yaḥ kaścit kulaputro gaṃbhīrāyāṃ prajñāpāramitāyāṃ caryāṃ cartukāmaḥ kathaṃ śikṣitavyaḥ. evam ukta

經文分段05-03.	002 玄奘漢	〔無〕
	041 睿梵一	〔無〕
	042 睿梵二	〔無〕
	049 村略梵	〔無〕
	119 雍序漢	觀自在菩薩摩訶薩告壽命具足舍利子言：
	134 睿廣梵	Ārya-avalokiteśvaro bodhisattvo mahāsattvo āyuṣmantaṃ Śāriputram etad avocat:
	145 村廣梵	āryāvalokiteśvaro bodhisattvo mahāsattva āyuṣmaṃtaṃ Śāriputram etad avocat.

經文分段05-04.

002 玄奘漢 〔無〕

041 睿梵一 〔無〕

042 睿梵二 〔無〕

049 村略梵 〔無〕

119 雍序漢 「舍利子！若有善男子、善女人樂修般若波羅蜜多深妙行者，應作是觀：應以五蘊亦從自性空真實觀。

134 睿廣梵 yaḥ kaścic Chāriputra kulaputro vā kuladuhitā vā asyāṃ gambhīrāyāṃ prajñāpāramitāyāṃ caryāṃ cartukāmas-tenaivaṃ vyavalokitavyam.

145 村廣梵 yaḥ kaścic Chāriputra kulaputro vā kuladuhitā vā gaṃbhīrāyāṃ prajñā-pāramitāyāṃ caryāṃ cartukāmas tenaivaṃ vyavalokayitavyaṃ. paṃca skaṃdhās tāṃś ca svabhāvaśūnyān samanupaśyati sma.

24.	善男善女	〔無〕	〔無〕		
	〔無〕	〔無〕	〔無〕	〔無〕	〔無〕

	善男子	kula-putra	〔無〕		
24-(1).	 sain fulehengge jui 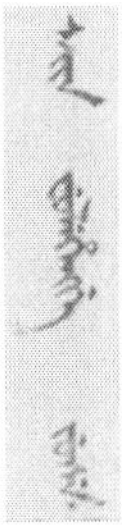 sain fulehengge juse	〔無〕	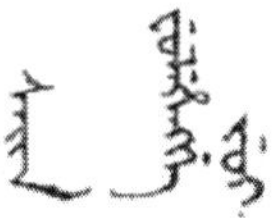 sain fulehengge jui 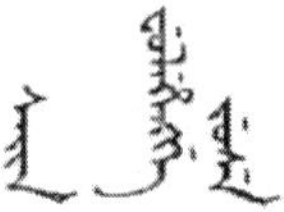 sain fulehengge juse	〔無〕	〔無〕

	善女人	kula-duhitri ／ kula-dhītā	〔無〕		
24-(2).	 sain fulehengge sargan juse	〔無〕	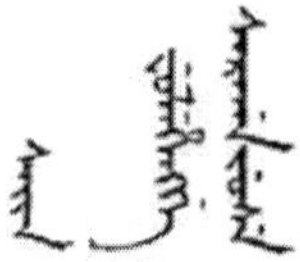 sain fulehengge sargan juse	〔無〕	〔無〕

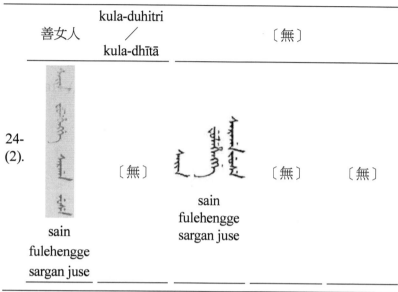

經文詞彙備註 35 善男子 善女人

滿藏本備註 21 已討論過「善男子」與「善女人」之意。漢文「善男子」，在滿藏本和四合本中有二種繙譯，第一次舍利子問觀自在菩薩如何修行般若波羅蜜時，滿文譯作「sain fulehengge jui」，而後觀自在菩薩回答以及薄伽梵從三摩地起後回應二處皆作「sain fulehengge juse」，可以從「jui」及「juse」單複數看出經文原意，是漢文譯本未展現的。按《佛光大辭典》「善男善女」詞條，乃「善男子、善女人之簡稱」，「善男子」，梵文「kula-putra」，「善女人」，梵文「kula-duhitri」或「kula-dhītā」，指「良家之男子、女子」，在佛教經典中常用來稱呼「在家眾」，所謂「善」，是「對信佛聞法而行善業者之美稱」。[108]與滿文繙譯「sain fulehengge」，意「善根」略不同，查「善根」梵文作「kuśala-mūla」，意「產生諸善法之根本」。[109]

108 《佛光大辭典》，s.v.「善男善女」，3：4879-4880。
109 《佛光大辭典》，s.v.「善根」，3：4888。

經文分段06.	002 玄奘漢	「舍利子！
	041 睿梵一	iha Śāriputra
	042 睿梵二	iha Śāriputra
	049 村略梵	iha Śāriputra
	119 雍序漢	〔無〕
	134 睿廣梵	iha Śāriputra
	145 村廣梵	〔無〕

經文分段06-01.	002 玄奘漢	〔無〕
	041 睿梵一	rūpaṁ śūnyatā śūnyataiva rūpaṁ,
	042 睿梵二	rūpaṃ śūnyatā śūnyataiva rūpaṃ
	049 村略梵	rūpaṃ śūnyatā, śūnyataiva rūpaṃ.
	119 雍序漢	色即是空，空即是色；
	134 睿廣梵	rūpaṃ śūnyatā śūnyataiva rūpaṃ
	145 村廣梵	rūpaṃ śūnyatā śūnyataiva rūpaṃ.

經文分段07.	002 玄奘漢	色不異空，空不異色；
	041 睿梵一	rūpān na pṛthak śūnyatā śūnyatāyā na pṛthag rūpaṁ,
	042 睿梵二	rūpān na pṛthak śūnyatā śūnyatāyā na pṛthag rūpaṃ
	049 村略梵	rūpān na pṛthak śūnyatā, śūnyatāyā na pṛthag rūpaṃ.
	119 雍序漢	色不異空，空不異色；
	134 睿廣梵	rūpān na pṛthak śūnyatā śūnyatāyā na pṛthag rūpaṃ
	145 村廣梵	rūpān na pṛthak śūnyatā śūnyatāyā na pṛthag rūpaṃ.

經文分段08.	002 玄奘漢	色即是空，空即是色；
	041 睿梵一	yad rūpaṁ sā śūnyatā yā śūnyatā tad rūpaṁ;
	042 睿梵二	yad rūpaṃ sā śūnyatā yā śūnyatā tad rūpaṃ.
	049 村略梵	yad rūpaṃ sā śūnyatā, yā śūnyatā tad rūpaṃ.
	119 雍序漢	〔無〕
	134 睿廣梵	yad rūpaṃ sā śūnyatā yā śūnyatā tad rūpaṃ.
	145 村廣梵	yad rūpaṃ sā śūnyatā yā śūnyatā tad rūpaṃ.

經文分段09.	002 玄奘漢	受、想、行、識亦復如是。
	041 睿梵一	evam eva vedanā-saṁjñā-saṁskāra-vijñānaṁ.
	042 睿梵二	evam eva vedanā-saṃjñā-saṃskāra-vijñānam.
	049 村略梵	evam eva vedanā-saṃjñā-saṃskāra-vijñānāni.
	119 雍序漢	受、想、行、識亦如是空。
	134 睿廣梵	evam eva vedanā-saṃjñā-saṃskāra-vijñānam.
	145 村廣梵	evaṃ vedanā-saṃjñā-saṃskāra-vijñānāni ca śūnyatā.

經文分段10.	002 玄奘漢	舍利子！是諸法空相，
	041 睿梵一	Iha Śāriputra sarva-dharmāḥ śūnyatā-lakṣaṇā,
	042 睿梵二	iha Śāriputra sarva-dharmāḥ śūnyatālakṣaṇā
	049 村略梵	iha Śāriputra sarva-dharmāḥ śūnyatā-lakṣaṇā
	119 雍序漢	舍利子！以是諸法皆空、無相，
	134 睿廣梵	iha Śāriputra sarva-dharmāḥ śūnyatālakṣaṇā
	145 村廣梵	evaṃ Śāriputra sarvadharmā śūnyatālakṣaṇā

25.	諸法／一切法	sarva-dharmāh	一切法空（十八空名）	sarvadharm aśūnyatā	 eiten nomun i untuhun banin
	 eiten jaka	 eiten	 eiten ging	eiten jaka	eiten nomun

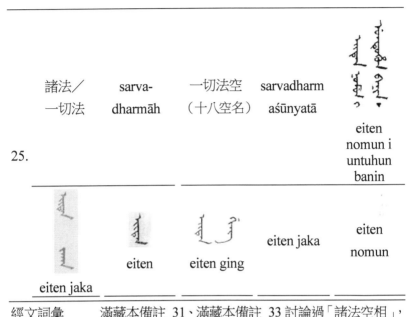

經文詞彙備註 36 諸法

滿藏本備註 31、滿藏本備註 33 討論過「諸法空相」，按「諸法」，法成本作「一切法」，梵文「sarva-dharma」，「一切法」，又作「一切諸法」、「一切萬法」，原意為「由因緣而起之存在者」，泛指一切「有為法（梵 sajskrta-dharma）」、「無為法（梵 asajskrta-dharma）」及「不可說法」，亦即「含一切事物、物質、精神，以及所有現象之存在」；「諸法」即「萬法」，指「存在、一切現象等」，可分作二義：指「一切有為、無為等萬法」，另指「一切現象界之諸法」。[110]林光明更指出《心經》所指的「一切法」，乃「五蘊」包含的「十二處」、「十八界」等「世上的物質現象及精神作用」，亦即「所有存在的事物」。[111]

---

110 《佛光大辭典》，s.vv.「諸法」，3：6302；「一切法」，1：12。

111 林光明，《梵藏心經自學修訂版》，100-101。

經文詞彙備註 36（續）	滿藏本及三合本譯作「eiten jaka」，意「一切物」，將「法」作「物質」解；法圖本僅用「eiten」含括一切事物、物質、精神、現象等（法圖本備註 21）；四合本則作「eiten ging」，將「法」譯作「ging」，即漢文「經」之音譯，而藏傳本則作「eiten nomun」，採「經」之意譯。既然「法」指「所有存在者」，除「物質」外，亦包含「精神」、「所有現象」等，若用「bisirelengge」，意「所有的」，[112]是否更為貼切？再看《五譯合璧集要》「十八空名」下「一切法空」，滿文譯作「eiten nomun i untuhun banin」，意「一切法的空性」。[113] 林光明也曾提出關於「法」的英譯問題，一般將梵文「dharma」漢譯作「法」，然其內涵與漢文不完全相同，除了指「佛陀教說的真理或整個法門」外，還有「『事物』、『物件』、『現象』之意」，[114]也可說明滿譯諸本或取「真理」、「法門」之意作「nomun」或「ging」，或取「物件」、「現象」之意作「jaka」，或直用「eiten」總括內涵。更重要的是，無論古今在繙譯佛經時，要能掌握原文語意已然不易，還要再用其他語言譯出其精髓，使讀者明白義理，更加艱難，透過本段落比較分析五種滿文譯本詞彙，可以發現滿文譯本因採白話語體，讀者易於瞭解經文內涵，另一方面也可以看出各家譯者的多方嘗試，試圖體現出經文涵義。

112　《新滿漢大詞典》，第 2 版，s.v.「bisirelengge」，158。

113　*Pentaglot Dictionary of Buddhist Term: in Sanskrit, Tibetan, Manchurian, Mongolian, and Chinese*, s.vv. "一切法空," 130.

114　林光明，《梵藏心經自學修訂版》，102-103。

	無相	animitta	無相（三解脫門名）	animittam	arbun akū
26.	temgetu banin akū	〔無〕	arbun akū	temgetu banin akū	arbun

經文詞彙備註 37 無相

滿藏本備註 33 討論過「無相」之意，法成本作「一切法空性無相」，玄奘本作「諸法空相」，雍序漢作「諸法皆空、無相」，三合本與滿藏本同作「eiten jaka gemu untuhun temgetu banin akū」，與滿藏本同源性極高的四合本作「eiten ging gemu untuhun kai. arbun akū」；以玄奘本為底本的法圖本作「eiten gemu untuhun」，未譯出「相」之意；藏傳本作「eiten nomun i untuhun arbun」，接近玄奘本經文。「相」之梵文作「lakṣaṇā」，有「形相或狀態」之意，是「相對於性質、本體等而言者，即指諸法之形像狀態」，[115]故四合本及藏傳本將「相」譯作「arbun」，意「形相」，而滿藏本及三合本作「temgetu banin」，其中「banin」亦有「相」之意（參見附錄四）。[116]

此外，考察「空性」、「無相」與「空相」等詞彙內涵，亦有助於了解滿文繙譯。按《佛光大辭典》「空性」，梵文作「śūnyatā」，「指空之自性、空之真理」，另梵文 śūnyatā，在經論中亦譯作「無」、「空門」（三解脫門之一）等；「無相」，梵文「animitta」，「無形相之意」；「空相」意為「諸法皆空之相狀，或指真空之體相」。[117]《五譯合璧集要》「三解脫門名」下的「無相」，梵文作「animittam」，滿文作「arbun akū」。[118]

115　《佛光大辭典》，s.v.「相」，2：3898-3899。

116　（清）傅恆等奉敕撰，《御製增訂清文鑑》，s.vv.「形相」，11：4b；「生相」，11：4b。

117　《佛光大辭典》，s.vv.「空性」，2：3477；「無相」，3：5103-5104；「空相」，2：3479。

118　*Pentaglot Dictionary of Buddhist Term: in Sanskrit, Tibetan, Manchurian, Mongolian, and Chinese*, s.v. "無相," 119.

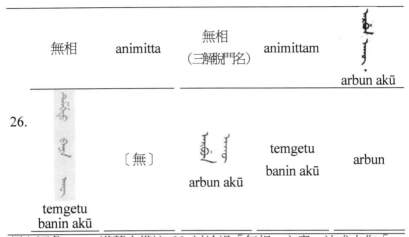

	002 玄奘漢	不生、不滅，不垢、不淨，不增、不減。
經	041 睿梵一	anutpannā aniruddhā, amalā avimalā, anūnā aparipūrṇāḥ.
文	042 睿梵二	anutpannā aniruddhā amalā avimalā anūnā aparipūrṇāḥ.
分	049 村略梵	anutpannā aniruddhā amalāvimalā nonā na paripūrṇāḥ.
段	119 雍序漢	不生、不滅，無垢亦不離垢，不減、不增。
11.	134 睿廣梵	anutpannā aniruddhā amalā avimalā anūnā aparipūrṇāḥ.
	145 村廣梵	anutpannā aniruddhā amalāvimalā anūnā asaṃpūrṇāḥ.

	不生不滅	〔無〕	〔無〕		
27.	 banjin akū, gukubun akū	 banjirakū, mukiyerakū	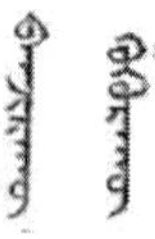 banjirakū, gukurakū	banjin akū, gukubun akū	banjin akū mukiyen akū

經文詞彙備註 38 不生不滅

按《佛光大辭典》「不生不滅」，有「常住」之意，在形容「涅槃」時，也會使用，另在《心經》中，因「此世一切之存在有『無實體』之特性」，故謂「不生亦不滅」。[119]「不生」滿文諸譯本皆取「banjimbi」為字根，或採名詞形「banjin」加上否定「akū」，譯作「banjin akū」，如滿藏本、三合本、藏傳本；或以動詞未完成體「banjire」加否定「akū」而為「banjirakū」，如法圖本及四合本；「不滅」滿文諸本或用「gukumbi」字根，有「死亡」、「滅亡」、「消亡」之意，或用「mukiyembi」字根，[120]有「熄滅」、「滅亡」之意，變化形與「不生」相類，或採名詞形，或採動詞未完成體，後加否定。

119 《佛光大辭典》，s.v.「不生不滅」，1：965。
120 《新滿漢大詞典》，第 2 版，s.vv.「gukumbi」，575；「mukiyembi」，879。

〔無垢亦不離垢／不垢不淨〕		〔無〕		
垢	mala	垢	malam	 icihi
無垢	vigata-mala	無垢（佛通號名）	nirmalaḥ	 icihi akū
離垢	vīta-mala	〔無〕		
不淨	〔無〕	〔無〕		

28. 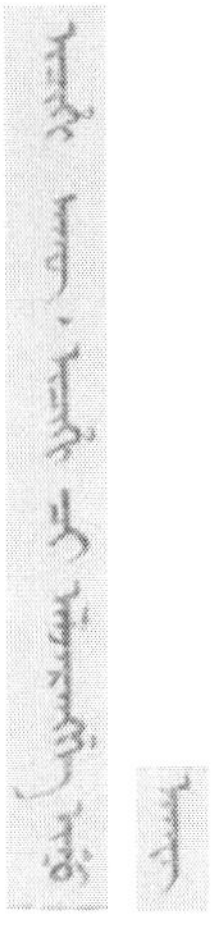 icihi akū, icihi ci aljarangge inu akū	 icihi akū, bolgo akū	 icihi akū, icihi ci aljaci inu ojorakū	icihi akū, icihi ci aljarangke[121] [aljarangge] inu akū	icihi akū, bolgo akū

121 原文如此。因未能取得三合本原件，無法確認原文，僅就林士鉉文中所錄照樣謄寫。
林士鉉，〈清代滿文譯本《般若波羅密多心經》初探〉，532。

經文詞彙備註 39 無垢離垢

《佛光大辭典》「垢」梵文作「mala」，指「污穢心之垢物」，即為「煩惱之異名」；「無垢」，梵文作「vigata-mala」，指「離煩惱之清淨」；「離垢」，梵文作「vīta-mala」，「遠離煩惱之垢穢」之意，[122]與 Conze 和中村元梵文諸本作「amalā」、「avimalā」不同。再《五譯合璧集要》「身體名」類下「垢」，梵文作「malam」，滿文「icihi」；「佛通號名」下「無垢」，梵文「nirmalaḥ」，滿文「icihi akū」。[123]滿文諸譯本皆作「icihi akū」，意「無玷」（參見附錄四）。[124]

玄奘本「不淨」，為「污穢、鄙陋、醜惡、過罪等之總稱」，雍序漢作「不離垢」，按「離垢」梵文「vīta-mala」，指「遠離煩惱之垢穢」。[125]以玄奘本為底本之法圖本滿文譯作「bolgo akū」，意「不淨」，藏傳本同；與雍序漢同源之四合本作「icihi ci aljaci inu ojorakū」，意「也不可從垢離開」；三合本的滿文繙譯「icihi ci aljarangge inu akū」，意「也無從垢離開者」；再底本考察備註 21 討論過滿藏本備註 34 可能在「icihi」後多加了否定「akū」，若參考四合本及三合本，更說明誤植的可能性大。

---

122 《佛光大辭典》，s.vv.「垢」，2：3766；「無垢」，3：5099；「離垢」，3：6716。

123 *Pentaglot Dictionary of Buddhist Term: in Sanskrit, Tibetan, Manchurian, Mongolian, and Chinese*, s.vv. "垢," 344; "無垢," 20.

124 （清）傅恆等奉敕撰，《御製增訂清文鑑》，s.v.「無玷」，11:50b。

125 《佛光大辭典》，s.vv.「不淨」，1：991-992；「離垢」，3：6716。

	不增不減〔不減不增〕	〔無〕		〔無〕	
29.	 ekiyen akū, nonggin akū	 nonggirakū, ekiyerakū	 ekiyerakū, nonggirakū	ekiyen akū, nonggin akū	ekiyen akū, nonggin akū

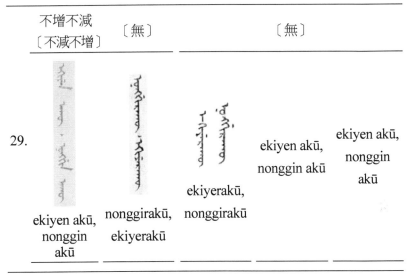

經文詞彙備註 40 不減不增

「不增不減」指「常存」。[126]雍序漢作「不減不增」與玄奘本語序相反。以玄奘本為底本之法圖本即作「nonggirakū, ekiyerakū」，而其餘諸本語序與雍序漢同，惟詞性變化或採名詞形，或採動詞未完成體，後加否定。

126 《佛光大辭典》，s.v.「不增不減」，1：996。

經文分段 12.	002 玄奘漢	是故，空中：
	041 睿梵一	Tasmāc Chāriputra śūnyatāyāṃ
	042 睿梵二	tasmāc Chāriputra śūnyatāyāṃ
	049 村略梵	tasmāc Chāriputra śūnyatāyāṃ
	119 雍序漢	舍利子！是故，空中：
	134 睿廣梵	tasmāc Chāriputra śūnyatāyāṃ
	145 村廣梵	tasmāt tarhi Śāriputra śūnyatāyāṃ

經文分段 13.	002 玄奘漢	無色，無受、想、行、識；
	041 睿梵一	na rūpaṃ na vedanā na saṃjñā na saṃskārāḥ na vijñānam.
	042 睿梵二	na rūpaṃ na vedanā na saṃjñā na saṃskārāḥ na vijñānam,
	049 村略梵	na rūpaṃ na vedanā na saṃjñā na saṃskārā na vijñānaṃ.
	119 雍序漢	無色，無受、想、行、識；
	134 睿廣梵	na rūpaṃ na vedanā na saṃjñā na saṃskārāḥ na vijñānam,
	145 村廣梵	na rūpaṃ na vedanā na saṃjñā na saṃskārā na vijñānaṃ.

經文分段 14.	002 玄奘漢	無眼、耳、鼻、舌、身、意；
	041 睿梵一	na caksuḥ-śrotra-ghrāṇa-jihvā-kāya-manāṃsi.
	042 睿梵二	na cakṣuḥ-śrotra-ghrāṇa-jihvā-kāya-manāṃsi
	049 村略梵	na cakṣuḥ-śrotra-ghrāṇa-jihvā-kāya-manāṃsi,
	119 雍序漢	無眼、無耳、無鼻、無舌、無身、無意；
	134 睿廣梵	na cakṣuḥ-śrotra-ghrāṇa-jihvā-kāya-manāṃsi
	145 村廣梵	na cakṣur na śrotraṃ na ghrāṇaṃ na jihvā na kāyo na mano

六根	sad indriyāni	五根名	[pañcendriyāṇi]	 sunja saligan gebu
30. 〔無〕	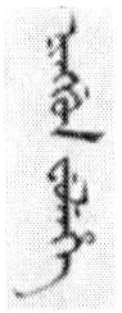 ninggun fulehe	〔無〕	〔無〕	〔無〕

經文詞彙備註 41 六根

「六根」，梵文「sad indriyāni」，指「六種感覺器官，或認識能力」，所謂「根」，是「認識器官」之意，包括「眼根（視覺器官與視覺能力）、耳根（聽覺器官及其能力）、鼻根（嗅覺器官及其能力）、舌根（味覺器官及其能力）、身根（觸覺器官及其能力）、意根（思惟器官及其能力）」，其中前五種又稱「五根」，屬「物質上存在之色法」，故又作「色根」，而「意根」則為「心之所依生起心理作用之心法」，故曰「無色根」。所謂「根」，梵文「indriya」，原有「器官、機能、能力」之意，在佛教用語中，亦含有器官能力之意。[127]法圖本將「根」譯作「fulehe」；而《五譯合璧集要》收錄了兩筆「五根名」，梵文皆作「pañcendriyāṇi」，滿文譯作「sunja saligan gebu」，[128]「saligan」有「主張」、「主宰」之意，[129]一為上述之「眼、耳、鼻、舌、身」等五種「色根」，此「五根除能攝取外界之對象外，並能引起心內五識之認識作用」，因「具有此等殊勝之作用」，故稱為「根」；一為「五無漏根」，按「此五者對於降伏煩惱、引入聖道具有增上之作用」，故稱「五根」，其中「根」有「增上」、「出生」等意，[130]應加以釐清。

127 《佛光大辭典》，s.vv.「六根」，1：1284；「根」，2：4131-4132。

128 *Pentaglot Dictionary of Buddhist Term: in Sanskrit, Tibetan, Manchurian, Mongolian, and Chinese*, s.v. “五根名,” 190; “五根名, 174”.

129 《新滿漢大詞典》，第 2 版，s.v.「saligan」，991。

130 《佛光大辭典》，s.v.「五根」，1：1137-1139

30-(1).	眼根	caksur-indriya	眼根	cakṣurindriyam	 yasai saligan
	 yasa	 yasa	 yasa	yasa	yasa

經文詞彙備註 42 眼根　按《佛光大辭典》「眼根」，梵文作「caksur-indriya」，或單稱「眼」，乃「為眼識之所依，能看取色境，即為不可見有對（有礙）之淨色」，或為「十二處」中之「眼處」，或為「十八界」中之「眼界」。此外，需要釐清的是，此處所稱「眼」，並非單指「眼球」，而包含「可見」與「不可見」二部分，前者指「由筋肉所組成者」，佛教語彙稱為「扶根」或「扶塵根」，後者指「有能見之作用者」，又稱為「勝義根」，[131]即分別為經文詞彙備註 41 所言之「視覺器官」與「視覺能力」。備註滿文諸譯本皆未譯出「眼根」之「根」，而使用單稱作「yasa」；另一方面《五譯合璧集要》完整譯出「眼根」作「yasai saligan」。[132]

30-(2).	耳根	śrotrendriya	耳根	śrotrendriyam	 šan i saligan
	 šan	 šan	 šan	šan	šan

經文詞彙備註 43 耳根　「耳根」，梵文「śrotrendriya」，與「眼根」相似，惟別指聽覺器官及能力。[133]滿文諸譯本採單稱作「šan」；《五譯合璧集要》採全稱作「šan i saligan」。[134]

131 《佛光大辭典》，s.v.「眼根」，3：4743-4744。

132 *Pentaglot Dictionary of Buddhist Term: in Sanskrit, Tibetan, Manchurian, Mongolian, and Chinese*, s.v. "眼根," 190.

133 《佛光大辭典》，s.v.「耳根」，2：2509。

134 *Pentaglot Dictionary of Buddhist Term: in Sanskrit, Tibetan, Manchurian, Mongolian, and Chinese*, s.v. "耳根," 190.

30-(3).	鼻根	ghrānendriya	鼻根	ghrāṇendriyam	 oforo i saligan
	 oforo	 oforo	 oforo	oforo	oforo

經文詞彙備註 44 鼻根　「鼻根」，梵文「ghrānendriya」，指嗅覺器官及能力。[135] 滿文諸譯本採單稱作「oforo」；《五譯合璧集要》採全稱作「oforo i saligan」。[136]

30-(4).	舌根	jihvendriya	舌根	jihvendriyam	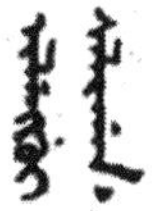 ilenggui saligan
	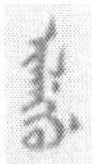 ilenggu	 ilenggu	 ilenggu	ilenggu	ilenggu

經文詞彙備註 45 舌根　「舌根」，梵文「jihvendriya」，指味覺器官及能力。[137] 滿文諸譯本採單稱作「ilenggu」；《五譯合璧集要》採全稱作「ilenggui saligan」。[138]

---

135 《佛光大辭典》，s.v.「鼻根」，3：5955。

136 *Pentaglot Dictionary of Buddhist Term: in Sanskrit, Tibetan, Manchurian, Mongolian, and Chinese*, s.v. "鼻根," 191.

137 《佛光大辭典》，s.v.「舌根」，2：2540-2541。

138 *Pentaglot Dictionary of Buddhist Term: in Sanskrit, Tibetan, Manchurian, Mongolian, and Chinese*, s.v. "舌根," 191.

30-(5).	身根	kāyendriya	身根	kāyendriyam	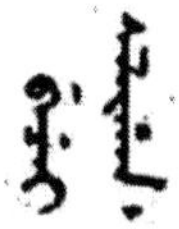 beyei saligan
	 beye	 beye	 beye	beye	beye

經文詞彙備註 46 身根

「身根」，梵文「kāyendriya」，指觸覺器官及能力，「身」取梵文「kāya」，有「積集、依止」等義，因「其他眼根等之大種及造色雖皆亦積集，而身根為諸根多法所依止，多法皆積集於身根」，[139]故「身根」包含身體全部。滿文諸譯本採單稱作「beye」；《五譯合璧集要》採全稱作「beyei saligan」。[140]

30-(6).	意根	mana-indriya	〔無〕		
	 gūnin	 gūnin	 gūnin	gūnin	gūnin

經文詞彙備註 47 意根

「意根」，梵文「mana-indriya」，指思惟器官及其能力，與「六根中之前五根所對之境為四大（地、水、火、風）所形成之色法」不同，「意根所對之境則為心法」，其「對法境即產生意識」。[141]滿文諸譯本採單稱作「gūnin」；《五譯合璧集要》無。

139 《佛光大辭典》，s.v.「身根」，2：3017-3018。

140 *Pentaglot Dictionary of Buddhist Term: in Sanskrit, Tibetan, Manchurian, Mongolian, and Chinese*, s.v. "身根," 191.

141 《佛光大辭典》，s.v.「意根」，3：5446-5447。

經文分段 15.		
	002 玄奘漢	無色、聲、香、味、觸、法；
	041 睿梵一	na rūpa-śabda-gandha-rasa-spraṣṭavya-dharmāḥ.
	042 睿梵二	na rūpa-śabda-gandha-rasa-spraṣṭavya-dharmāḥ
	049 村略梵	na rūpa-śabda-gandha-rasa-spraṣṭavya-dharmāḥ,
	119 雍序漢	無色、無聲、無香、無味、無觸、無法；
	134 睿廣梵	na rūpa-śabda-gandha-rasa-spraṣṭavya-dharmāḥ
	145 村廣梵	na rūpaṃ na śabdo na gaṃdho na raso na spraṣṭavyaṃ na dharmāḥ.

31.				
六境／六塵	sad visayāh	五塵名	[pañcaviṣayāḥ]	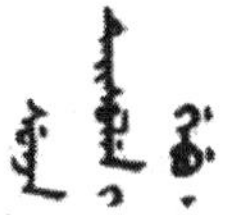 sunja teisulen i gebu
〔無〕	 ninggun buraki	〔無〕	〔無〕	〔無〕

經文詞彙備註 48 六境／六塵	法圖本「六塵」又作「六境」，梵文「sad visayāh」，「指六根所取之六種對境，亦為六識所感覺認識之六種境界」，即「色、聲、香、味、觸、法」，因「此六境猶如塵埃能污染人之情識」，故又稱「六塵」。所謂「境」，梵文「visaya」，本意為「感覺作用之區域」，作為「六根」與「六識」的對象，亦即「心與感官所感覺或思惟之對象」。若作「五根」的對象，即為「五境」或「五塵」。[142]《五譯合璧集要》詞條即作「五塵名」，梵文「pañcaviṣayāḥ]」，滿文譯作「sunja teisulen i gebu」。[143]法圖本將「塵」譯作「buraki」，而《五譯合璧集要》「五塵名」則作「teisulen」，有「遭逢」、「遭遇」之意，[144]應取「境」之意，滿漢文不相符。

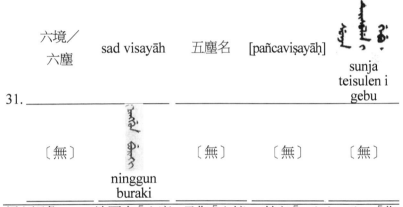

142 《佛光大辭典》，s.vv.「六塵」，1：1298；「六境」，1：1298-1299；「境」，3：5765；「五境」，1：1171-1172。

143 *Pentaglot Dictionary of Buddhist Term: in Sanskrit, Tibetan, Manchurian, Mongolian, and Chinese*, s.v. "五塵名," 192.

144 《新滿漢大詞典》，第 2 版，s.v.「teisulen」，1149。

31-(1).	色境／色塵	〔無〕	色	rūpam	 dursun
	 dursun	 boco	 boco	dursun	dursun

經文詞彙備註 49 色境／色塵　「色境」，或單稱「色」，又為「十二處」之「色處」，或「十八界」，指「眼根所取青黃等質礙之境」，亦即「眼根所識別之對象」，可分為三類：(i) 形色，如長、短、方、圓、高、下、正、不正等；(ii) 顯色，如青、黃、赤、白、雲、煙、塵、霧、影、光、明、闇等；(iii) 表色，如行、住、坐、臥、取、捨、屈、伸等動作形態，顯然可表示於外，而令人目見者。[145]可知「色境」之「色」與「色蘊」之「色」不完全相同，「色境」主要包含形體、形態與顏色等，滿文諸譯本或用「dursun」或用「boco」皆不能體現「色境」之內涵；再者，用「dursun」或「boco」又易與「色蘊」混淆，故若要將二詞區分，可取法圖本註演所言，「凡一切眼所見者，及有形質者，皆曰色」，或可將「色蘊」之「色」譯作「bisire」，[146]而將「色境」之「色」譯作「dursun boco」。《五譯合璧集要》作「dursun」，與「五根名」不同，僅單稱「色」。[147]

145 《佛光大辭典》，s.vv.「色境」，2：2549；「色塵」，2：2549；「色」，2：2541-2542。
146 （清）傅恆等奉敕撰，《御製增訂清文鑑》，s.v.「所有」，18：63b。
147 *Pentaglot Dictionary of Buddhist Term: in Sanskrit, Tibetan, Manchurian, Mongolian, and Chinese*, s.v. "色," 192.

31-(2).	聲	śabda	聲	śabdaḥ	 jilgan
	 jilgan	 jilgan	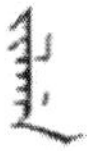 jilgan	jilgan	jilgan
經文詞彙備註 50 聲境／聲塵	「聲」，「śabda」，指「具有呼召作用之音響」，「為耳根所聞、耳識所了別（認識）之對象」。[148]滿文諸譯本及《五譯合璧集要》皆作「jilgan」。[149]				
31-(3).	香塵	〔無〕	香	gandhaḥ	 wa
	 wa	 wa	 wa	we[wa][150]	wa
經文詞彙備註 51 香境／香塵	「香」梵文作「gandha」，「香塵」乃「鼻識、鼻根所緣之對境」，亦即「鼻根所嗅之物，鼻識所分別之對象之一」，可分為「好香、惡香、平等香、不平等香」等四種。[151]滿文諸譯本及《五譯合璧集要》皆作「wa」，[152]意「氣味」，而不作「wangga」，意「香」，較漢文更能展現原意（參見附錄四）。[153]				

148 《佛光大辭典》，s.v.「聲」，3：6493-6494。

149 *Pentaglot Dictionary of Buddhist Term: in Sanskrit, Tibetan, Manchurian, Mongolian, and Chinese*, s.v. "聲," 192.

150 林士鉉文中作「we」，意「誰」，與經文不合，疑為誤植，因未能取得三合本原件，無法確認原文，故此說明。
林士鉉，〈清代滿文譯本《般若波羅密多心經》初探〉，533。

151 《佛光大辭典》，s.v.「香塵」，2：4016；「香」，2：4005-4007。

152 *Pentaglot Dictionary of Buddhist Term: in Sanskrit, Tibetan, Manchurian, Mongolian, and Chinese*, s.v. "香," 192.

153 （清）傅恆等奉敕撰，《御製增訂清文鑑》，s.vv.「氣味」，28：23b；「香」，28：22a-22b。

31-(4).	味	rasa	味	rasaḥ	 amtan
	 amtan	 amtan	 amtan	amtan	amtan
經文詞彙備註 52 味境／味塵	「味」，梵文「rasa」，「由舌根所嘗之味」，即「舌根所受用之境」。[154]滿文諸譯本及《五譯合璧集要》皆作「amtan」。[155]				
31-(5).	觸	sprastavya	觸	spraṣṭavyam	 aligan
	 aligan	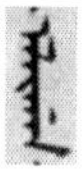 aligan	 aligan	aligan	aligan
經文詞彙備註 53 觸境／觸塵	「觸」有二義：梵文「sparśa」，「指境（對象）、根（感官及其機能）、識（認識）三者和合時所產生之精神作用」，亦即指「主觀與客觀接觸之感覺而言」；梵文「sprastavya」，「指身根感覺之對象，即所觸之對境，稱為觸境」。[156]參考 Conze 及中村元梵文諸本此處應指第二義。滿文諸譯本及《五譯合璧集要》皆作「aligan」，[157]此滿文詞彙已於滿藏本備註 38 做過詳細考察。				

154 《佛光大辭典》，s.v.「味」，2：3110-31111。

155 *Pentaglot Dictionary of Buddhist Term: in Sanskrit, Tibetan, Manchurian, Mongolian, and Chinese*, s.v. "味," 192.

156 《佛光大辭典》，s.v.「觸」，3：6802-6803。

157 *Pentaglot Dictionary of Buddhist Term: in Sanskrit, Tibetan, Manchurian, Mongolian, and Chinese*, s.v. "觸," 192A.

31-(6).	法境／法塵	〔無〕	〔無〕		
	 jaka	 doro	 ging	jaka	nomun

經文詞彙備註 54 法境／法塵

「法境」可作廣義及狹義解：「一般廣含一切法，即意識向色、聲、香、味、觸、法等六境全體作用」，或「特指唯意識所作用之對象」。[158]關於「法」的滿文繙譯，已在法圖本備註 17、法圖本備註 29 討論過，無論滿藏本和三合本用「jaka」，四合本和藏傳本用「ging」及「nomun」，或法圖本作「doro」，主要針對「法」的「任持自性」或「軌生物解」二義所譯，即如法圖本備註 17 考察，「jaka」合於「任持自性」義，而「doro」則合於「軌生物解」義，然就「法境」或「法塵」之內涵而言，似未能完整傳達其義。

158 《佛光大辭典》，s.vv.「法境」，2：3418；「法塵」，2：3417-3418；「法」，2：3336-3337。

經文分段 16.

002 玄奘漢	無眼界，乃至無意識界；
041 睿梵一	na cakṣur-dhātur yāvan na manovijñāna-dhātuḥ.
042 睿梵二	na cakṣur-dhātur yāvan na manovijñāna-dhātuḥ
049 村略梵	na cakṣur-dhātur yāvan na mano-vijñāna-dhātuḥ.
119 雍序漢	無眼界及無意界，乃至無意識界；
134 睿廣梵	na cakṣur-dhātur yāvan na manovijñāna-dhātuḥ
145 村廣梵	na cakṣurdhātur yāvan na manodhātur na dharmadhātur na manovijñānadhātuḥ.

	六識	sadvijñāna	〔無〕		
32.	〔無〕	 ninggun sara	〔無〕	〔無〕	〔無〕

經文詞彙備註 55 六識

「六識」，梵文「sadvijñāna」，指「以眼、耳、鼻、舌、身、意等六根為依，對色（顯色與形色）、聲、香、味、觸、法（概念及直感之對象）等六境，產生見、聞、嗅、味、觸、知等了別作用之眼識、耳識、鼻識、舌識、身識、意識等」，需要注意的是「識、境、根三者必須同時存在」。再「識」之梵文「vijñāna」，乃「vi（分析、分割）與 jñāna（知）之合成語」，是指「分析、分類對象而後認知之作用」。[159]法圖本註演作「ninggun sara」，意「六知的」，然若按「六識」之意，「識」有「了別」、「分辨」之意。

159 《佛光大辭典》，s.v.「六識」，1：1312；「識」，3：6697-6699。

	十八界	astādaśa dhātavah	〔無〕		
33.	〔無〕	  juwan jakūn hešen	〔無〕	〔無〕	〔無〕

經文詞彙備註 56 十八界

「十八界」，梵文「astādaśa dhātavah」，「界」有「種類、種族之義」，「十八界」是「指在我人一身中，能依之識、所依之根與所緣之境等十八種類之法」，即「眼、耳、鼻、舌、身、意等六根（能發生認識之功能），及其所對之色、聲、香、味、觸、法等六境（為認識之對象），以及感官（六根）緣對境（六境）所生之眼、耳、鼻、舌、身、意等六識，合為十八種」，故稱「十八界」。[160]法圖本註演說明得很清楚，此「十八界」因「各有定處」，故曰「界」，滿文譯作「hešen」，意「地界」。

160 《佛光大辭典》，s.v.「十八界」，1：356-357。

	〔眼界〕		〔無〕		
33-(1).	 yasa i fulehe	 yasa hešen	 yasai da	yasa i fulehe	yasa i jecen

經文詞彙備註 57 眼界　「界」，梵文作「dhātu」，有「層、根基、要素、基礎、種族」等義，作為「各種分類範疇之稱呼」，如「十八界」。[161] 經文「眼界」即指「眼根」，故滿藏本及三合本譯作「yasa i fulehe」，四合本作「yasai da」，「fulehe」、「da」雖皆有「根」、「本」之意，然此處非謂「六根」之「眼根」，而是「十八界」之「眼界」，應以「界」為繙譯詞彙；法圖本作「yasa hešen」，藏傳本作「yasa i jecen」，「hešen」、「jecen」皆有「界」之意（參見附錄四）。[162]

161 《佛光大辭典》，s.v.「界」，2：3889。

162 （清）傅恆等奉敕撰，《御製增訂清文鑑》，s.vv.「根」，29：40a；「本」，29：40a；「地界」，21：29b-30a；「疆」，19：43b。

	〔意界〕		〔無〕		
33-(2).	 gūnin i fulehe	〔無〕	 gūnin i da	gūnin i fulahe [fulehe][163]	〔無〕

經文詞彙備註 58 意界	「意」，梵文「manas」，即「思量」，指「周遍思惟之心理作用」，「六根」中之「意根」，「十二處」中之「意處」，「十八界」中之「意界」。[164]滿藏本及三合本作「gūnin i fulehe」，四合本作「gūnin i da」，仍使用「六根」之「根」字意，然此處應配合「十八界」之「意界」繙譯。另一方面，以玄奘本為底本的法圖本無此句，值得注意的是藏傳本也無此句，在版本研究段落已知藏傳《心經》應屬長本系統，而王敵非所討論的版本屬短本，且內容近於玄奘本，其底本是否屬「藏傳」系統，王敵非並未加以說明，值得進一步考察。

163 原文如此。因未能取得三合本原件，無法確認原文，僅就林士鉉文中所錄照樣謄寫。
林士鉉，〈清代滿文譯本《般若波羅密多心經》初探〉，534。

164 《佛光大辭典》，s.v.「意」，3：5445。

	〔意識界〕		〔無〕		
33-(3).	 gūnin i ulhirengge i fulehe	 gūnin sara hešen	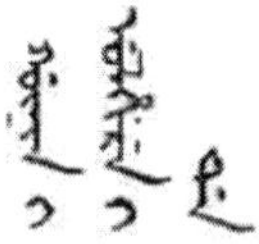 gūnin i ulhire i da	gūnin i ulhirengge i fulehe	gūnin ulhibun i jecen

經文詞彙備註 59 意識界

「意識」，梵文作「mano-vijñāna」，廣義而言，指「吾人所有諸種經驗，從原始之感覺至高度之思考均包括在內。凡能統攝多種經驗內容之作用，皆稱為意識」；狹義而言，指「六識或八識中之第六識」；另外「眼、耳、鼻、舌、身、意等六識之全部，亦統稱為意識」。[165]滿藏本及三合本將「意識界」譯作「gūnin i ulhirengge i fulehe」，意「意的所曉悟的根」，要特別強調此處的「識」應指「六識」之「識」，有「分析、分類對象而後認知」之意，在經文詞彙備註 27 已討論過「ulhirengge」之意，然「ulhirengge」未能表現出「分析」、「分類」之意，使用「takambi」或許更能表達其意（參見附錄四），[166]其他四合本作「ulhire」、藏傳本「ulhibun」亦以「ulhimbi」為字根，或採未完成體或採名詞形，僅法圖本作「sara」，意「知的」。再者，「界」的滿文繙譯同前述「眼界」及「意界」，應以「十八界」為本，而滿藏本及三合本作「fulehe」、四合本作「da」皆無「界」之意，法圖本「hešen」及藏傳本「jecen」方合於經文詞義。

165 《佛光大辭典》，s.v.「意識」，3：5449-5451。

166 （清）傅恆等奉敕撰，《御製增訂清文鑑》，s.v.「認得」，12：29a。

經文分段17.	002 玄奘漢	無無明，亦無無明盡；
	041 睿梵一	na-avidyā na-avidyā-kṣayo
	042 睿梵二	na-avidyā na-avidyā-kṣayo
	049 村略梵	na vidyā nāvidyā na vidyākṣayo nāvidyākṣayo
	119 雍序漢	無無明，亦無無明盡；
	134 睿廣梵	na-avidyā na-avidyā-kṣayo
	145 村廣梵	na vidyā nāvidyā na kṣayo
經文分段18.	002 玄奘漢	乃至無老死，亦無老死盡；
	041 睿梵一	yāvan na jarā-maraṇaṃ na jarāmaraṇa-kṣayo.
	042 睿梵二	yāvan na jarāmaraṇaṃ na jarāmaraṇakṣayo
	049 村略梵	yāvan na jarāmaraṇaṃ na jarāmaraṇakṣayo
	119 雍序漢	乃至無老死，亦無老死盡；
	134 睿廣梵	yāvan na jarāmaraṇaṃ na jarāmaraṇakṣayo
	145 村廣梵	yāvan na jarāmaraṇaṃ na jarāmaraṇakṣayaḥ.

十二因緣 dvādaśāvgapratītya-samutpāda	十二因緣名 [dvādaśa pratītya-samutpādāṁgaḥ]	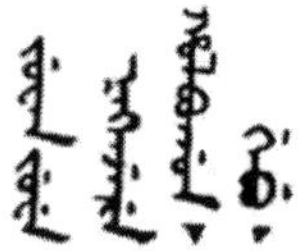 juwan juwe nikenjere holbogon,[i][167] gebu

34.	〔無〕	 juwan juwe siran	〔無〕	〔無〕	〔無〕

經文詞彙備註 60 十二因緣

「十二因緣」，梵文「dvādaśāvgapratītya-samutpāda」，指「十二種因緣生起」，即「根本佛教之基本教義」，包括：「無明（梵 avidyā）、行（梵 sajskāra）、識（梵 vijñāna）、名色（梵 nāma-rūpa）、六處（梵 sad-āyatana）、觸（梵 sparśa）、受（梵 vedanā）、愛（梵 trsnā）、取（梵 upādāna）、有（梵 bhava）、生（梵 jāti）、老死（梵 jarā-marana）」等十二種，「此十二支中，各前者為後者生起之因，前者若滅，後者亦滅」，即「一切事物皆具有相依性，皆由因、緣所成立，故說無常、苦、無我」，「據傳釋尊因觀此而開悟證果」，故「觀十二緣起，與四諦觀同為佛教重要之觀法」。[168]法圖本註演將這十二種因緣生起說明得很清楚（參見法圖本備註 36），因環環相連，故用「siran」表示一緣接續一緣生起。《五譯合璧集要》譯作「juwan juwe nikenjere holbogon」，字根「nikenjembi」意「來依靠」，「holbombi」意「連接」。[169]

---

167 原文如此，疑將「i」誤寫作滿文句讀「 ᠈」。
Pentaglot Dictionary of Buddhist Term: in Sanskrit, Tibetan, Manchurian, Mongolian, and Chinese, s.v. “十二因緣名,” 144.

168 《佛光大辭典》，s.v.「十二因緣」，1：337-339。

169 《新滿漢大詞典》，第 2 版，s.vv.「nikenzhimbi」，918；「holbombi」，667-668。

	無明	avidyā	無明	avidyā	 mentuhun
34-(1).	 mentuhun	 genggiyen akū	 hūlhi	mentuhun	mentuhun

經文詞彙備註 61 無明

「無明」，梵文作「avidyā」，乃「煩惱之別稱」，指「闇昧事物，不通達真理與不能明白理解事相或道理之精神狀態」，泛指「無智、愚昧」，特指「不解佛教道理之世俗認識」，在「十二因緣」中「無明」即為「一切煩惱之根本」。[170]滿藏本、三合本、藏傳本皆作「mentuhun」，意「愚」，《五譯合璧集要》同，[171]四合本作「hūlhi」，意「糊塗」，而法圖本則按漢文直譯「genggiyen akū」，意「不明」（參見附錄四）。[172]

170 《佛光大辭典》，s.v.「無明」，3：5094-5096。

171 *Pentaglot Dictionary of Buddhist Term: in Sanskrit, Tibetan, Manchurian, Mongolian, and Chinese*, s.v. "無明," 144.

172 （清）傅恆等奉敕撰，《御製增訂清文鑑》，s.vv.「愚」，17：35a；「糊塗」，17：36a；「明」，11：51b。

34-(2).	行	sajskāra	行	saṁskāraḥ	 weilen
	〔無〕	 yabure	〔無〕	〔無〕	〔無〕

經文詞彙備註 62 行　在經文詞彙備註 26 討論過「行」的二義：一為「造作」，即此「十二因緣」中的「行」支；一為「遷流變化」，即「五蘊」中之「行蘊」。若按第一義，滿文應以「arambi」（參見附錄四），[173]或「weilembi」為字根，如《五譯合璧集要》作「weilen」，[174]然法圖本註演作「yabure」，易與「行蘊」混淆。

34-(3).	識	vijñāna	識	vijñānam	 ulhibun
	〔無〕	 sara	〔無〕	〔無〕	〔無〕

經文詞彙備註 63 識　經文詞彙備註 27、經文詞彙備註 59 皆討論過「識」之內涵。法圖本註演作「sara」，《五譯合璧集要》作「ulhibun」，[175]皆有「知」、「曉」之意，然未能展現先有「分析」、「分類」而後「認知」之涵義。

173 （清）傅恆等奉敕撰，《御製增訂清文鑑》，s.v.「造作」，26：5b。

174 *Pentaglot Dictionary of Buddhist Term: in Sanskrit, Tibetan, Manchurian, Mongolian, and Chinese*, s.v. "行," 144.

175 *Pentaglot Dictionary of Buddhist Term: in Sanskrit, Tibetan, Manchurian, Mongolian, and Chinese*, s.v. "識," 145.

34-(4).	名色	nāma-rūpa	名色	nāmarūpam	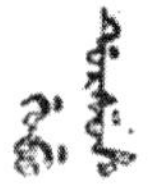 gebu dursun
	〔無〕	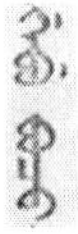 gebu boco	〔無〕	〔無〕	〔無〕

經文詞彙備註 64 名色

「名色」，梵文「nāma-rūpa」，即「概括一切精神與物質之總稱」，所謂「名」指「心的方面」，「色」指「物的方面」，再「名色」又可作為「五蘊之總稱」，蓋「受、想、行、識等四蘊為心法，無形體可見，而須藉名以詮顯之，故稱四蘊為名」，而「色蘊係極微所成，為有質礙之物體，故稱為色」。[176]法圖本註演譯作「gebu boco」，《五譯合璧集要》作「gebu dursun」，[177]滿文依漢文「名」、「色」直譯，未能展現「精神」與「物質」之意。

176 《佛光大辭典》，s.v.「名色」，1：2256-2257。

177 *Pentaglot Dictionary of Buddhist Term: in Sanskrit, Tibetan, Manchurian, Mongolian, and Chinese*, s.v. "名色," 145.

34-(5).	六入	〔無〕	六入	ṣaḍāyatanam	 ninggun banjire akūnan
	〔無〕	 ninggun dosin	〔無〕	〔無〕	〔無〕

經文詞彙備註 65 六入／六處

「六入」，又作「六處」，指「眼、耳、鼻、舌、身、意等六根」，或「色、聲、香、味、觸、法等六境」，「六根」為「內之六入」，「六境」為「外之六入」，故總稱「十二入」，或「十二處」。「入」有「涉入、趨入」之意，「六根」與「六境」互相涉入而生「六識」，故稱「入」;「處」謂「所依」，「六根」與「六境」為生「六識」之所依，故稱「處」。[178] 林光明則說「處」的梵文「āyatana」原意指「所進入的場所」及「進入的東西」，分別指「六根」及「六境」。[179]法圖本註演譯作「ninggun dosin」，即「六入」，《五譯合璧集要》作「ninggun banjire akūnan」，意「六過到對岸」，似乎是繙譯漢文「六處」之意。

178 《佛光大辭典》，s.v.「六入」，1：1240-1241。
179 林光明，《梵藏心經自學修訂版》，119-120。

34-(6).	觸	sparśa	觸	sparśaḥ	 alire
	〔無〕	 teisulen	〔無〕	〔無〕	〔無〕

經文詞彙備註 66 觸

經文詞彙備註 53 討論過「觸」有二義，參考《五譯合璧集要》梵文作「sparśaḥ」，故「十二因緣」之「觸」應指「境（對象）、根（感官及其機能）、識（認識）三者和合時所產生之精神作用」，亦即「主觀與客觀接觸之感覺」，與「六境」或「六塵」中「觸」不同。而作為「十二因緣」或「十二緣起」之第六支，「有部」依「分位緣起」解釋為「嬰兒期之觸」，謂「於嬰兒期根、境、識三者和合而未了知苦樂差別之位」。[180]故法圖本註演譯作「teisulen」，字根「teisulembi」確實有「相合」、「接觸」之意（參見附錄四）[181]；另一方面，《五譯合璧集要》作「alire」，[182]然經文詞彙備註 24「受蘊」討論過「alimbi」有「承當」之意，滿漢文詞意不合。

180 《佛光大辭典》，s.v.「觸」，3：6802-6803。

181 （清）傅恆等奉敕撰，《御製增訂清文鑑》，s.v.「逢」，15：41b。

182 *Pentaglot Dictionary of Buddhist Term: in Sanskrit, Tibetan, Manchurian, Mongolian, and Chinese*, s.v. "觸," 145.

34-(7).	受	vedanā	受	vedanā	 serebun
	〔無〕	 alire	〔無〕	〔無〕	〔無〕
經文詞彙備註 67 受	經文詞彙備註 24 討論過「受」有二義，「十二因緣」中之「受支」與「受蘊」不同，指「幼年少年時期對苦、樂等相之了知」，而「尚未生起淫愛」之階段。[183]法圖本註演作「alire」，有「承當」之意，《五譯合璧集要》則作「serebun」，[184]有「覺」之意，較符合「受支」中「感知」之意。				
34-(8).	愛	trsnā/ tosayati/ priya	愛	tṛṣṇā	 buyen
	〔無〕	 buyere	〔無〕	〔無〕	〔無〕
經文詞彙備註 68 愛	「愛」有四義：(i)梵文作「trsnā」、「tosayati」或「priya」，即「十二因緣」之「愛支」，意為「貪戀執著於一切事物」，佛教中的「愛憎」，「恰若手心、手背，為一體之兩面」，故「愛之愈深，則憎怨之可能愈大」；(ii)梵文「anunaya-sajyojana」，為「愛結」之略稱，指「於境染著之貪煩惱意」；(iii)梵文「preman」或「priya」，謂「以不染污心愛樂法或愛師長」；(iv)悉曇字「ai」之漢文音譯。[185]法圖本註演及《五譯合璧集要》皆以「buyembi」為字根，[186]或作「buyere」，或作「buyen」。[187]				

183 《佛光大辭典》，s.v.「受」，2：3096-3098。

184 *Pentaglot Dictionary of Buddhist Term: in Sanskrit, Tibetan, Manchurian, Mongolian, and Chinese*, s.v. "受," 146.

185 《佛光大辭典》，s.v.「愛」，3：5457-5458。

186 （清）傅恆等奉敕撰，《御製增訂清文鑑》，s.vv.「愛」，13：22a；「欲」，13：22a。

187 *Pentaglot Dictionary of Buddhist Term: in Sanskrit, Tibetan, Manchurian, Mongolian, and Chinese*, s.v. "愛," 146.

34-(9).	取	upādāna	取	upādānam	 gonggibu
	〔無〕	 gaire	〔無〕	〔無〕	〔無〕
經文詞彙備註 69 取	「取」，梵文「upādāna」，指「執著於所對之境」，亦即「由第八支『愛支』現行引生之熾熱活動，特指對淫、食、資具等之執著，及對妄欲貪求之心等作用而言」。[188]法圖本註演作「gaire」，《五譯合璧集要》作「gonggibu」，[189]有「使去取」之意（參見附錄四）。[190]				
34-(10).	有	bhava	有	bhavaḥ	 bisire
	〔無〕	 bi	〔無〕	〔無〕	〔無〕
經文詞彙備註 70 有	「有」，梵文「bhava」，即「存在、生存之義」，而在「十二因緣」中，「有支」指「能牽引當來果報之業」者。[191]法圖本註演作「bi」，[192]《五譯合璧集要》作「bisire」，[193]意「所有」（參見附錄四）。				

188 《佛光大辭典》，s.v.「取」，2：3092。

189 *Pentaglot Dictionary of Buddhist Term: in Sanskrit, Tibetan, Manchurian, Mongolian, and Chinese*, s.v. "取," 146.

190 （清）傅恆等奉敕撰，《御製增訂清文鑑》，s.v.「使去取」，12：65a。

191 《佛光大辭典》，s.v.「有」，2：2426-2428。

192 （清）傅恆等奉敕撰，《御製增訂清文鑑》，s.v.「有」，12：65a。

193 *Pentaglot Dictionary of Buddhist Term: in Sanskrit, Tibetan, Manchurian, Mongolian, and Chinese*, s.v. "有," 146.

34-(11).	生	jāta／jāti	生	jātiḥ	 banjire
	〔無〕	 banjin	〔無〕	〔無〕	〔無〕

經文詞彙備註 71 生　「生」，梵文「jāta」或「jāti」，有六義：(i) 即「十二因緣」中之「生支」，指「由過去之業力而正確結以當來果」；(ii)「四相」中之「生相」；(iii)「四有」中之「生有」；(iv)「八計」或「八不中道」中，與「滅」對稱之「生」(參見經文詞彙備註 38)；(v) 有「生存」、「生涯」等意；(vi) 指「眾生依受生之差異，而有各種分類」。[194]法圖本註演作「banjin」，《五譯合璧集要》作「banjire」，[195]皆為「banjimbi」之變化形（參見附錄四）。[196]

194 《佛光大辭典》，s.v.「生」，1：2056。

195 *Pentaglot Dictionary of Buddhist Term: in Sanskrit, Tibetan, Manchurian, Mongolian, and Chinese*, s.v. "生," 146.

196 （清）傅恆等奉敕撰，《御製增訂清文鑑》，s.v.「生長」，13：9a。

	老死	jarā-marana	老死	jarāmaraṇam	 sakdara bucere
34-(12).	 sakdara, bucere	 sakdambi bucembi	 sakdara bucere	sakdara bucere	sakdan bucen

經文詞彙備註 72 老死　「老死」，梵文「jarā-marana」，即「老」與「死」並稱，指「眾生衰變及滅壞之位」。依「三世兩重因果」之說，「生支、老死支為未來二果，於現在捨命後，正在形成新生命之一剎那間所集結之五蘊，稱為生支；相對於此，生起識之剎那以後，名色、六觸、受、愛漸增，乃至總異滅位，稱為老死支」，其中，「老」，是「色、心之衰變」，而「死」，為「壽命盡而滅壞」。[197]滿藏本、四合本、三合本皆譯作「sakdara bucere」，法圖本註演作「sakdambi bucembi」，《五譯合璧集要》作「sakdan bucen」。[198]

197　《佛光大辭典》，s.v.「老死」，2：2507。

198　*Pentaglot Dictionary of Buddhist Term: in Sanskrit, Tibetan, Manchurian, Mongolian, and Chinese*, s.v. "老死," 147.

	002 玄奘漢	無苦、集、滅、道；
經	041 睿梵一	na duḥkha-samudaya-nirodha-mārgā.
文	042 睿梵二	na duḥkha-samudaya-nirodha-mārgā
分	049 村略梵	na duḥkha-samudaya-nirodha-mārgā,
段	119 雍序漢	是以無苦、集、滅、道；
19.	134 睿廣梵	na duḥkha-samudaya-nirodha-mārgā
	145 村廣梵	na duḥkhasamudaya-nirodhamārgā

35.

四諦	〔無〕	四諦十六行觀名	[caturṇāṃ satyānāṃ ṣoḍaśākārāḥ]	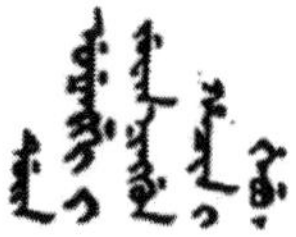 duin unenggi i juwan ninggun hacin i gebu
〔無〕	 duin yargiyan	〔無〕	〔無〕	〔無〕

經文詞彙備註 73 四諦　「四諦」，指「苦、集、滅、道四種正確無誤之真理」，「諦」，梵文「satya」，意「審實不虛」，即「真實無誤、永遠不變之事實」，亦即「真理」。[199]法圖本註演作「duin yargiyan」，《五譯合璧集要》詞條作「四諦十六行觀名」，滿文譯「duin unenggi i juwan ninggun hacin i gebu」，[200]「十六行觀」內涵可參見經文詞彙備註 29，「yargiyan」意「言誠行實」，「unenggi」意「意心很真實不欺詐」，[201]二者皆有「真實」之意，然前者側重言行誠實，後者則強調內心誠信。

199 《佛光大辭典》，s.vv.「四諦」，1：1840-1843；「諦」，3：6294-6295。

200 *Pentaglot Dictionary of Buddhist Term: in Sanskrit, Tibetan, Manchurian, Mongolian, and Chinese*, s.v. "四諦十六行觀名," 149.

201 （清）傅恆等奉敕撰，《御製增訂清文鑑》，s.vv.「真實」，11：60b；「誠」，11：60b。

35-(1).	苦諦	duhkha-satya	苦	duḥkham	 jobolon
	 jobolon	 jobocun	 jobolon	jobolon	jobolon

經文詞彙備註 74 苦諦

「苦諦」，梵文作「duhkha-satya」，又稱「苦聖諦」，梵文「duhkhārya-satya」，經文詞彙備註 31 討論過「苦」之意，而「苦諦」是「關於生死實是苦之真諦」，「審實世間事物，不論有情、非情悉皆為苦」，或者說「對人生及環境所作之價值判斷，認為世俗之一切，本質皆苦」。[202]滿文諸譯本及《五譯合璧集要》皆譯作「jobolon」。[203]

202 《佛光大辭典》，s.vv.「苦諦」，2：3947-3948；「苦」，2：3942-3943；「四諦」，1：1840-1843。

203 *Pentaglot Dictionary of Buddhist Term: in Sanskrit, Tibetan, Manchurian, Mongolian, and Chinese*, s.v. "苦," 149.

35-(2).	集諦	samudaya-satya	集	samudayaḥ	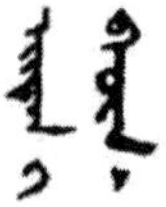 eiten i banjin
	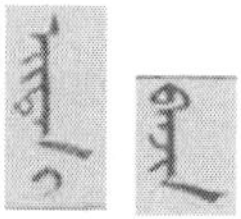 eiten i banjin	 isabure	 eiten be banjibure	eiten i banjin	eiten bajin

經文詞彙備註 75 集諦

「集諦」，梵文「samudaya-satya」，或作「集聖諦」，梵文「samudayārya-satya」，「審察一切煩惱惑業，即知其於未來實能招集三界生死苦果，故稱集諦」，按「集」，意「招聚」，謂「若心與結業相應，未來定能招聚生死之苦」，故「集諦」是「關於世間人生諸苦之生起及其根源之真諦」。[204]滿藏本、三合本、《五譯合璧集要》皆譯作「eiten i banjin」，[205]意「一切的生」，藏傳本作「eiten bajin」，疑闕漏屬格格助詞「i」，因未能取得藏傳本原件，無法確認原文，僅就王敵非文中所錄照樣謄寫；四合本作「eiten be banjibure」，意「長養一切的」；法圖本作「isabure」，有「集聚」之意（參見附錄四）。[206]

204 《佛光大辭典》，s.vv.「集諦」，3：5327；「四諦」，1：1840-1843。

205 *Pentaglot Dictionary of Buddhist Term: in Sanskrit, Tibetan, Manchurian, Mongolian, and Chinese*, s.v. "集," 150.

206 （清）傅恆等奉敕撰，《御製增訂清文鑑》，s.vv.「生」，13：9a；「長養」，13：9a-b；「積聚」，21：55a。

35-(3).	滅諦	nirodha-satya	滅	nirodhaḥ	 gukubun
	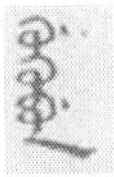 gukubun	 mukiyere	 gukubure	gukubun	mukiyen

經文詞彙備註 76 滅諦

「滅諦」，梵文「nirodha-satya」，或作「滅聖諦」，梵文「nirodhārya-satya」，「滅」，有「滅盡」、「息滅」、「寂滅」之意，「滅諦」指「人類若能滅息苦之根本（欲愛），即可從相續不斷之苦中獲得解脫與自由」，故「滅諦」是「關於滅盡苦、集之真諦」。[207]滿藏本、三合本、《五譯合璧集要》皆作「gukubun」，[208]四合本作「gukubure」；法圖本作「mukiyere」，藏傳本作「mukiyen」，皆有「滅」、「亡」之意（參見附錄四）。[209]

207 《佛光大辭典》，s.vv.「滅諦」，3：5510；「滅」，3：5507；「四諦」，1：1840-1843。

208 *Pentaglot Dictionary of Buddhist Term: in Sanskrit, Tibetan, Manchurian, Mongolian, and Chinese*, s.v. "滅," 151.

209 （清）傅恆等奉敕撰，《御製增訂清文鑑》，s.vv.「使亡」，08：34a；「滅」，23：13a。

35-(4).	道諦	mārga-satya	道	margaḥ	 jugūn
	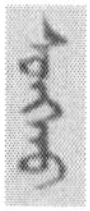 songko	 doro	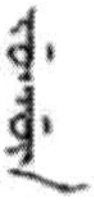 jugūn	songko	doro

經文詞彙備註 77 道諦

「道諦」，梵文「mārga-satya」，又作「道聖諦」，梵文「mārgārya-satya」，指「欲達苦滅之境而依之修行的八正道」，包括「正見、正志、正語、正業、正命、正方便、正念、正定」等八項，「若依此而修行，則可超脫苦、集二諦，達到寂靜涅槃之境」，「道」有「能通」之意，故「道諦即關於八正道之真諦」。[210]滿藏本及三合本譯作「songko」；法圖本及藏傳本作「doro」；四合本與《五譯合璧集要》作「jugūn」。[211]在法圖本備註 17、法圖本備註 29 及經文詞彙備註 54 已討論過「doro」漢文作「道」，然滿文詞意為「常規禮儀」，而「jugūn」方有「道路」之意，[212]「songko」則有「蹤跡」之意，皆較「doro」更合於「道諦」本意。[213]

210 《佛光大辭典》，s.vv.「道諦」，3：5660-5661；「道」，3：5620-5621；「四諦」，1：1840-1843。

211 *Pentaglot Dictionary of Buddhist Term: in Sanskrit, Tibetan, Manchurian, Mongolian, and Chinese*, s.v. "道," 152.

212 （清）傅恆等奉敕撰，《御製增訂清文鑑》，s.v.「路」，19：45a。

213 《新滿漢大詞典》，第 2 版，s.v.「songko」，1090-1091。

經文分段 20.

002 玄奘漢　無智，亦無得。
041 睿梵一　na jñānam, na prāptir na-aprāptiḥ.
042 睿梵二　na jñānaṃ na prāptir na-aprāptiḥ.
049 村略梵　na jñānaṃ na prāptiḥ.
119 雍序漢　無智，無得亦無不得。
134 睿廣梵　na jñānaṃ na prāptir na-aprāptiḥ.
145 村廣梵　na jñānaṃ na prāptir nāprāptiḥ.

	智	jñāna	〔無〕		
36.	 sure ulhisu	 sure	 sara ulhisu	sure ulhisu	sure

經文詞彙備註 78 智

「智」，梵文作「jñāna」，指「對一切事物之道理，能夠斷定是非、正邪，而有所取捨者」，後轉指「斷煩惱主因之精神作用而言」，「智」包含於「般若慧」之作用中，[214]經文詞彙備註 2 及經文詞彙備註 20 已討論過，為求區別故將「jñāna」與「prajñā」分別譯作「智」與「般若」，而滿藏本將「智」譯作「sure ulhisu」，四合本則譯作「sara ulhisu」，與經題「般若」部分譯作「sure」，經文音譯作「barandza」區別；法圖本將「智」譯作「sure」，「般若」譯作「sure ulhisu」；三合本將「智」譯作「sure ulhisu」，經題之滿文繙譯不明；[215]而藏傳本未加以區分皆譯作「sure」。

214 《佛光大辭典》，s.v.「智」，3：5009-5013。
215 文中未提及，參見前段經題比較分析。
林士鉉，〈清代滿文譯本《般若波羅密多心經》初探〉，565。

得	prāpti	〔無〕		
 bahabun	 baharangge	 baharakū （無得）	bahabun	baharangge

37.

非得	aprāpti	〔無〕		
 baharakūngge	〔無〕	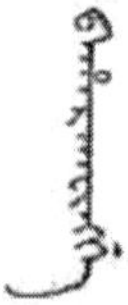 baharakūngge	〔無〕	〔無〕

經文詞彙備註 79 得／不得　「得」，梵文「prāpti」「一切法造作成就而不失，稱為得」;「非得」，梵文「aprāpti」,「一切法不能成就，稱為非得」。[216]法成本、雍序漢皆將「非得」譯作「不得」，在滿文諸譯本中，僅同為長本系統的滿藏本和四合本包含此詞，譯作「baharakūngge」。

216　《佛光大辭典》，s.vv.「得」，2：4548；「非得」，2：3711。

經文分段20-01.	002 玄奘漢	〔無〕
	041 睿梵一	Tasmāc Chāriputra
	042 睿梵二	tasmāc Chāriputra
	049 村略梵	〔無〕
	119 雍序漢	舍利子！是故
	134 睿廣梵	tasmāc Chāriputra
	145 村廣梵	tasmāc Chāriputra
經文分段21.	002 玄奘漢	以無所得故，
	041 睿梵一	aprāptitvād
	042 睿梵二	aprāptitvād
	049 村略梵	tasmād aprāptitvād
	119 雍序漢	菩提薩埵以無所得故，
	134 睿廣梵	aprāptitvād
	145 村廣梵	aprāptitvena

	無所得	aprāptitva	〔無〕		
38.	 bahabun akū	 baharangge akū	 baharakū	bahabun akū	bahara ba akū

經文詞彙備註 80 無所得

「無所得」，梵文「aprāptitva」，為「有所得」（梵文「prāpti」）之對稱，「無所得」指「體悟無相之真理，內心無所執著，無所分別」，而「有所得」則指「無法體悟絕對平等、無二無別之真理，而有所執取」。[217]滿文諸譯本皆以「bahambi」為字根變化。

另外值得一提的是白石真道指出據玄奘留下的不潤色本（即 T0256《唐梵飜對字音般若波羅蜜多心經并序》，又作 S.700），「菩提薩埵依般若波羅蜜多」句乃誤譯，應作「應依菩薩學派所說的深般若波羅蜜多行」，白石引法月本指出「菩薩學派」包括「觀世音菩薩」、「文殊師利菩薩」、「彌勒菩薩」等，而其梵文「bodhisattvānām」乃依 T0256「冒地娑怛嚩喃」還原。現行本將「菩提薩埵」作為主語，即舉為與諸佛同為完成修行的見證人，然若按長本梵文，主語應為「只要是一般的善男子、善女人，任何人都可以」。[218]此論點亦可作為版本考察時檢視討論的材料之一，查 Conze 及中村元梵文諸本中，「bodhisattvānāṃ」可見於村廣梵中，滿文譯本皆依漢譯本文意，並無「菩薩學派」涵義，應再進一步考察比對其他語文譯本。

217 《佛光大辭典》，s.vv.「無所得」，3：5093-5094；「有所得」，2：2433。

218 白石真道，〈般若心経梵本の解釈について〉，《印度學佛教學研究》28：1（1979）：417。

經文分段 22.

002 玄奘漢	菩提薩埵依般若波羅蜜多故，心無罣礙。
041 睿梵一	bodhisattvo prajñāpāramitām āśritya viharaty acittāvaraṇaḥ.
042 睿梵二	bodhisattvo prajñāpāramitām āśritya viharaty acittāvaraṇaḥ.
049 村略梵	bodhisattvo prajñāpāramitām āśritya viharaty a-cittāvaraṇaḥ.
119 雍序漢	依般若波羅蜜多，心無罣礙故。
134 睿廣梵	bodhisattvo prajñāpāramitām āśritya viharaty acittāvaraṇaḥ.
145 村廣梵	bodhisattvānāṃ prajñāpāramitām āśritya viharaty acittāvaraṇaḥ.

	心	citta	〔無〕		
39.	 gūnin	 gūnin	 gūnin	gūnin	mujilen

經文詞彙備註 81 心／質多　按《佛光大辭典》「心」有二義，梵文作「citta」或「hrdaya」，《心經》經題之「心」梵文為「hrdaya」，可參見經文詞彙備註 4；此處「心無罣礙」之心梵文作「citta」，音譯「質多」，常意譯作「心」、「心法」、「心事」，指「執取具有思量（緣慮）之作用者」，可指：（1）作為「集起」之義，指「眼、耳等六識心王」；（2）作為「積集、集起」之義，特指第八阿賴耶識（梵文「ālaya」），乃「諸法產生之根本體」，故又稱「集起心」，即「阿賴耶識蓄積種子而能生起現行之意」；（3）指「有情之慮知心」。[219]滿文諸譯本皆將「hrdaya」譯作「niyaman」；而「citta」僅藏傳本譯作「mujilen」，意「知曉一切事者」，餘皆譯作「gūnin」，意「從心所出來者」（參見附錄四），漢文譯本則未加區別，易於混淆。

219 《佛光大辭典》，s.vv.「心」，1：1395-1396；「質多」，3：6184；「阿賴耶識」，2：3676-3678；「八識」，1：316。

	障	āvarana	〔無〕		
40.	 dalibun	 ušabure dalibure ba	 dalibun	dalibun	ušabure hanggabure ba

經文詞彙備註 82 障　「障」，梵文「āvarana」，或作「礙」，全稱「障礙」，有「覆蔽」之意，指「障害涅槃、菩提，遮害出離之煩惱」。[220] 漢文譯本作「罣礙」，滿藏本、四合本、三合本作「dalibun」，意「遮掩」；法圖本作「ušabure dalibure ba」，意「罣蔽的地方」；藏傳本作「ušabure hanggabure ba」，意「罣滯的地方」（參見附錄四）。[221]

220 《佛光大辭典》，s.v.「障」，3：5946-5947。

221 （清）傅恆等奉敕撰，《御製增訂清文鑑》，s.vv.「遮揜」，26：38a；「使遮蔽」，26：38a；「罣誤」，5：58a；「壅滯」，26：9b。

經文分段23.

002 玄奘漢　無罣礙故，無有恐怖，
041 睿梵一　cittāvaraṇa-nāstitvād atrasto
042 睿梵二　cittāvaraṇa-nāstitvād atrasto
049 村略梵　cittāvaraṇa-nāstitvād atrasto
119 雍序漢　無恐怖，
134 睿廣梵　cittāvaraṇa-nāstitvād atrasto
145 村廣梵　cittāvaraṇanāstitvād atrasto

	恐怖	bhaya	〔無〕		
41.	 gelere ba	 gelere sengguwere ba	 gelere ba	gelere ba	gelere goloro ba

經文詞彙備註 83 恐怖

「恐怖」，梵文「bhaya」，是「因愚癡心而生起」，因「心有罣礙，執有我法而患得患失，即無往而不恐怖」。[222] 滿藏本、四合本、三合本皆作「gelere ba」，意「怕的地方」；法圖本作「gelere sengguwere ba」，意「怕懼的地方」；藏傳本作「gelere goloro ba」，意「怕驚的地方」（參見附錄四）。[223]

222 《佛光大辭典》，s.v.「恐怖」，2：4105。
223 （清）傅恆等奉敕撰，《御製增訂清文鑑》，s.vv.「怕」，13：72a；「懼」，13：72b-73a；「驚」，13：72b。

經文分段 24.

002	玄奘漢	遠離顛倒、夢想，究竟涅槃。
041	睿梵一	viparyāsa-atikrānto nishṭhā-nirvāṇa-prāptaḥ.
042	睿梵二	viparyāsa-atikrānto. niṣṭhā-nirvāṇaḥ.
049	村略梵	viparyāsātikrānto niṣṭhanirvāṇaḥ.
119	雍序漢	遠離顛倒，究竟涅槃。
134	睿廣梵	viparyāsa-atikrānto. niṣṭhā-nirvāṇaḥ.
145	村廣梵	viparyāsātikrāṃto niṣṭhanirvāṇaḥ.

	顛倒	viparīta／viparyāsa	〔無〕		
42.	 calgabun fudasi	 waka, fudasi	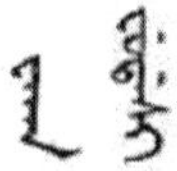 waka fudasi	calgabun? (fudasi)[224]	calgabun fudasi

經文詞彙備註 84 顛倒

「顛倒」，梵文作「viparīta」或「viparyāsa」，指「違背常道、正理，如以無常為常，以苦為樂等反於本真事理之妄見」。[225]滿藏本及藏傳本皆作「calgabun fudasi」，據林士鉉研究，疑三合本亦應如是；法圖本及四合本皆作「waka fudasi」。「calgabun」有「違背」、「悖逆」、「違背天意」之意，[226]「fudasi」意「悖謬」，「waka」意「無理」。[227]

---

224 原文如此。因未能取得三合本原件，無法確認原文，僅就林士鉉文中所錄照樣謄寫。
林士鉉，〈清代滿文譯本《般若波羅密多心經》初探〉，536。

225 《佛光大辭典》，s.v.「顛倒」，3：6731。

226 《新滿漢大詞典》，第 2 版，s.v.「chalgabun」，208。

227 （清）傅恆等奉敕撰，《御製增訂清文鑑》，s.vv.「悖謬」，18：04b；「非」，5：60b。

	〔夢想〕		〔無〕		
43.	〔無〕	 tolgin, gūnin	〔無〕	〔無〕	togin[228] [tolgin] gūnin

經文詞彙備註 85 夢想

玄奘本有「夢想」二字，依林光明解釋，應是「顛倒」的同義延伸字，推測在玄奘譯經時，為方便後世理解或誦讀經文，而保有羅什本「離一切顛倒夢想苦惱」中之「夢想」一詞，更據此認為玄奘很可能參考了羅什本。[229]按印順法師「夢想」即「妄想」，[230]以玄奘本為底本之法圖本譯作「tolgin, gūnin」，分「夢想」為「夢」、「想」，註演詳述其義（參見法圖本備註 41），藏傳本同，與漢文文意略有不同。

---

228 原文如此。參考法圖本，應作「tolgin」，因未能取得藏傳本原件，無法確認原文，僅就王敵非文中所錄照樣謄寫。
王敵非，〈滿譯藏傳《般若波羅蜜多心經》研究〉，113。

229 林光明，《梵藏心經自學修訂版》，163。

230 印順法師，〈般若波羅蜜多心經講記〉，200。

	涅槃	nirvāna	涅槃	nirvāṇam	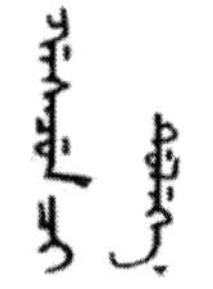 gasacun ci duleke
44.	 amba nirwan	 amba nirwan	 amba nirwan	amba ni?(r)wan[231]	jiduji nirwan

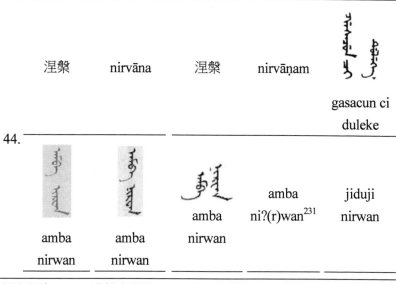

經文詞彙備註 86 究竟涅槃

滿藏本備註 47、法圖本備註 42 討論過「涅槃」、「圓寂」之意，「涅槃」梵文「nirvāna」，原指「吹滅」，或表示「吹滅之狀態」，而後轉指「燃燒煩惱之火滅盡，完成悟智（即菩提）之境地」，或作「般涅槃」，梵文 parinirvāna，意譯作「圓寂」，或作「大般涅槃」，亦即「大圓寂」，梵文「mahā-parinirvāna」，指「佛完全解脫之境地」，「大」有「殊勝」之意。[232]滿文諸譯本作「nirwan」，乃音譯自梵文，而「amba nirwan」或「jiduji nirwan」應指「大般涅槃」，查「jiduji」意「到底」（參見附錄四），[233]《五譯合璧集要》則作「gasacun ci duleke」，意「從辛苦傷心處過去了」，更為口語，直言「涅槃」之意。

231 原文如此。因未能取得三合本原件，無法確認原文，僅就林士鉉文中所錄照樣謄寫。
林士鉉，〈清代滿文譯本《般若波羅密多心經》初探〉，536。

232 《佛光大辭典》，s.vv.「涅槃」，2：4149-4150；「圓寂」，3：5405-5406；「大般涅槃」，1：844。

233 （清）傅恆等奉敕撰，《御製增訂清文鑑》，s.v.「到底」，18：40a-40b。

經文詞彙備註 86 究竟涅槃（續）

「究竟涅槃」滿藏本、四合本、三合本作「amba nirwani ten de isinaha」，意「去到了大涅槃的極點」；法圖本作「amba nirwan i ten de isinahabi」，意「已去到了大涅槃的極點」；藏傳本則作「jiduji nirwan de dosinambi」，「要進去到底涅槃」，從動詞形可以看出語意的不同。「究竟」，梵文作「uttara」，乃「形容至高無上之境界」，或「對事物徹底極盡之意」，「大般涅槃顯示佛教之最終目的，即稱為究竟涅槃」。[234]雖然滿漢文皆譯出「究竟」之意，然 Conze 及中村元梵文諸本中並未見梵文「uttara」而作「niṣṭhā」；再者，依《佛光大辭典》解釋，「究竟」用以形容「涅槃」之「至高無上」或「徹底極盡」，而滿文卻作動詞使用「直至（涅槃）極點」，滿漢文表達差異應特別注意。再看林光明分析「niṣṭhā」為形容詞，有「究竟的、達至的」之意，與《佛光大辭典》解釋相合。

234　《佛光大辭典》，s.v.「究竟」，2：2986。

	002 玄奘漢	三世諸佛依般若波羅蜜多故，得阿耨多羅三藐三菩提
	041 睿梵一	tryadhva-vyavasthitāḥ sarva-buddhāḥ. prajñā-pāramitām-āśritya-anuttarāṃ samyaksambodhim abhisambuddhāḥ.
	042 睿梵二	tryadhva-vyavasthitāḥ sarva-buddhāḥ prajñāpāramitām āśritya-anuttarāṃ samyaksambodhim abhisambuddhāḥ.
	049 村略梵	tryadhva-vyavasthitāḥ sarva-buddhāḥ prajñā-pāramitām āśritya-anuttarāṃ samyaksambodhim abhis-ambuddhāḥ
25.	119 雍序漢	三世諸佛依般若波羅蜜多故，得阿耨多羅三藐三菩提。
	134 睿廣梵	tryadhva-vyavasthitāḥ sarva-buddhāḥ prajñāpāramitām āśritya-anuttarāṃ samyaksambodhim abhisambuddhāḥ.
	145 村廣梵	tryadhvavyavasthitā sarvabuddhāḥ prajñāpāramitām āśrityānuttarāṃ samyak-saṃbodhim abhisaṃbuddhāḥ.

	三世諸佛	〔無〕	〔無〕		
45.	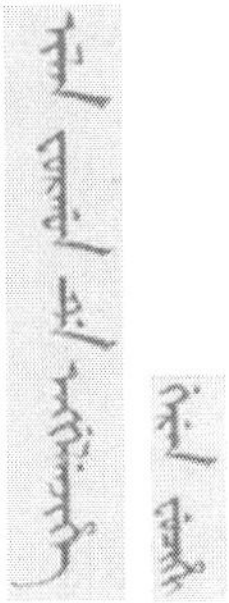 ilan forgon de enggelenjihe geren fucihi	 ilan forgon i geren fucihi sa	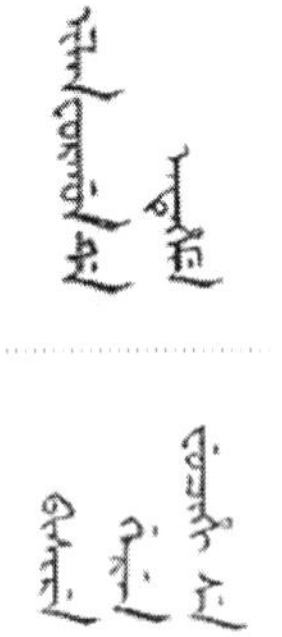 ilan forgon de enteheme bisire geren fucihi se	ilan forgon de enggelejihe [enggelenjihe][235] geren fucihi	ilan jalan i geren fucihi

經文詞彙備註 87 三世諸佛

「三世諸佛」，用以「統稱全宇宙中之諸佛」，即「過去、現在、未來等三世之眾多諸佛」。「三世」，梵文「trayo-dhvanah」，又作「三際」，「世」，具「遷流」義，[236] 滿藏本備註 48 討論過「三世」，滿文譯作「ilan forgon」，「forgon」有「時際」之意，（參見附錄四），[237]「ilan forgon」或取自「三際」之意，而在滿文諸譯本中，僅藏傳本不同，作「ilan jalan」，意「三世」。「三世諸佛」滿藏本及三合本作「ilan forgon de enggelenjihe geren fucihi」，意「三時降臨的諸佛」，「enggelenjihe」，意「降臨了」，[238]點出「諸佛」的存在乃「降臨」；法圖本作「ilan forgon i geren fucihi sa」，意「三時的諸佛們」；四合本作「ilan forgon de enteheme bisire geren fucihi se」，意「三世永在的諸佛們」，藏傳本作「ilan jalan i geren fucihi」，意「三世的諸佛」。

235 原文如此。因未能取得三合本原件，無法確認原文，僅就林士鉉文中所錄照樣謄寫。
林士鉉，〈清代滿文譯本《般若波羅密多心經》初探〉，536。

236 《佛光大辭典》，s.vv.「三世諸佛」，1：540-541；「三世」，1：536-538。

237 （清）傅恆等奉敕撰，《御製增訂清文鑑》，s.v.「季」，2：6a。

238 《新滿漢大詞典》，第 2 版，s.v.「enggelenzhimbi」，382。

	阿耨多羅三藐三菩提	anuttara-samyak-sajbodhi	無上士	anuttaraḥ	 duibulen akū
			正遍知	samyaksaṃ buddhaḥ	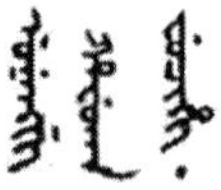 unenggi hafuka fucihi
46.	 duibuleci ojorakū, unenggi hafuka bodi doro be iletu yongkiyafi fucihi oho	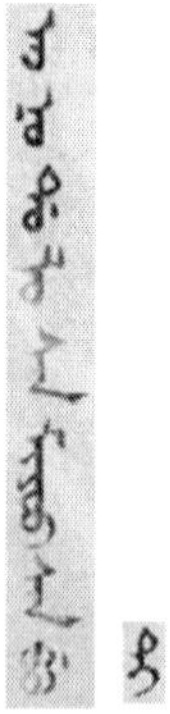 o no do lo san miyoo san pu	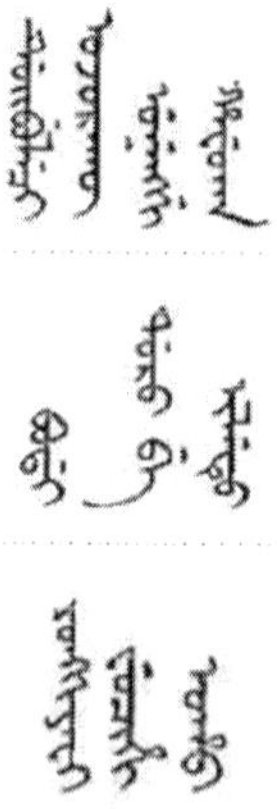 duibuleci ojorakū unenggi hafuka bodi doro be iletu yongkiyafi fucihi oho	duibuleci ojorakū unenggi hafuka bodi doro be iletu yongkiyafi fucihi oho	delesi akū unenggi hafuka bodi be bahambi

經文詞彙備註 88 阿耨多羅三藐三菩提

「阿耨多羅三藐三菩提」音譯自梵文「anuttara-samyak-sajbodhi」，意譯則作「無上正等正覺」、「無上正等覺」、「無上正真道」、「無上正遍知」等，指「佛陀所覺悟之智慧」，並有「平等」、「圓滿」之意，而「大乘菩薩行之全部內容，即在成就此種覺悟」。其中「阿耨多羅」意譯為「無上」，意「以其所悟之道為至高」；「三藐三菩提」意譯為「正遍知」，謂「以其道周遍而無所不包」；再梵文「sambodhi」即「三菩提」，意譯作「正覺」，廣義謂「證悟一切諸法之真正覺智，即如來之實智，故成佛又稱『成正覺』」；狹義則特指「釋尊於菩提樹下金剛座上覺悟緣起之法，證得解脫」而言。需注意的是「正遍知」有二義：梵文「samyak-sajbuddha」，為佛十號之一，音譯作「三藐三佛陀」；梵文「samyaksajbodhi」，即「三藐三菩提」，其中「菩提」乃就「法」而言，「佛陀」則就「人」而名，[239] 漢文易於混淆。

除法圖本採音譯外，滿藏本、四合本、三合本皆意譯作「duibuleci ojorakū unenggi hafuka bodi doro be iletu yongkiyafi fucihi oho」，意「顯然全備無可比擬誠然通曉的菩提道後成了佛」，在滿藏本備註 49 討論過「阿耨多羅」，滿文作「duibuleci ojorakū」」，意「無可比擬」，即「無上」，「三藐三菩提」滿文作「unenggi hafuka bodi doro」，意「誠然通曉的菩提道」，即「正遍知」，而「iletu yongkiyafi fucihi oho」，意「顯然全備後成了佛」，似乎對譯法成本「證得」一詞。若參考 Conze 及中村元的梵文諸本，「abhisambuddhāḥ」一詞應指「證得」，按《佛光大辭典》

239 《佛光大辭典》，s.vv.「阿耨多羅三藐三菩提」，2：3674-3675；「正遍知」，1：2001-2002；「正覺」，1：2005-2007；「等覺」，3：5175。

經文詞彙備註 88 阿耨多羅三藐三菩提（續）

「證得」，梵文「adhigama」或「abhisajbodha」，有「證悟體得」之意，亦即「由修道而證悟真理，並體達果位、智慧、解脫及功德等」。[240]再按林光明研究，「abhi-saṃbuddhāḥ」乃「『已證得、已了知、正覺、現當覺』之意。為主詞『三世的一切諸佛』之代替動詞」。[241]故滿文「iletu yongkiyafi fucihi oho」即為「已證得」之意譯，亦有前述「成正覺」、「成佛」之意，滿文繙譯有助於理解漢文經文內涵。

藏傳本則作「delesi akū unenggi hafuka bodi be bahambi」，意「得到無上誠然通曉的菩提」，除將「無上」譯作「delesi akū」外，「證得」譯作「bahambi」，採現在將來時，「表示動作、行為發生在說話的當前時刻或未來」，亦可「用來泛指客觀事實、普遍真理等等」，[242]值得與滿藏本之詞彙、文法等繙譯細節比較分析。

再看《五譯合璧集要》「佛通號名」之下，漢文詞條「無上士」，梵文作「anuttaraḥ」，滿文譯為「duibulen akū」，意「無比」；另一詞條「正遍知」，梵文「samyaksaṃbuddhaḥ」，滿文作「unenggi hafuka fucihi」，[243]意「誠然通曉的佛」，即指「三藐三佛陀」而非「三藐三菩提」。

240 《佛光大辭典》，「證得」，3：6703。

241 林光明，《梵藏心經自學修訂版》，177-178。

242 （清）萬福編著，〈整理說明〉，《重刻清文虛字指南編》，1：12-13

243 *Pentaglot Dictionary of Buddhist Term: in Sanskrit, Tibetan, Manchurian, Mongolian, and Chinese*, s.vv. "無上士," 8; "正遍知," 6.

經文分段 26.		
	002 玄奘漢	故知般若波羅蜜多，是大神咒、
	041 睿梵一	Tasmāj jñātavyam: prajñāpāramitā mahā-mantro
	042 睿梵二	tasmāj jñātavyaṃ prajñāpāramitā mahā-mantro
	049 村略梵	tasmāj jñātavyaṃ prajñāpāramitā-mahāmantro
	119 雍序漢	故知般若波羅蜜多咒
	134 睿廣梵	tasmāj jñātavyaṃ prajñāpāramitā mahā-mantro
	145 村廣梵	tasmāj jñātavyaḥ prajñāpāramitā mahāmaṃtro

	〔大神咒〕		〔無〕		
47.	〔無〕	 amba ferguwecuke tarni	〔無〕	〔無〕	amba ferguwecuke tarni

經文詞彙備註 89 大神咒

滿藏本備註 52 討論過「咒」之涵義，查《佛光大辭典》「咒」詞條，指「不能以言語說明的特殊靈力之祕密語」，是「祈願時所唱誦之祕密章句」，[244]滿藏本譯作「tarni」，源自梵文「dhāranī」，然而 Conze 及中村元校訂之《心經》梵文諸本皆作「mantro」，並不相符。《佛光大辭典》解釋其實梵文「mantra」、「dhāranī」及「vidyā」皆常譯為「咒」，「mantra」多譯作「真言」，「dhāranī」有「總持」之意，

244 《佛光大辭典》，s.v.「呪」，2：3113-3115。

經文詞彙備註 89 大神咒（續）

而「vidyā」有「明」、「術」一意，故多譯作「明咒」，原意雖不同，但長久以來多已混用。[245]

基本上，「mantra」音譯作「曼怛羅」或「曼荼羅」，漢文作「真言」，即「真實而無虛假之語言之意」，此字原為「表思惟之工具，亦即文字、語言之意，特指對神、鬼等所發之神聖語句」。另一方面，「dhāränī」，音譯作「陀羅尼」，意譯作「總持、能持、能遮」等，即「能總攝憶持無量佛法而不忘失之念慧力」，故「陀羅尼」是一種「記憶術」，能「於一法之中，持一切法；於一文之中，持一切文；於一義之中，持一切義」，即「由記憶此一法一文一義，而能聯想一切之法，總持無量佛法而不散失」之意。「陀羅尼」不但能「持各種善法」，亦能「遮除各種惡法」。此外，因「陀羅尼之形式，類同誦咒」，故「後人將其與咒混同，遂統稱咒為陀羅尼」，然而「一般仍以字句長短加以區分，長句者為陀羅尼，短句者為真言，一字二字者為種子」。「vidyā」多譯作「明咒」，本義「灼照透視」，指「破除愚癡之闇昧，而悟達真理之神聖智慧」；再者，「vidyā」由語根「vid（知）」轉引而來，故又有「知識、學問」之意。[246] 滿文將《心經》中之「咒」譯作「tarni」，或許隱含了此咒「總持」《心經》經文義理之意，即原文之「摘要」，透過此咒，可聯想全文，統括佛法。

玄奘本與雍序漢經文不同，前者指出「般若波羅蜜多」是「大神咒」，而後者直接作「般若波羅蜜多咒」，並無「大

245 《佛光大辭典》，s.v.「呪」，2：3113-3115。
另 Nattier 亦曾在其文中討論「mantras」、「dhāraṇĭs」、「vidyā」之異同，詳見其文。
Jan Nattier, “The Heart Sūtra: A Chinese Apocryphal Text?” 158, 201-202, 213.

246 《佛光大辭典》，s.vv.「真言」，2：4201-4202；「陀羅尼」，2：3607-3608；「明」，2：3276-3277。

經文詞彙備註 89 大神咒（續）

神咒」一詞，在滿文諸本中，僅法圖本及藏傳本譯出「大神咒」，即「amba ferguwecuke tarni」，「ferguwecuke」用於誇獎讚美之時，[247]法圖本之底本已知為玄奘本，並無疑慮，然藏傳本若果真為「藏傳」之長本體系，應與雍序漢同，卻與玄奘本相近，值得更詳細考察其底本。若參考 Conze 及中村元梵文諸本作「mahā-mantro」，即「大咒」，並無「神」字，林光明認為為玄奘增譯，強調其「不可思議神力的推崇」。[248]渡邊章悟在其文中花費了相當篇幅比較分析多本梵文手稿，討論各家在這一系列喻讚般若力量的繙譯差異，包括此處「大咒」、「大神咒」的分析，以及「能除一切苦」、「是除一切苦咒」、「真實不虛故」等句皆詳細考察分析其異同，意具參考價值。[249]

247 （清）傅恆等奉敕撰，《御製增訂清文鑑》，s.v.「奇」，12：16b。

248 林光明，《梵藏心經自學修訂版》，181。

249 Watanabe Shogo〔渡辺章悟〕，〈Some Questions Concerning the Title of the *Prajñāpāramitā-hṛdaya[-sūtra]*〉，《智山学報》65（2016）：（26）-（32）。

經文分段 27.	002 玄奘漢	是大明咒、是無上咒、是無等等咒，
	041 睿梵一	mahā-vidyā-mantro ‘nuttara-mantro’ samasama-mantraḥ,
	042 睿梵二	mahā-vidyā-mantro ‘nuttara-mantro’ samasama-mantraḥ
	049 村略梵	mahāvidyāmantro ‘nuttaramantro’ samasama-mantraḥ,
	119 雍序漢	是大明咒、是無上咒、是無等等咒，
	134 睿廣梵	mahā-vidyā-mantro ‘nuttara-mantro’ samasama-mantraḥ
	145 村廣梵	mahāvidyāmaṃtro ‘nuttaramaṃtro’ samasamamaṃtraḥ

	〔大明咒〕		〔無〕		
48.	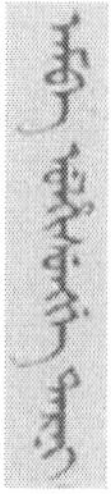 amba ulhisungge tarni	 amba genggiyen tarni	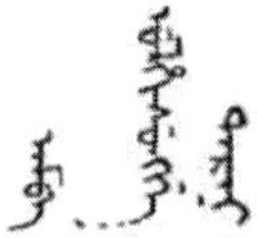 amba ulhisungge tarni	amba ulhisungge tarni	amba ulhisungge tarni

經文詞彙備註 90 大明咒

「明咒」，或作「神咒」、「禁咒」，是「真言、陀羅尼之別稱」，指「修行密法時所念誦之章句」，[250]即經文詞彙備註 89 討論過的「vidyā」。滿文諸譯本除了法圖本將「明」譯作「genggiyen」外，餘皆譯作「ulhisungge」，意「靈」、「聰明」、「穎悟」，[251]應從其梵文語根而譯。

250 《佛光大辭典》，s.v.「明呪」，2：3281。

251 《新滿漢大詞典》，第 2 版，s.v.「ulhisungge」，1229-1230。

	〔無上咒〕		〔無〕		
49.	 duibuleci ojorakū tarni	 cala akū tarni	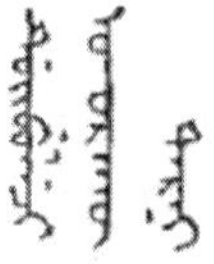 duibuleci ojorakū tarni	duibuleci ojorakū tarni	delisi akū tarni

經文詞彙備註 91 無上咒	「無上」即經文詞彙備註 88 討論的「阿耨多羅」，對照「阿耨多羅」的滿文繙譯，除法圖本採音譯「o no do lo」外，滿藏本、四合本、三合本皆意譯作「duibuleci ojorakū」，意「無可比擬」，藏傳本則作「delesi akū」，意「無上」。「無上咒」之「無上」滿文繙譯基本與「阿耨多羅」相同，惟法圖本改以意譯「cala akū」，意「無邊」（參見附錄四）。[252]

252 （清）傅恆等奉敕撰，《御製增訂清文鑑》，s.v.「那邊」，02：68b。

	〔無等等咒〕		〔無〕		
50.	 jergileci ojorakū de jergilere tarni	 jergi akū tarni	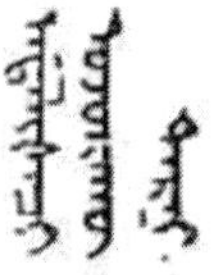 adališaci ojorakū tarni	jergileci ojorakū de jergilere tarni	jergileci ojorakū de jergilere tarni

經文詞彙備註 92 無等等咒

「無等等」，梵文「asamasama」，為「佛之尊稱」，或為「佛乘之語」。因「佛之煩惱淨盡，且神力廣大，非其餘之菩薩所能等同，稱為無等」，又因「佛與佛之果位平等，故稱無等等」，亦即因「佛道超絕，無有能與等同者，故稱無等」，而「佛與佛道等同，故稱無等等」。「無等」，即為「佛」之尊稱，謂「諸佛如來之智慧，於一切法中無可譬類，亦無法超過」，故稱為「無等」；又指「眾生、聲聞、菩薩等無法與諸佛齊等」，而稱為「無等」。[253]按林光明研究，「a-samasama」主要有兩種解釋：一為用兩次「sama」來強調，其意不變，仍為「等」，故「asamasama」意為「無等」；一為將「asamasama」分作「asama」及「sama」二字，前為「無等」，後為「等於」，即「等於無等的」、「等於無與其相等的」之意。「無等等」即按梵文字面直譯而成，其後約定俗成，古漢譯家皆採此種譯法。[254]滿藏本、三合本、藏傳本皆譯作「jergileci ojorakū de jergilere」，意「相等於無可相等的」，合於「無等等」語意；另一方面，法圖本作「jergi akū」，意「無等」，四合本作「adališaci ojorakū」，意「無可相似」（參見附錄四），[255]則合於「無等」語意。

253 《佛光大辭典》，s.vv.「無等等」，3：5116；「無等」，3：5116。
254 林光明，《梵藏心經自學修訂版》，186-187。
255 （清）傅恆等奉敕撰，《御製增訂清文鑑》，s.v.「彷彿」，25：57a-b。

經文分段 28.	002 玄奘漢	能除一切苦，
	041 睿梵一	sarva-duḥkha-praśamanaḥ,
	042 睿梵二	sarva-duḥkha-praśamanaḥ
	049 村略梵	sarvaduḥkhapraśamanaḥ.
	119 雍序漢	是除一切苦咒，
	134 睿廣梵	sarva-duḥkha-praśamanaḥ
	145 村廣梵	sarvaduḥkhapraśamana-maṃtraḥ

	〔除一切苦咒〕			〔無〕	
51.	 eiten jobolon be yooni mayambure tarni	 eiten jobocun be sume mutembi	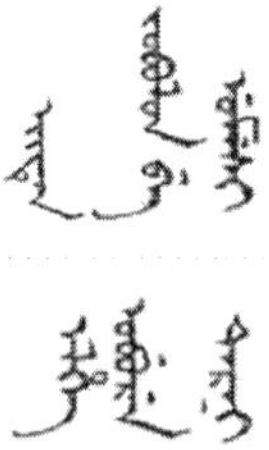 eiten jobolon be umesi elhe obure tarni	eiten jobolon be yooni mayambure tarni	eiten jobolon be geterembume mutefi

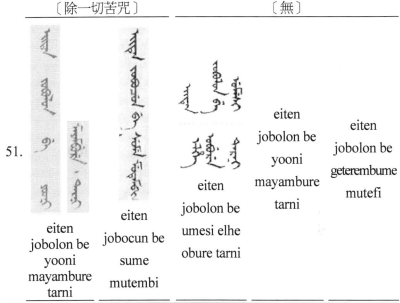

經文詞彙備註 93 除一切苦咒

玄奘本「能除一切苦」應是回應「度一切苦厄」、「無苦、集、滅、道」等句；而雍序漢則作「是除一切苦咒」，與「般若波羅蜜多咒」、「大明咒」、「無上咒」、「無等等咒」等咒呼應，就經文涵義而言，略有差異。滿文諸譯本中滿藏本與三合本皆作「eiten jobolon be yooni mayambure tarni」，意「完全消滅一切憂患的咒」，四合本作「eiten jobolon be umesi elhe obure tarni」，意「一切憂患為安的咒」；另一方面以玄奘本為底本的法圖本作「eiten jobocun be sume mutembi」，意「能解一切憂」，藏傳本則作「eiten jobolon be geterembume mutefi」，意「能除淨一切苦後」。

經文分段 29.

002 玄奘漢 真實，不虛（故）。
041 睿梵一 satyam amithyatvāt.
042 睿梵二 satyam amithyatvāt.
049 村略梵 satyam amithyatvāt
119 雍序漢 真實不虛故。
134 睿廣梵 satyam amithyatvāt.
145 村廣梵 satyam amithyatvāt

	真實	〔無〕	〔無〕		
52.	 unenggi	 yargiyan unenggi	 unenggi	unenggi	unenggi yargiyan

經文詞彙備註 94 真實

「真實」有二義：在「教法上之分類用語」，與「方便權假」對稱，即「天台判教以藏、通、別三教為方便之教，而以圓教為真實之教」；在「實修上所用」，為「虛假不實」之對稱，「身口各異，言念無實」，稱為「虛偽」，而「表裏如一，更無虛妄」，則為「真實」。[256]滿藏本、四合本、三合本皆譯作「unenggi」，意「誠」；法圖本作「yargiyan unenggi」，意「實誠」；藏傳本則作「unenggi yargiyan」，意「誠實」（參見附錄四）。

白石真道引施護本「是即真實無虛妄法」句，指出此處省略了主語「般若波羅蜜多」，故「真實不虛故」原意為「般若波羅蜜多是真實的，因為不虛」，並藉由當時相當普及的民俗信仰中關於「真實誓言」的故事，即以自己的真心許願，若它是真的，則這個願望就會實現，來討論「真實」涵義，藉以說明「般若波羅蜜多」即為「真實」。[257]

256 《佛光大辭典》，s.v.「真實」，2：4225。
257 白石真道，〈般若心経梵本の解釈について〉，417-416。

	〔不虛〕		〔無〕		
53.	 holo waka	 tašan akū	 holo waka	holo waka	tašan akū

經文詞彙備註 95 不虛　按林光明研究，「真實不虛」或「真實不虛故」梵文「satyam amithyatvāt」，其意為「由於不虛假之故，(是)真實的」。[258]「不虛」，滿藏本、四合本、三合本皆作「holo waka」，而法圖本及藏傳本作「tašan akū」，據《御製增訂清文鑑》「holo」及「tašan」皆有「虛」之意（參見附錄四）。[259]

258 林光明，《梵藏心經自學修訂版》，192-193。

259 （清）傅恆等奉敕撰，《御製增訂清文鑑》，s.vv.「虛假」，17：56a；「虛」，05：61a。

經文分段30.	002 玄奘漢	（故）說般若波羅蜜多咒，
	041 睿梵一	prajñāpāramitāyām ukto mantraḥ.
	042 睿梵二	prajñāpāramitāyām ukto mantraḥ.
	049 村略梵	prajñāpāramitāyām ukto mantraḥ,
	119 雍序漢	說般若波羅蜜多咒，
	134 睿廣梵	prajñāpāramitāyām ukto mantraḥ.
	145 村廣梵	prajñāpāramitāyām ukto maṃtraḥ,

經文分段31.	002 玄奘漢	即說咒曰：
	041 睿梵一	tadyathā:
	042 睿梵二	tadyathā
	049 村略梵	tad yathā:
	119 雍序漢	怛只他：
	134 睿廣梵	tadyathā
	145 村廣梵	tadyathā,

	〔怛只他／即說咒曰〕			〔無〕	
54.	 datyata	 datyata	 datyata	datyata	dadyata

經文詞彙備註 96 怛只他／即說咒曰　滿藏本備註 53 討論過梵文「tadyathā」之意，除藏傳本作「dadyata」外，其他滿文譯本皆音譯作「datyata」。白石真道指出「prajñāpāramitāyām ukto mantraḥ, tad-yathā」意為「以般若波羅蜜多的意思所說的咒，其為」，[260]值得參考。

260 白石真道，〈般若心経梵本の解釈について〉，415。

經文分段32.	002 玄奘漢	『揭諦！揭諦！般羅揭諦！般羅僧揭諦！菩提，僧莎訶！』」
	041 睿梵一	gate gate pāragate pārasaṃgate bodhi svāhā.
	042 睿梵二	oṃ gate gate pāragate pārasaṃgate bodhi svāhā.
	049 村略梵	gate gate pāragate pāra-saṃgate bodhi svāhā.
	119 雍序漢	『揭諦，揭諦，波羅揭諦，波羅僧揭諦，菩提，娑訶。』
	134 睿廣梵	oṃ gate gate pāragate pārasaṃgate bodhi svāhā.
	145 村廣梵	gate gate pāragate pārasaṃgate bodhi svāhā,

	〔咒文〕			〔無〕	
55.	 g’adi g’adi barang g’adi barasang g’adi, bodi sowaha	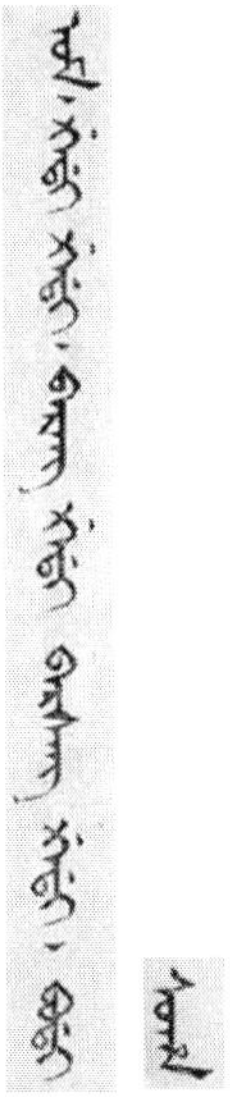 om, g’adi g’adi, barang g’adi barsang g’adi, bodi soha	 g’adi g’adi barang g’adi barasang g’adi bodi suwaha	g'adi g’adi barang g’adi. barasang g’adi bodi suwaha	gade gade, bara gade, barasa gade, bodhi sowae hae.

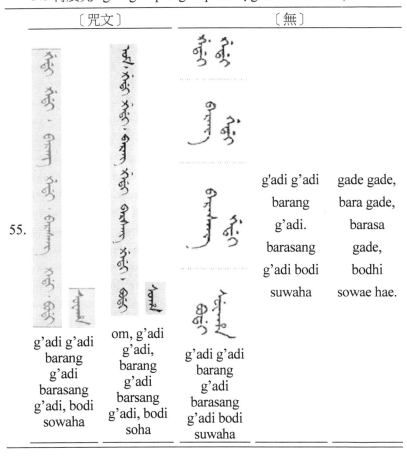

經文詞彙備註 97 咒文

滿藏本備註 53 討論過此咒文涵義，在佛教經典中，也可找到相似的咒文，以最相近的《陀羅尼集經》為例，〈般若大心陀羅尼第十六〉即作「跢姪他　揭帝揭帝　波羅揭帝　波囉僧揭帝　菩提　莎訶」。[261]除藏傳本外，滿文譯本之音譯大致相同，主要在最末「svāhā」處不同。林光明引鈴木勇夫的研究指出，其語源有三種可能：(1)是「sva-dha」此「祝福語」的姊妹語；(2)是「su+aha」，「su」有「好」、「正確」、「完全」等意思，而「aha」是「說完了」，合起來即為「以上所念的咒，到這裏已完全好好地、正確地說完了」，故置於真言末當祈禱結尾語；(3)是「su+abha」，「su」是「好」，「abha」是「光」的意思。再引田久保周譽和有賀要延論點認為「svāhā」是自吠陀以來外道咒文常見的慣用句，佛教也採用，並成為附在真言後的結尾語，漢譯多作「成就、吉祥、圓滿」。而據林光明研究，「svāhā」已見於古印度梨俱吠陀及奧義書中，是「不變化詞」，即「不因性別、人稱及時式而改變」，其意為「手捧要給諸神的共物時使用的『感嘆詞』」，作為「陰性名詞」時，有「供物」之意，另一個引申之意為「將此字再人格化，變成火神 agni 之妻的名字，其含意是這些『供物』的『管理者』」。還有另一種解釋則為「su+ādhā」，原意為「好好地放置」，即「好好地把要放入火中的供物整理放置好」，後來轉為「手捧供物要放入火中，口裏呼叫火神的名字時的一個異稱」，再演變成「祈禱時對火神使用的一個『神聖詞』」。[262]

此外，值得注意的是法圖本咒文前有「om」一字，按林光明研究，通行本及大部分短本皆無此字，而藏語系或密教系的《心經》，有些版本會加，[263]若按此說法，法圖本底本乃玄奘本，應無此字，四合本底本為藏本，滿藏本有很大可能使用相同底本，卻皆無此字，應詳查更多版本方能追溯其源及使用情況。「唵」為「悉曇字（oj）」，主要

261 大藏經刊行會編，《大正新修大藏經》（臺北市：新文豐出版股份有限公司，民 72），18：807。

262 林光明，《梵藏心經自學修訂版》，201-202。

263 林光明，《梵藏心經自學修訂版》，199。

經文詞彙備註 97 咒文（續）

「冠於咒文最初之祈禱語」，含有「神聖」之意，原於吠陀為「應諾」之義，又「用為咒文及祈禱文首先發音之聖音（梵文 pranava）」，由「a（阿）」、「u（烏）」、「ma（莽）」三字合成：「阿」，有「菩提心、諸法門、無二、諸法果、性、自在」等義，亦為「法身」之義；「烏」，為「報身」之義；「莽」，則為「化身」之義。組成「唵」字的這三字，在古代印度思想之中，可表「男、女、中三性」，或「過去、現在、未來三時」，若配於三吠陀，可配「覺、夢、熟眠三態」，或配「火、風、日三種」、「食、水、月」、「天、空、地」等。而後於印度教中，又比擬為「毘濕奴（梵文 Visnu）、濕婆（梵文 Śiva）、梵（梵文 Brāhman）」等三者，亦即「司掌護持、破壞、創造之三神一體（梵文 trimūrti）」。而在佛教中，合此三字共為「唵」字，有「無邊」之意，故為一切陀羅尼首；此外，若修觀此「唵」字，則「三身成現加持護祐行者」，即以此功德，而成「阿耨多羅三藐三菩提」，[264] 故知此字在印度思想及宗教上之重要性。

白石真道提出咒文原形應作「gate gate pāra-gate pāra-saṃgate prajñe svāhā」，其意為「去，去，去彼岸，去到彼岸般若的智慧啊，（為我）成就」，其中將「gata」改以同義的「ita」代入則作：「ita ite pāram-ite pāra-samite prajñe svāhā」，下引線處即為「pāramite prajñe」，前後替換再配合詞性後即為「prajñā pāramitā」，亦即「般若波羅蜜多」。然而現在梵文本及漢譯本在「svāhā」前不作「prajñā pāramitā」，而皆為「bodhi」，白石進一步解釋「bodhi」即為「prajñā」，按《心經》「三世諸佛依般若波羅蜜多故，得阿耨多羅三藐三菩提」，即知「般若為手段，而菩提為目的」，故咒文原形應作「gate gate pāra-gate pāra-saṃgate bodhi-prajñe svāhā」，「bodhi-prajñe」意為「到覺的洞察智」，而後因為大眾唱誦時的韻律，「prajñe」脫落，「bodhi-」為合成名詞的前半，即語幹形，而成為今日的咒文形式流傳。[265]

264 《佛光大辭典》，s.v.「唵」，2：4415-4416。
265 白石真道，〈般若心経梵本の解釈について〉，416-414。

經文分段32-01.	002 玄奘漢	〔無〕
	041 睿梵一	〔無〕
	042 睿梵二	〔無〕
	049 村略梵	〔無〕
	119 雍序漢	舍利子！諸菩薩摩訶薩相應如是修習深妙般若波羅蜜多。」
	134 睿廣梵	Evaṃ Śāriputra gambhīrāyāṃ prajñāpāramitāyāṃ caryāyāṃ śikṣitavyaṃ bodhisattvena.
	145 村廣梵	evaṃ Śāriputra gaṃbhīrāyāṃ prajñāpāramitāyāṃ caryāyāṃ śikṣitavyaṃ bodhisattvena.
經文分段32-02.	002 玄奘漢	〔無〕
	041 睿梵一	〔無〕
	042 睿梵二	〔無〕
	049 村略梵	〔無〕
	119 雍序漢	於是薄伽梵從三昧起，告觀自在菩薩摩訶薩言：
	134 睿廣梵	Atha khalu Bhagavān tasmāt samādher vyutthāya-Ārya-avalokiteśvarāya bodhisattvāya mahāsattvāya sādhukāram adāt.
	145 村廣梵	atha khalu bhagavān tasmāt samādher vyutthāyāryāvalokiteśvarasya bodhisattvasya sādhukāram adāt.

002 玄奘漢 〔無〕

041 睿梵一 〔無〕

042 睿梵二 〔無〕

049 村略梵 〔無〕

經文分段 32-03.

119 雍序漢 「善哉！」復云：「善哉！善哉！善男子，是乃如是，是誠如是，如汝所說，深妙般若波羅蜜多，作是修習，一切如來亦應隨喜。」

134 睿廣梵 sādhu sādhu kulaputra, evam etat kulaputra evam etad, gambhīrāyāṃ prajñāpāramitāyāṃ caryāṃ cartavyaṃ yathā tvayā nirdiṣṭam anumodyate sarva-Tathāgatair arhadbhiḥ.

145 村廣梵 sādhu sādhu kulaputra evam etat kulaputra. evam etad gaṃbhīrāyāṃ prajñāpāramitāyāṃ caryāṃ cartavyaṃ, yathā tvayā nirdiṣṭam anumodyate tathāgatair arhadbhiḥ.

	如來	tathāgata	如來	tathāgataḥ	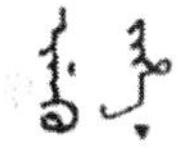 ineku jihe
56.	 ineku jidere fucihi	〔無〕	 jihe fucihi se	〔無〕	〔無〕

經文詞彙
備註 98
如來

「如來」，梵文「tathāgata」，為「佛十號之一」，用以尊稱佛陀，梵文「tathāgata」可分解為「tathā-gata（如去）」及「tathā-āgata（如來）」二種，前者乃「乘真如之道，而往於佛果涅槃之義」，故稱「如去」；後者則為「由真理而來（如實而來），而成正覺之義」，故稱「如來」；此外，「如來」之稱呼，也可作為「諸佛之通號」。[266]據前論《心經》經義，乃在「成正覺」，故作「如來」解。再者，「如」，梵文「tathā」，指「一切萬物真實不變之本性」，亦即「一切法雖有其各各不同之屬性，如地有堅性，水有濕性等，然此各別之屬性非為實有，而一一皆以空為實體」，故稱實性為「如」；此外，「如」為「諸法之本性」，故又稱「法性」，而「法性」為「真實究竟之至極邊際」，可稱作「實際」。[267]滿藏本備註 55 已討論過滿藏本及《五譯合璧集要》之滿文繙譯，而四合本則作「jihe fucihi se」，意「來了的佛們」，將「如來」作「諸佛之通號」解，故稱「一切如來」，按「一切」，梵「sarva」，為「總賅眾物」之詞，[268]乃指所有世界的佛。

266 《佛光大辭典》，s.v.「如來」，2：2346-2347。
267 《佛光大辭典》，s.v.「如」，2：2344-2345。
268 《佛光大辭典》，s.v.「一切」，1：6。

	隨喜	anumodana	〔無〕		
57.	 dahame urgunjendumbi	〔無〕	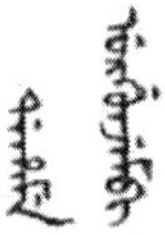 dahame urgunjembi	〔無〕	〔無〕

經文詞彙備註 99 隨喜

「隨喜」，梵文「anumodana」，常作「隨己所喜」解，如隨喜布施，也有「見他人行善，隨之心生歡喜」之意，[269]此處應作後者解。滿藏本和四合本差異在於滿藏本在「urgunjembi」中多了「-du」，有「齊」、「眾」之意，[270]呼應「一切如來」。

---

269 《佛光大辭典》，s.v.「隨喜」，3：6351-6352。

270 （清）萬福編著，〈轉寫本〉，《重刻清文虛字指南編》，1：205-206。

經文分段 32-04.	002 玄奘漢	〔無〕
	041 睿梵一	〔無〕
	042 睿梵二	〔無〕
	049 村略梵	〔無〕
	119 雍序漢	薄伽梵作是語已，
	134 睿廣梵	idam avocad Bhagavān.
	145 村廣梵	idam avocad bhagavān.

經文分段 32-05.	002 玄奘漢	〔無〕
	041 睿梵一	〔無〕
	042 睿梵二	〔無〕
	049 村略梵	〔無〕
	119 雍序漢	壽命具足舍利子、觀自在菩薩摩訶薩，
	134 睿廣梵	āttamanā-āyuṣmāñc Chāriputra Ārya-avalokiteśvaro bodhisattvo mahāsattvas
	145 村廣梵	ānaṃdamanā āyuṣmāñ Chāriputra āryāvalokiteśvaraś ca bodhisattvaḥ sā ca

經文分段 32-06.	002 玄奘漢	〔無〕
	041 睿梵一	〔無〕
	042 睿梵二	〔無〕
	049 村略梵	〔無〕
	119 雍序漢	暨諸眷屬天、人、阿修羅、乾闥婆一切世間，
	134 睿廣梵	te ca bhikṣavas te ca bhodhisattvā mahāsattvāḥ sā ca sarvāvatī parṣat sa-deva-mānuṣa-asura-garuḍa-gandharvaś ca loko
	145 村廣梵	sarvāvatī parṣat sadevamānuṣāsura-gaṃdharvaś ca

	眷屬	parivāra	奴	parivāraḥ	 aha
58.	 geren gucuse	〔無〕	 geren gucuse	〔無〕	〔無〕

經文詞彙備註 100 眷屬　底本考察備註 54 已討論過「眷屬」之意，此處要提出的是，參考 Conze 及中村元之梵文本，未見「parivāra」一詞。滿藏本及四合本皆作「geren gucuse」，意「眾朋友們」；而《五譯合璧集要》在「人類名」下，漢文詞條作「奴」，梵文「parivāraḥ」，滿文譯作「aha」，[271]較「gucuse」而言，明顯含有「隸屬」之意，似更合於佛教「眷屬」詞意。

	天	deva	〔無〕		
59.	 abkai enduri	〔無〕	 abkai enduri	〔無〕	〔無〕

經文詞彙備註 101 天　「天」，梵文「deva」，為「八部眾」之一，與「阿修羅」、「乾闥婆」等「皆歸化於佛之威德，成為佛之眷屬，住於諸佛之受用土，護持佛及佛法」，「八部眾」又稱「天龍八部」，因「八部眾」中，以「天」、「龍」二眾為上首，故列舉此二名，統稱「天龍八部」。[272]滿藏本及四合本皆意譯作「abkai enduri」，意「天的神」。

271 *Pentaglot Dictionary of Buddhist Term: in Sanskrit, Tibetan, Manchurian, Mongolian, and Chinese*, s.v. "奴," 308.

272 《佛光大辭典》，s.vv.「八部眾」，1：296；「天龍八部」，1：1368。

	〔人〕		〔無〕		
60.	 niyalma	〔無〕	 niyalma	〔無〕	〔無〕

經文詞彙備註 102 人

「人」未見於《佛光大辭典》條目中，也非「八部眾」中之一，在 Conze 及中村元的梵文本中作「mānuṣa」，有「人的，人類的」或「親切的」之意。[273]滿藏本及四合本皆譯作「niyalma」。

	阿修羅	Asura	〔無〕		
61.	 asuri	〔無〕	 asuri	〔無〕	〔無〕

經文詞彙備註 103 阿修羅

「阿修羅」，梵文「Asura」，為「印度最古諸神之一，係屬於戰鬥一類之鬼神，經常被視為惡神，而與帝釋天（因陀羅神）爭鬥不休，以致出現了修羅場、修羅戰等名詞」，其意譯作「非天」、「非同類」、「不端正」等。[274]滿藏本及四合本皆音譯作「asuri」。

	乾闥婆	gandharva	〔無〕		
62.	 g'andari	〔無〕	 g'andari	〔無〕	〔無〕

經文詞彙備註 104 乾闥婆

「乾闥婆」，梵文「gandharva」，與「緊那羅（梵文「kijnara」，意「非人」、「歌人」）」同奉侍「帝釋天（梵文「Śakra Devānām-indra」）」而司奏雅樂之神，又稱「尋香神」、「樂神」、「執樂天」等，「傳說不食酒肉，唯以香氣為食」。[275]滿藏本及四合本皆音譯作「g'andari」。

273 《梵漢大辭典》，s.v.「mānuṣa」，1：710。
274 《佛光大辭典》，s.v.「阿修羅」，2：3651-3652。
275 《佛光大辭典》，s.v.「乾闥婆」，2：4371-4372。

	一切世間	〔無〕	〔無〕		
63.	 jalan de bisirenggele	〔無〕	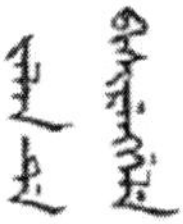 jalan de bisirenggele	〔無〕	〔無〕

經文詞彙備註 105 一切世間　「一切世間」，指「一切有為有漏之穢土」，為「五蘊世間、眾生世間、器世間之總稱」。再「世間」，梵文「loka」，有「毀壞」之意，又作「laukika」，乃「世俗、凡俗」之意，指「被煩惱纏縛之三界及有為有漏諸法之一切現象」[276]滿藏本及四合本皆作「jalan de bisirenggele」，其中「bisirengge」，意「有的」，後加「-le」，有「所有」之意。[277]

276 《佛光大辭典》，s.vv.「一切世間」，1：7；「世間」，1：1524-1525。
277 （清）萬福編著，〈轉寫本〉，《重刻清文虛字指南編》，1：308-309。

經文分段 32-07.		
	002 玄奘漢	〔無〕
	041 睿梵一	〔無〕
	042 睿梵二	〔無〕
	049 村略梵	〔無〕
	119 雍序漢	皆大歡喜，宣讚佛旨。
	134 睿廣梵	Bhagavato bhāṣitam abhyanandann iti.
	145 村廣梵	loko bhagavato bhāṣitam abhyanaṃdann

	歡喜	pramudita	〔無〕		
64.	 gemu gingguleme dahafi	〔無〕	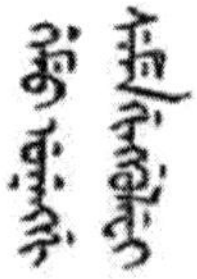 gemu unenggi seme ginggulefi	〔無〕	〔無〕

經文詞彙備註 106 歡喜	「歡喜」，梵文「pramudita」，意即「接於順情之境而感身心喜悅」，或特指「眾生聽聞佛陀說法或諸佛名號，而心生歡悅，乃至信受奉行」，[278]然 Conze 及中村元梵文諸本未見此字。滿藏本作「gemu gingguleme dahafi」，意「皆致敬跟隨後」，四合本則作「gemu unenggi seme ginggulefi」，意「皆誠然致敬後」，與漢文「歡喜」不同，滿文更著重於「致敬」之意。[279]

278 《佛光大辭典》，s.v.「歡喜」，3：6898-6899。

279 《御製增訂清文鑑》，s.v.「致敬」，11：63a。

	〔宣讚佛旨〕		〔無〕		
65.	 eteme yongkiyafi colgoroko fucihi i hese be iletu maktame saišaha	〔無〕	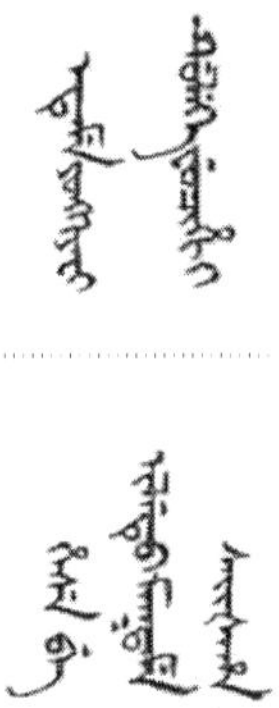 eteme yongkiyafi duleke fucihi i hese be iletu maktame saišaha	〔無〕	〔無〕

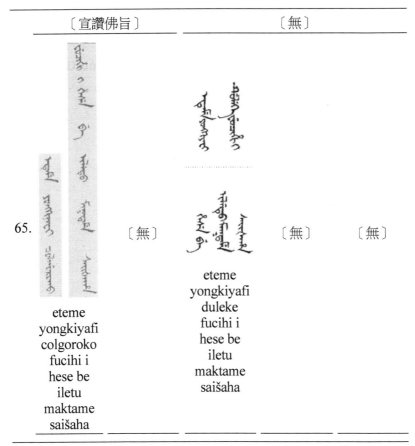

經文詞彙備註 107 宣讚佛旨

法成本、達賴喇嘛所使用的漢譯藏傳本作「信受奉行」（參見底本考察備註 56），意「信受如來所說之法而奉行之」，多用於佛經文末，[280]而雍序漢則作「宣讚佛旨」，滿藏本譯作「eteme yongkiyafi colgoroko fucihi i hese be iletu maktame saišaha」，四合本譯作「eteme yongkiyafi duleke fucihi i hese be iletu maktame saišaha」，二本意皆為「顯然稱讚誇獎了得勝全備超群的佛的旨意」。

280 《佛光大辭典》，s.v.「信受奉行」，2：3717。

經文分段33.

002 玄奘漢	般若波羅蜜多心經
041 睿梵一	iti prajñāpāramitā-hridayaṃ samāptam.
042 睿梵二	ity ārya-prajñāpāramitā-hṛdayaṃ samāptam.
049 村略梵	iti Prajñāpāramitā-hṛdayaṃ samāptam.
119 雍序漢	摩訶般若波羅蜜多心經終
134 睿廣梵	ity ārya-prajñāpāramitā-hṛdayaṃ samāptam.
145 村廣梵	Iti prajñāpāramitāhṛdayasūtraṃ samāptaṃ.

柒、結　語

本書試圖從不同面向考察二種《般若波羅蜜多心經》滿文譯本，在清高宗御製《大藏經》滿文本的部分，就版本及底本方面，依據清高宗〈清文繙譯全藏經序〉中所言乃「以國語譯漢全藏經」，然查乾隆年間漢文《大藏經》(又稱《龍藏》) 僅收錄羅什本及玄奘本，[1]二者皆為短本，與滿文《大藏經》收錄的二本皆為長本明顯不同，可知滿文《大藏經》雖以漢文本為基礎，然個別佛經的版本選錄、繙譯實際狀況可能各有不同，不能一概而論，需要就個別經典詳加比對不同語種，在滿文佛經繙譯研究上，更增加了相當地困難度。

滿文《大藏經》選擇長本《心經》的理由，或許如清世宗在〈御製摩訶般若波羅蜜多心經序〉中所言「我聖祖仁皇帝得西藏舊本《心經》，凡五百五十五字，較之今本則前後敘述體制獨為完備，中間文法亦有詳畧異同，乃知此為《心經》完本，而向所流傳闕畧未全也」，[2]一方面認定此西藏舊本實乃「完本」，另一方面可能也考量族群融合 (滿藏)、佛教系統 (藏傳佛教)、政治傳承 (聖祖到高宗) 等多重因素，故在編纂滿文《大藏經》時，並未選錄常年廣為流傳的玄奘本，而是選用了長本《心經》，且經過分析比對，極大可能

1 《乾隆大藏經》，世樺國際股份有限公司編 (台北縣：世樺國際公司，2003)，12：909-910。
2 林光明編著，《心經集成》，478-479。

就是以清聖祖所得「西藏舊本」為底本再繙譯的滿文本，這樣的個案在滿文《大藏經》是特例亦或常例仍有待詳查。

另一個值得關注的部分在於滿文《大藏經》收錄了二本內容極度相近的《心經》，漢文《大藏經》所收錄的羅什本及玄奘本雖皆為短本，然因羅什本被認為是現存最早漢譯本（雖當代學者如 Nattier 皆提出羅什本實為後人托鳩摩羅什之名所譯），玄奘本則因流傳最廣，且二本內容具差異性，故收錄最具代表性的二種《心經》足以理解，然既然滿文《大藏經》收錄了二本《心經》，卻未收錄最早的羅什本或流傳最廣的玄奘本，甚至其他內容具差異性的版本，著實令人費解，然就現有資料，對於滿文《大藏經》選錄佛經標準仍未可知，尚待來人研究。

而在滿文繙譯方面，除了驗證在繙譯佛教經典時，會採用梵文或漢文音譯外，亦會使用藏文、蒙文等其他民族語言來表達文意，包括滿文「gelung」，意「出家者」，乃借自蒙文「gelung」一詞，其拼寫源自藏文「dge slong」；滿文「hūbarak」，意「神職身分」，借自蒙文「howarak」；滿文「adistit」，意「加持」，借自蒙文「adistid」或「adisdit」，其字根源於梵文「adhisthāna」；滿文「aligan」，譯作「觸」，從蒙文「alagan」而來，其拼寫法則借自卡爾梅克語。是以在討論滿文詞彙時，不能只侷限於單一語言，而應兼採其他民族語言。除了詞彙外，與前述胡適對於漢譯佛經的研究相似，也發現滿漢文體、語體等表現方式不同而有對應上的問題，故在研究繙譯經典時，對於使用文本的選擇及掌握，不同語言間詞彙及文法的差異及轉換等，都需要審慎考察、多向查驗，例如應審酌不同語言的詞義，乃至引申義，方能追本溯源，了解不同文本、語言間的交流情況，以及如何在繙譯上反映出「傳真」、「正確」、「易解」等重點。

另一方面，法國國家圖書館藏本為滿漢合璧本，屬短本《心經》，其底本即為玄奘本，然與《大正藏》收錄本在句讀上略有不同；此外，所附「註演」有助於了解時人對於經文的觀點及解讀，亦具研究價值。經過了二種滿文本的考察，發現對於佛教詞彙的繙譯並無規範，應再進一步比較分析，藉此釐清時人如何使用滿文繙譯、詮釋佛教詞彙，並可觀察滿文的發展。

除所選《心經》譯本二種外，本書更參考已有專文發表的另三種譯本，包括林士鉉研究的四合本及三合本，以及王敵非研究的藏傳本，再加上《五譯合璧集要》所蒐羅的佛教術語，和《御製增訂清文鑑》中滿文詞彙的定義，不但可比對不同《心經》版本的滿譯佛教詞彙，亦可分辨滿文詞彙之定義及實際使用情形。在經過比較分析後發現，雖然王敵非稱所研究版本為「滿譯藏傳《般若波羅蜜多心經》」，然此本為短本，且據其漢文部分可知應為玄奘本，與中外學者普遍認為藏傳本屬長本體系之論點不同，如滿藏本及四合本即為源於「西藏舊本」的長本體系，若能再進一步考察藏傳本，或許其底本源流能更明朗。

此外，北京故宮對於《五譯合璧輯要》稿本之說明亦值得深入探討，「可能是乾隆年間翻譯、編纂滿文《大藏經》的前期準備成果」，然在比較分析後可知，滿藏本使用之滿文佛教詞彙與四合本較近，而與《五譯合璧集要》之滿文詞彙多有不同；另一方面，王敵非藏傳本之滿文詞彙反而與《五譯合璧集要》所收錄詞語相似，如「觀自在菩薩」藏傳本作「jilan i bulekušere toosengga fusa」，《五譯合璧集要》作「jilan i bulekušere toosengga」，「般若波羅蜜多」皆作「sure baramit」，「五蘊」皆作「sunja iktan」等，與其他版本都不同；當然二本也有些詞彙繙譯不同，如「滅」藏傳本作「mukiyen」，《五譯合璧集要》作「gukubun」，「道」分別作「doro」及「jugūn」。雖然就現有資料，尚無法確定各版本《心經》繙譯時所使用的參考資料，但若能廣蒐滿文佛教術語並分門別類，深入比對，不但能如莊吉發所言增訂滿文辭典，作為研究滿文佛經時的工具書，[3]或許也能對個別佛經的版本、年代、經文解讀等面向，乃至於清代佛經繙譯相關議題有更深更廣的探討。

在考察了二種《般若波羅蜜多心經》滿文譯本後，權且回到前言討論過的寫經活動再次思考。據雍序漢所言，清皇室認為西藏舊本《心經》因「前後敘述體製獨為完備」實為「完本」，然據當代中外學者研究，皆認為漢譯短本早於漢譯長本，且長本是在短本的基礎上發展，而後成為二體系發展，並非因「流傳闕略而未全」，與清皇室的考察結果不同。再者，即便清皇室如此重視西藏舊本，先以其為底本在康熙年間繙譯校勘，並在雍正元年出版了《摩訶般若波羅蜜多心經》漢滿蒙藏合璧本，而後更在乾隆年間重新繙譯並收錄於滿文《大藏經》中，然無論是清聖祖或清高宗在每日書寫《心經》的活動中，仍主要選擇玄奘本，既非「西藏舊本」，亦非其滿文譯本，其選擇準則是依「書寫功德」的「利益」，還是因字數精簡易於完成，抑或是其他政治、宗教、文化等其他考量，同樣耐人尋味。

最後，本書實為後學在滿文學習上的一段過程，從不同面向考察滿文文本的一個嘗試，希冀對滿文研究的開展及推進有所幫助，並期望能有更多研究者投入此領域，然所學尚淺，內容或有未盡之處，研究或有待精進之處，乞望先進不吝指教。

3 莊吉發，〈國立故宮博物院典藏《大藏經》滿文譯本研究〉，3：54。

附　錄

一、現存《般若心經》滿文本一覽表

順次	年代 版本 裝禎	典藏地	資料來源	備註
	《摩訶般若波羅蜜多心經》（eteme yongkiyafi duleke fucihi i eme sure i cargi dalin de akūnaha niyaman i nomun）			
1.	雍正元年（1723） 刻本 廣本 藏滿蒙漢合璧 一冊 經折裝	故宮博物院圖書館 北京大學圖書館	Xiao Chun, "Three Versions of 'Heart Sutra' Manchu Translation," abstract, presented at *The 6th International Symposium on Oriental Ancient Documents Studies*, 96.	林士鉉撰〈清代滿文譯本《般若波羅密多心經》初探〉之「四合本」。 林光明撰〈清康熙譯廣本心經〉中收錄漢文全文；四體本另收錄於《心經集成》中。

順次	年代 版本 裝禎	典藏地	資料來源	備註
2.	《心經》 （niyaman i nomun）			
	乾隆四十九年 （1784） 刻本 滿漢藏合璧 一冊 15x7 cm	雍和宮 中央民族學院圖書館	黃潤華、屈六生主編，《全國滿文圖書資料聯合目錄》，57。（編號 0201）	
	刻本 滿漢蒙藏合璧 一冊	大連市圖書館		
	刻本 滿漢藏 一冊	雍和宮 民族學院	莊吉發，〈國立故宮博物院典藏《大藏經》滿文譯本研究〉，32。（轉錄自《世界滿文文獻目錄》，29-37。）	林士鉉撰〈清代滿文譯本《般若波羅密多心經》初探〉之「三合本」，日本東洋文庫藏本。
	乾隆四十九年 （1784） 刻本 藏文、滿文標記的藏語和漢文合璧 一冊	雍和宮 中央民族大學圖書館	王敵非，〈滿譯藏傳《般若波羅蜜多心經》研究〉，111。（文章註④）	
	乾隆四十九年 （1784） 刻本 略本 藏滿漢合璧 一冊 經折裝	中央民族大學圖書館	Xiao Chun, “Three Versions of ‘Heart Sutra’ Manchu Translation,” abstract, 96.	

順次	年代 版本 裝禎	典藏地	資料來源	備註
	《佛說阿彌陀佛經・心經》 （fucihi i nomulaha abida nomun niyaman i nomun）			
	〔年代不詳〕 刻本 滿漢合璧 一冊	北京圖書館 首都圖書館 中國第一歷史檔案館圖書館 中央民族學院圖書館 遼寧省圖書館 大連市圖書館	黃潤華、屈六生主編，《全國滿文圖書資料聯合目錄》，47。（編號 0145）	
3.	刻本 滿漢合璧 一冊	北京圖書館 一史館 民族學院 日本東洋文庫	莊吉發，〈國立故宮博物院典藏《大藏經》滿文譯本研究〉，頁 32。（轉錄自《世界滿文文獻目錄》，29-37。）	王敵非撰〈滿譯藏傳《般若波羅蜜多心經》研究〉使用本。（本書簡稱「藏傳本」）
	〔年代不詳〕 刻本 線裝 滿漢合璧 四十五頁	北京圖書館 首都圖書館 中國第一歷史檔案館 中央民族大學圖書館 遼寧省圖書館 大連市圖書館	王敵非，〈滿譯藏傳《般若波羅蜜多心經》研究〉，111。（文章註③）	

順次	年代 版本 裝禎	典藏地	資料來源	備註
	滿文《大藏經》 （amba ganjur nomun） 第 29 函《金剛經》（enduringge wacir i lashalara sure i cargi dalin de akūnaha gebungge amba k'ulge nomun） 本函包括《般若波羅密多心經》、《救護日食經》、《央掘魔羅經》等十三種經 第 61 函《仁王護國經》（gosingga han i gurun be karmara nomun） 本函包括《般若波羅密多心經》、《入法界體性經》、《信力入印法門經》等十五種經			
4.	乾隆年間 刻本 滿文	故宮博物院圖書館	黃潤華、屈六生主編，《全國滿文圖書資料聯合目錄》，39-40、44。（編號 0139）	本書滿文《大藏經》使用本。（簡稱「滿藏本」） 第 29 函在北京紫禁城出版社出版之滿文《大藏經》中更為第 52 函。 第 61 函在北京紫禁城出版社出版之滿文《大藏經》中更為第 57 函。
	557 頁（函 29） 489 頁（函 61）	北京故宮博物院	莊吉發，〈國立故宮博物院典藏《大藏經》滿文譯本研究〉，57、59。（轉錄自《世界滿文文獻目錄》，28-31。）	

順次	年代 版本 裝禎	典藏地	資料來源	備註
	《般若波羅蜜多心經》 （sure ulhisu cargi dalin de akūnaha niyaman sere ging）			
5.	〔年代不詳〕 刻本 滿漢合璧 一冊	遼寧省圖書館 法國巴黎圖書館	Xiao Chun, “Three Versions of ‘Heart Sutra’ Manchu Translation,” abstract, 96.	本書使用本。（簡稱「法圖本」）
	《般若波羅密多心經》 （sure i cargi dalin de akūnaha niyaman i nomun）			
6.	乾隆年間 刻本 滿文 五頁	北京圖書館	黃潤華、屈六生主編，《全國滿文圖書資料聯合目錄》，33。（編號 0122）	
	刻本 滿漢合璧 一冊 23x14 cm	遼寧省圖書館 大連市圖書館		
	滿文 刻本 五片	北京圖書館	莊吉發，〈國立故宮博物院典藏《大藏經》滿文譯本研究〉，30。（轉錄自《世界滿文文獻目錄》，29-37。）	
	乾隆年間 刻本 滿文 梵夾裝 五葉	國家圖書館 遼寧省圖書館 大連市圖書館	王敵非，〈滿譯藏傳《般若波羅蜜多心經》研究〉，111。（文章註①）	

順次	年代 版本 裝禎	典藏地	資料來源	備註
	《佛經四種》 (fucihi nomun duin hacin) 本書包括《佛說阿彌陀經》、《般若波羅密多心經》、《獅子峰如如顏內勸修淨業文》、《蓮池大師普勸戒殺放生文》			
7.	〔年代不詳〕 刻本 滿漢合璧 二冊 19x14.5 cm	大連市圖書館	黃潤華、屈六生主編,《全國滿文圖書資料聯合目錄》,47。(編號 0144)	
	《金剛般若波羅密多經》 (enduringge wacir i lashalara sure i cargi dalin de akūnaha amba k'ulge i nomun) 內附《般若波羅密多心經》			
8.	清高宗(弘曆)重譯 抄本 滿漢合璧 二冊 23.9x13.7 cm	北京圖書館	黃潤華、屈六生主編,《全國滿文圖書資料聯合目錄》,49。(編號 0156)	
	抄本 滿文 一冊 24.6x15.2 cm	大連市圖書館		

順次	年代 版本 裝禎	典藏地	資料來源	備註
9.	《摩訶般若波羅密多心經》 （jalafungga sure i cargi dalin de akūnaha niyaman sere nomun）			
	乾隆年間 泥金精寫本 滿漢蒙藏合璧 三十三頁 26x10.1 cm	故宮博物院圖書館	黃潤華、屈六生主編，《全國滿文圖書資料聯合目錄》，52。（編號 0172）	《全國滿文圖書資料聯合目錄》與王敵非所著錄之滿文經題略有差異，然就年代、版本、裝禎、典藏地等項來看，應為同一本，故並列二本滿文經題待查。
	寫本 滿蒙藏漢 三三頁	北京故宮博物院	莊吉發，〈國立故宮博物院典藏《大藏經》滿文譯本研究〉，頁 32。（轉錄自《世界滿文文獻目錄》，29-37。）	
	（jalafungga sure i cargi dalin de akūnaha niyaman i nomun）			
	乾隆年間 泥金精寫本 滿蒙藏漢合璧 三十三葉	故宮博物院圖書館	王敵非，〈滿譯藏傳《般若波羅蜜多心經》研究〉，111。（文章註②）	
10.	《般若波羅蜜多心經》			
	刻本 滿漢合璧 二三張	北京圖書館	莊吉發，〈國立故宮博物院典藏《大藏經》滿文譯本研究〉，32。（轉錄自《世界滿文文獻目錄》，29-37。）	

二、《般若心經》二種數位圖檔

（一）滿藏本 52

第一葉左側欄 滿文拼音：	sure i cargi dalin de akūnaha niyaman i nomun 〔般若波羅蜜多心經〕 dergi juwan uyuci〔上第十九〕
第二葉左側欄 滿文拼音：	sure i cargi dalin de akūnaha niyaman i nomun 〔般若波羅蜜多心經〕 fejergi juwan uyuci〔下第十九〕
第三葉左側欄 滿文拼音：	sure i cargi dalin de akūnaha niyaman i nomun 〔般若波羅蜜多心經〕 dergi orici〔上第二十〕
第四葉左側欄 滿文拼音：	sure i cargi dalin de akūnaha niyaman i nomun 〔般若波羅蜜多心經〕 fejergi orici〔下第二十〕

資料來源：滿藏本 52 數位圖檔翻攝自法鼓文理學院（前身為法鼓佛教學院）圖書館所建置之《滿文藏經研究資料》網站<http://buddhistinformatics.dila.edu.tw/manchu/>。

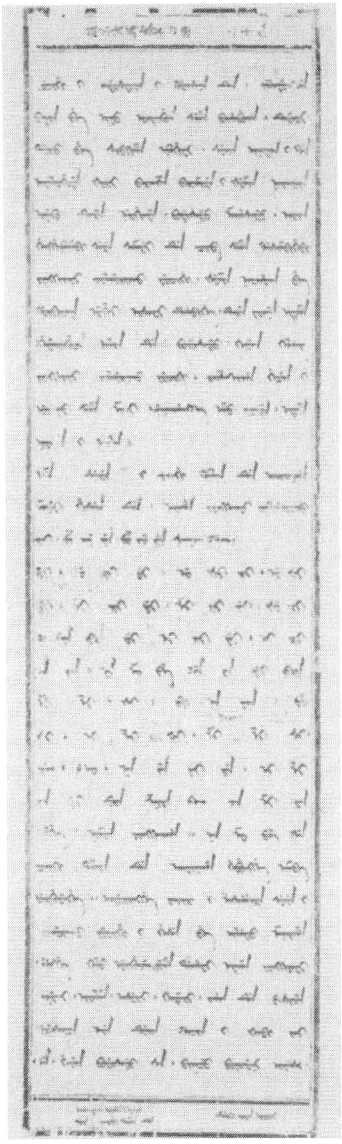

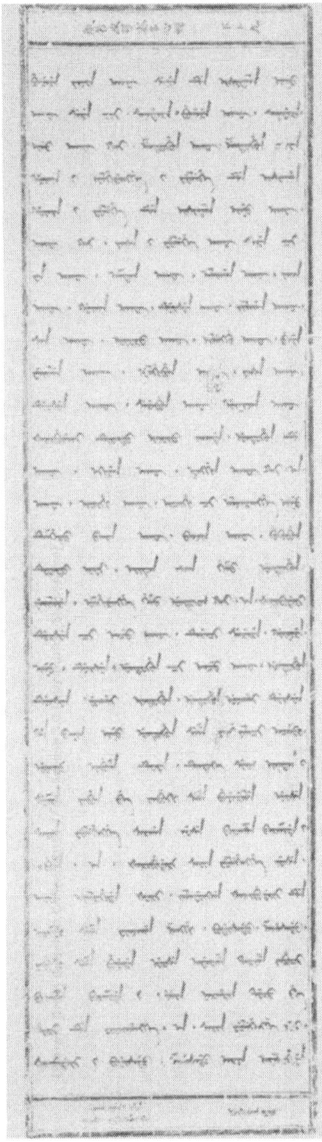

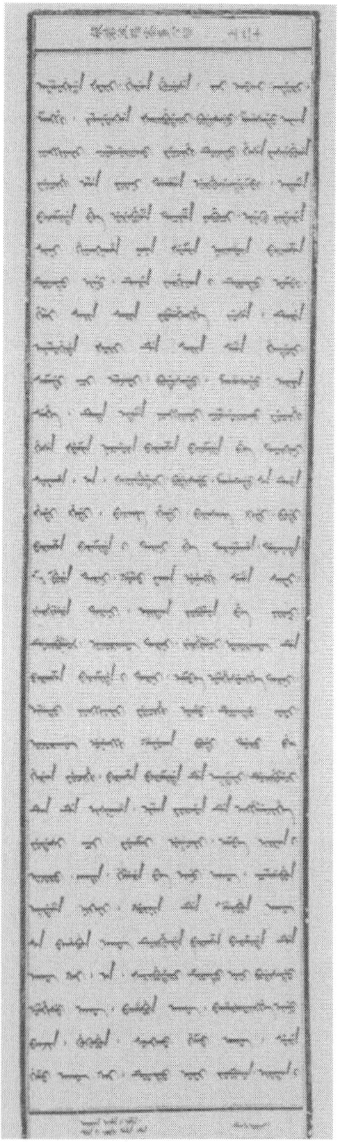

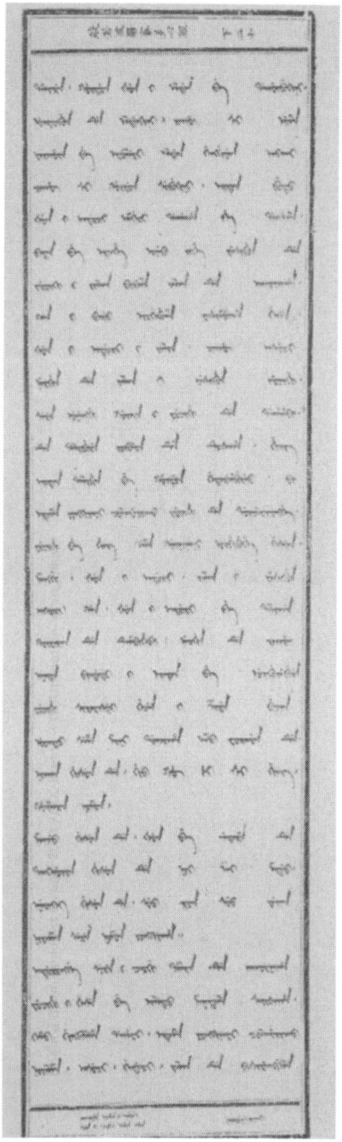

（二）滿藏本 57

第一葉左側欄 滿文拼音：	sure i cargi dalin de akūnaha niyaman i nomun 〔般若波羅密多心經〕① dergi gūsin ningguci〔上第三十六〕②
第二葉左側欄 滿文拼音：	sure i cargi dalin de akūnaha niyaman i nomun 〔般若波羅密多心經〕 fejergi gūsin nadaci〔下第三十七〕③
第三葉左側欄 滿文拼音：	nomun i jecen i beyei banin de dosinaha nomun 〔入法界體性經〕 fejergi gūsin nadaci〔下第三十七〕

註：① 右側欄漢文經題《般若波羅密多心經》之「密」，與滿藏本 52 側欄《般若波羅蜜多心經》的「蜜」字不同，依各側欄漢文經題轉錄，特此說明。

② 右側欄漢文作「下三十六」，滿漢文不符。若參照前部經《仁王護國經》及後部經《入法界體性經》葉碼，應為滿文葉碼誤寫。

③ 右側欄漢文作「上三十七」，滿漢文不符。若參照前部經《仁王護國經》及後部經《入法界體性經》葉碼，應為滿文葉碼誤寫。

資料來源：滿藏本 57 數位圖檔翻攝自法鼓文理學院（前身為法鼓佛教學院）圖書館所建置之《滿文藏經研究資料》網站<http://buddhistinformatics.dila.edu.tw/manchu/>。

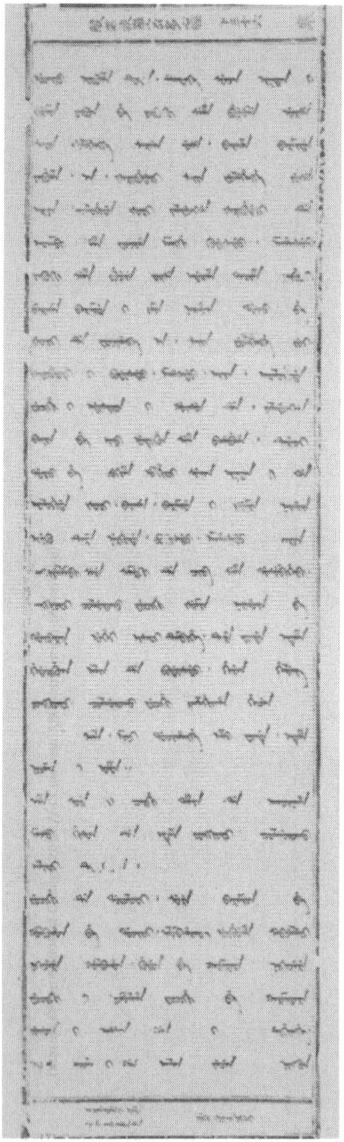

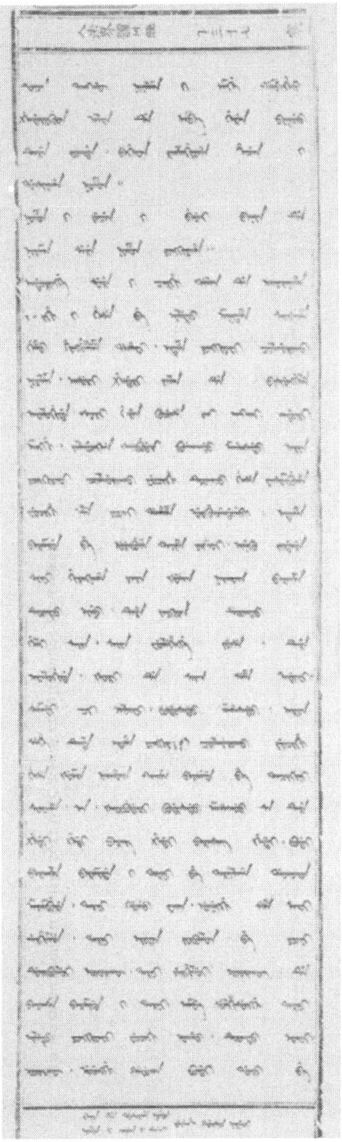

（三）法圖本

此本《般若波羅蜜多心經》數位圖檔已取得法國國家圖書館（Bibliothèque nationale de France）之學術出版授權，特此聲明。

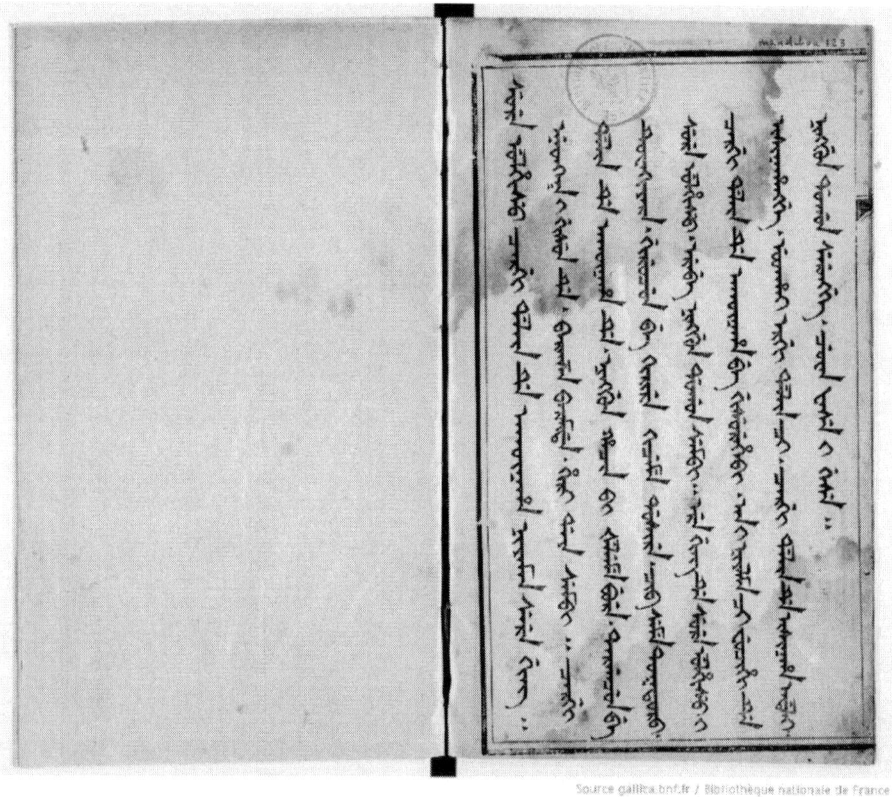

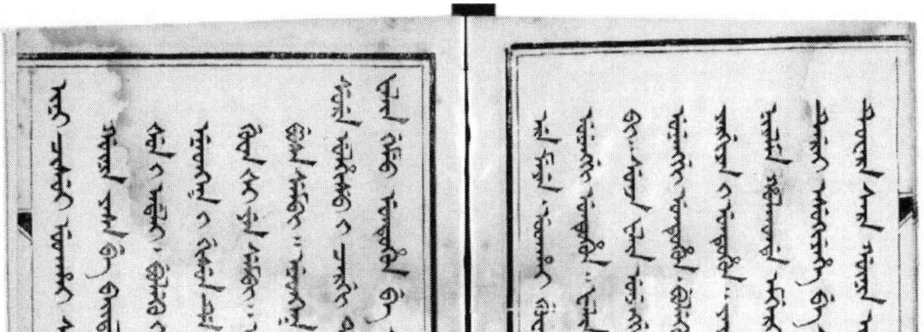

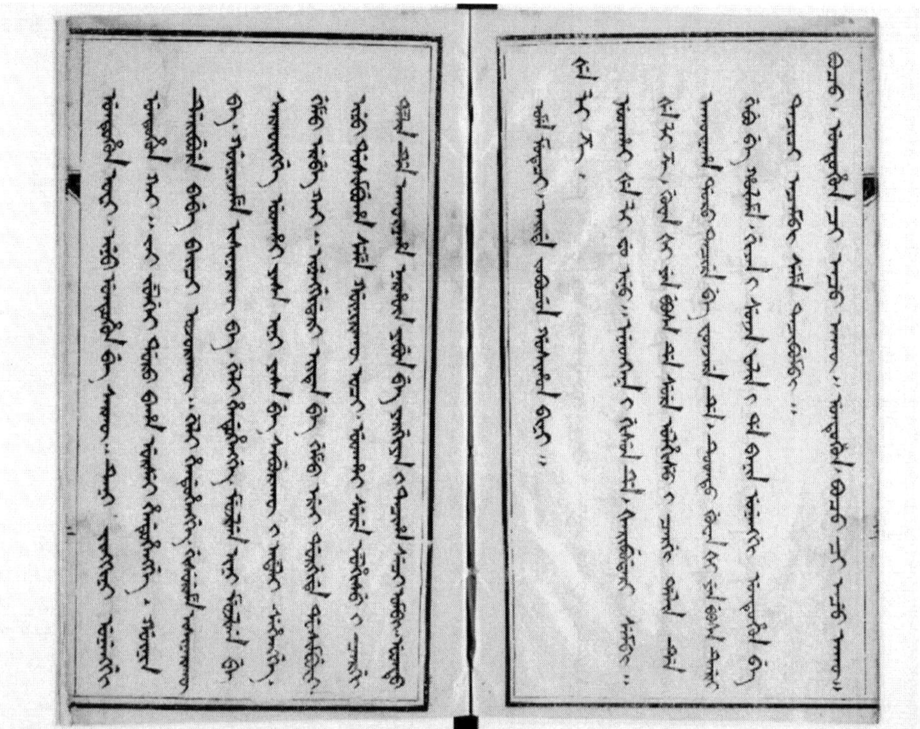

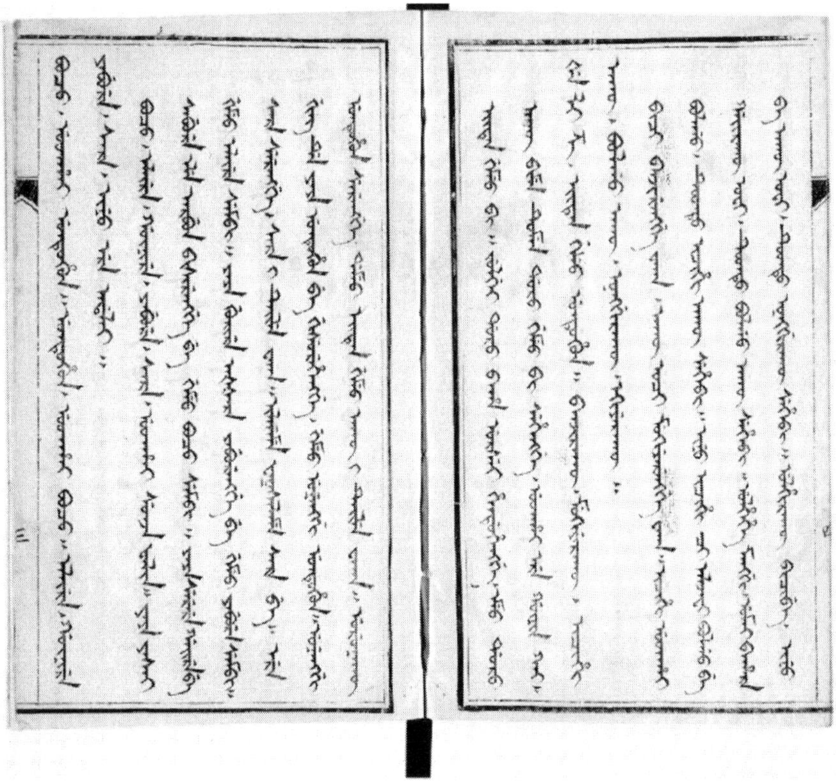

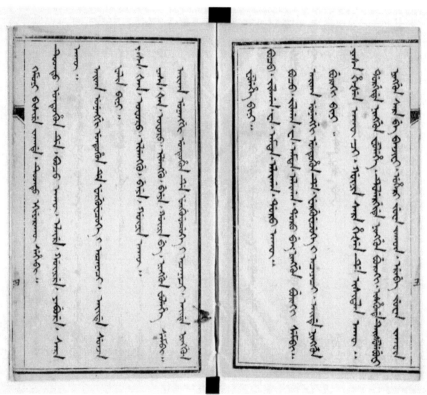

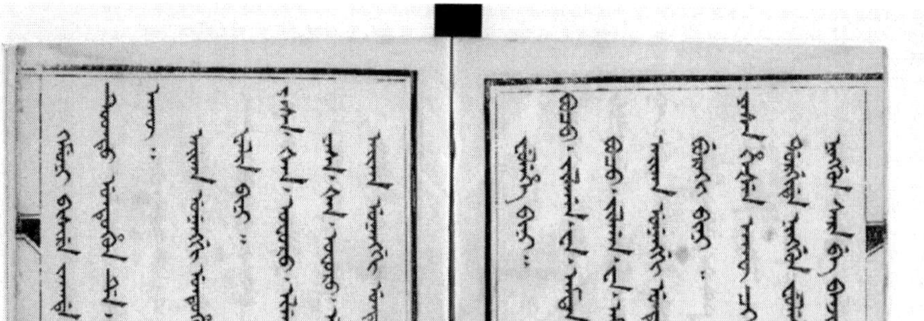

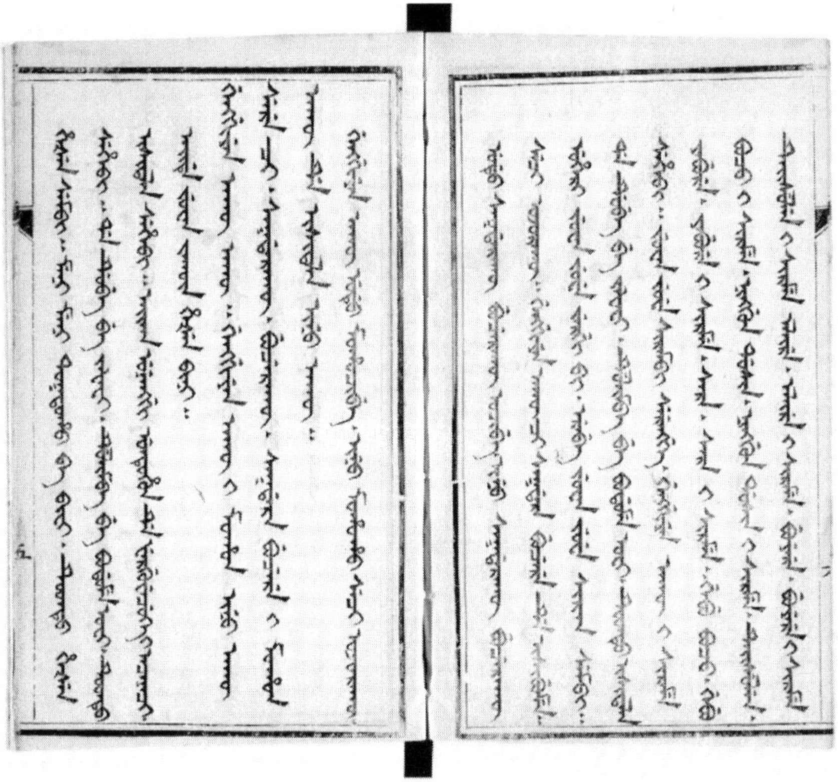

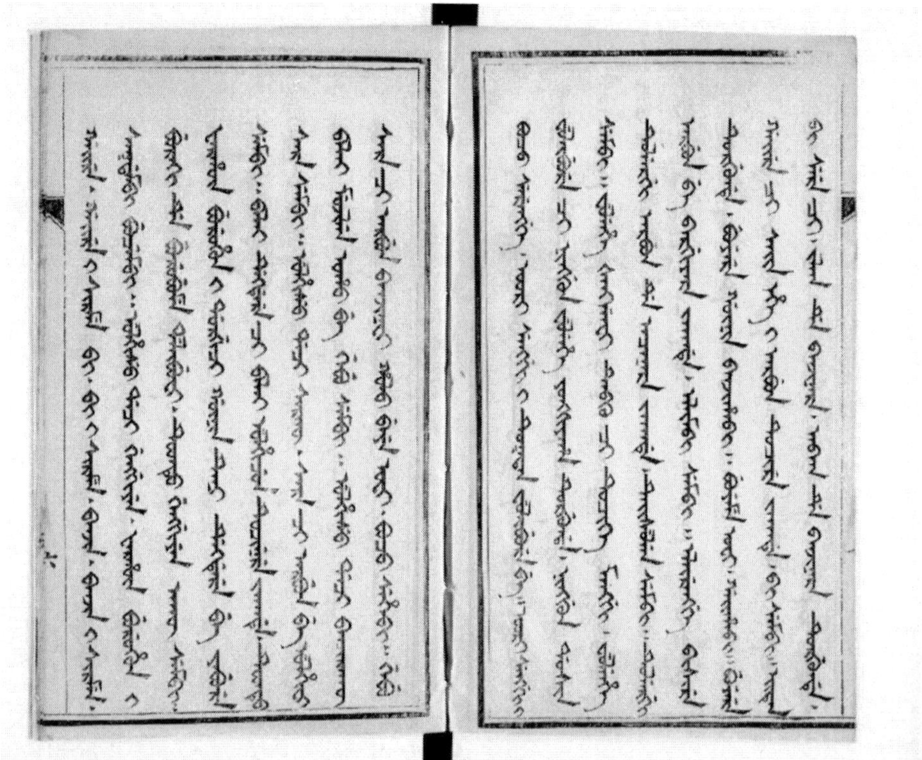

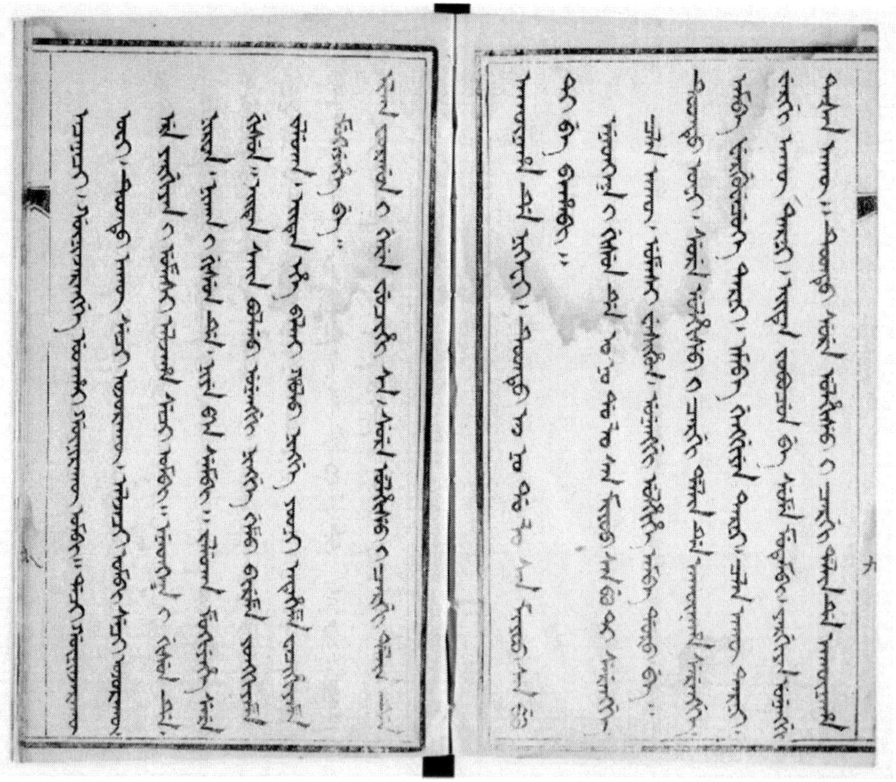

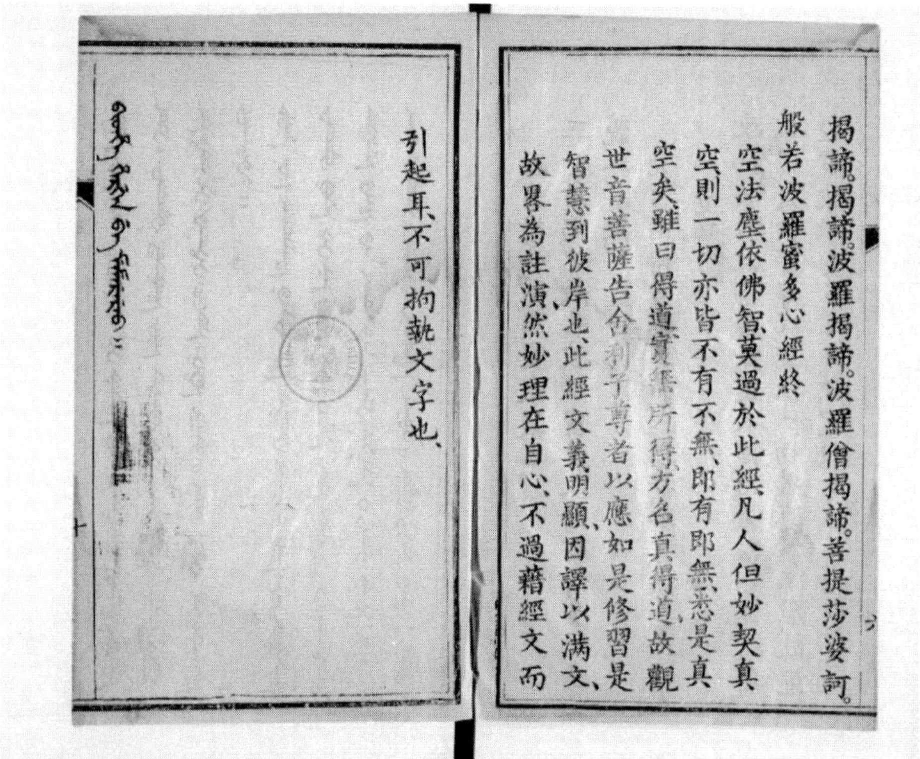

揭諦。揭諦。波羅揭諦。波羅僧揭諦。菩提莎婆訶。
般若波羅蜜多心經終
空法塵、依佛智、莫過於此經、凡人但妙契真
空、則一切亦皆不有不無、即有即無、悉是真
空矣、雖曰得道、實無所得、方名真得道、故觀
世音菩薩告舍利子尊者、以應如是修習、是
智慧到彼岸也、此經文義明顯、因譯以滿文、
故畧為註演、然妙理在自心、不過藉經文而
引起耳、不可拘執文字也、

見苦、斷集、證滅、修道、名曰四諦、若妙契真空、
則無能無所、四諦之有無、皆何可得哉、
以無所得故。菩提薩埵。依般若波羅蜜多。故心
無罣礙。無罣礙。故無有恐怖。遠離顛倒夢想。究
竟涅槃。
想者、醒之想、夢者、寐之想也、若妙契真空、則
想即無想、蓋本元無想、故無與離俱不可說、
乃是真遠離也、梵言泥洹、華言涅槃、圓寂
也、諸行皆圓、諸妄永寂也、
三世諸佛。依般若波羅蜜多。故得阿耨多羅三
藐三菩提。
梵言阿耨多羅三藐三菩提、華言無上正等
正覺也、
故知波若波羅蜜多。是大神咒。是大明咒。是無
上咒。是無等等呪。能除一切苦。真實不虛。故說
般若波羅蜜多咒。即說咒曰。

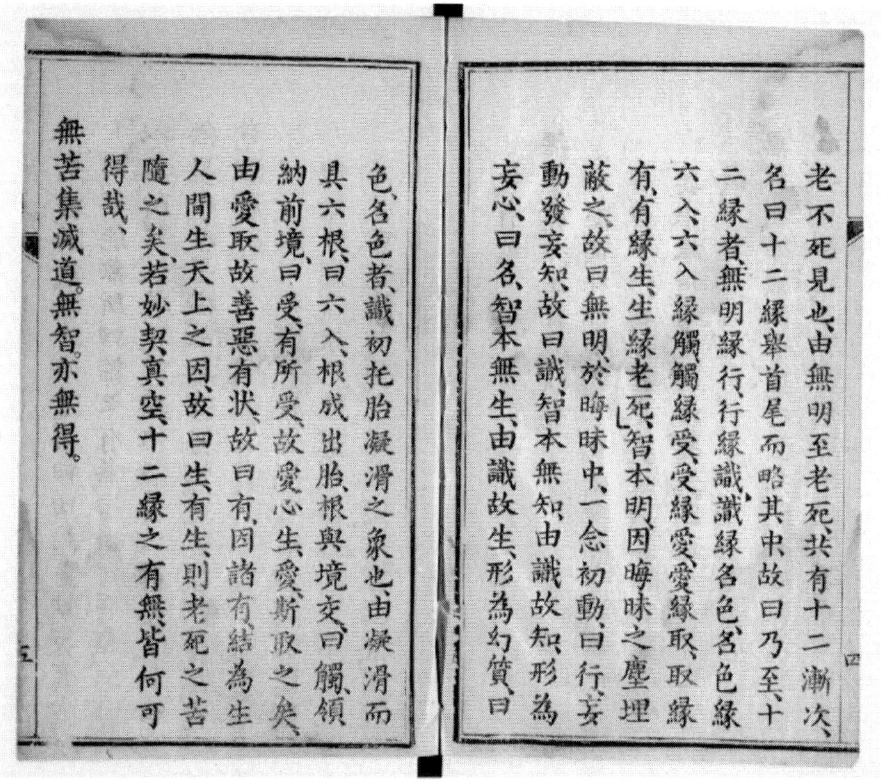

老不死見也、由無明至老死、共有十二漸次、
名曰十二緣舉首尾而略其中故曰乃至、十
二緣者、無明緣行、行緣識、識緣名色、名色緣
六入、六入緣觸、觸緣受、受緣愛、愛緣取、取緣
有、有緣生、生緣老死、智本明、因晦昧之塵埋
蔽之、故曰無明、於晦昧中、一念初動、曰行、妄
動發妄知、故曰識、智本無知、由識故知、形為
妄心、曰名、智本無生、由識故生、形為幻質、曰

四

色、名色者、識初托胎凝滑之象也、由凝滑而
具六根、曰六入、根成出胎、根與境交、曰觸、領
納前境、曰受、有所受、故愛心生、愛、斯取之矣、
由愛取故善惡有狀、故曰有、因諸有、結為生
人間生天上之因、故曰生、有生、則老死之苦
隨之矣、若妙契真空、十二緣之有無、皆何可
得哉、

無苦集滅道。無智。亦無得。

五

增、迷時何嘗不具、故非滅、
是故空中。無色。無受想行識。
果妙契真空、何五蘊之有哉、
無眼耳鼻舌身意。
眼耳鼻舌身意、名六根、若妙契真空、何六根
之有哉、
無色聲香味觸法。
色聲香味觸法、名六塵、若妙契真空、何六塵
之有哉、
無眼界。乃至無意識界。
內六根、外六塵、彼此互緣、中生六識、共十八、
名曰十八界、各有定處、故曰界、舉首尾而略
其中、故曰乃至、若妙契真空、何十八界之有
哉、
無無明。亦無無明盡。乃至無老死。亦無老死盡。
無明雖盡、不存盡想、雖不老不死、亦不存不

即舍利弗、梵云舍唎布達哩、舍利子尊者問
觀世音菩薩以修習智慧到彼岸之法、故觀
世音菩薩呼其名而告之云、應以五蘊皆自
性真空觀為修習也、
色不異空。空不異色。色即是空。空即是色。受想
行識。亦復如是。
色受想行識、即五蘊也、凡一切眼所見者、及
有形質者、皆曰色、凡領納皆曰受、凡遷移往

來皆曰行、識者分別之知也、此經凡所言之
空、皆指真空、真空者、非只一切皆無也、必無
所不有、古德云、一法不有、萬法皆有正此意
也、
舍利子。是諸法空相。不生。不滅。不垢。不淨。不增。
不減。
有時非生、無時非滅、垢即是淨、故曰不垢、亦
不離垢取淨、故曰不淨、悟時一無所得、故非

三

梵言阿喇牙阿哇羅吉達說哩、華言觀世音、普覺有情曰菩薩、具云菩提薩埵、梵語也、

行深般若波羅蜜多。時。照見五蘊皆空。度一切苦厄。

此觀世音菩薩之本行也、空者、真空也、蘊、結也、亦具埋蔽之義、五蘊皆空者、五蘊之自性本即真空、如鏡中物、似有而實空也、如人正視物時、忽被傍人一喝、心忽然一止、知被人喝之心尚未起、視物之知覺心已滅、此時一切皆空、空見亦無、正是真空、古德云、覓念起處了不可得、又云、言語不到處、心念不及處、又云、心不自見心、如眼不自見眼、皆是此也、每日於一切、皆歸居於此中、亦不作歸居此中想、便是真修般若波羅蜜多妙行、若能如此、何苦厄之有哉、

舍利子。

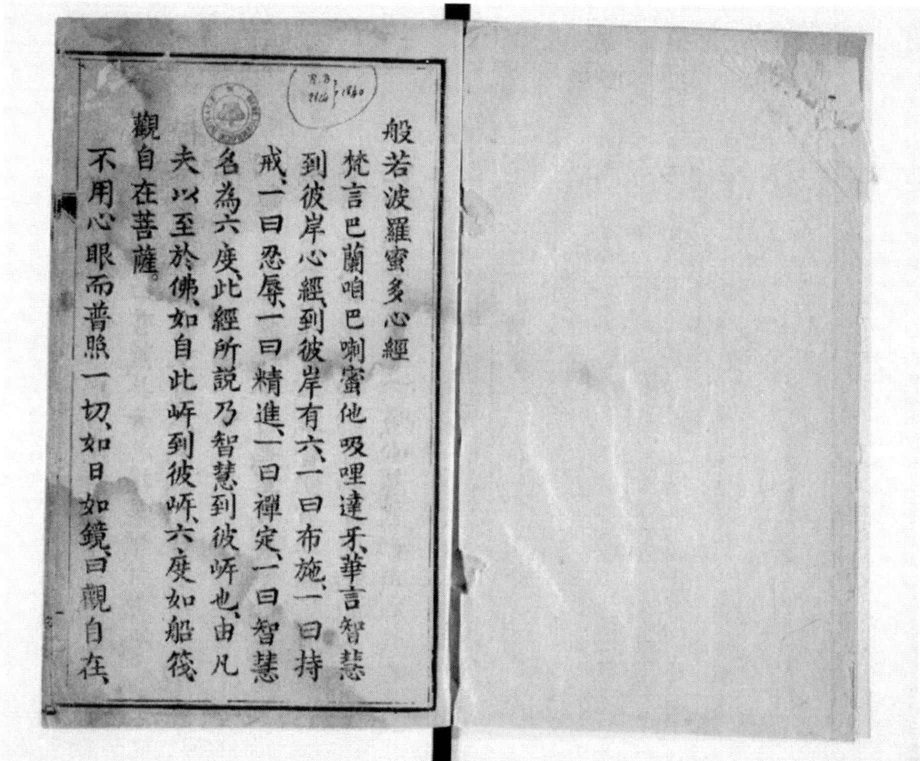
般若波羅蜜多心經
梵言巴蘭哴巴喇蜜他吸哩達牙、華言智慧到彼岸心經、到彼岸有六、一曰布施、一曰持戒、一曰忍辱、一曰精進、一曰禪定、一曰智慧名為六度、此經所說乃智慧到彼岍也、由凡夫以至於佛、如自此岍到彼岍、六度如船筏
觀自在菩薩。
不用心眼而普照一切、如日如鏡、曰觀自在、

三、林光明《心經集成》書目資料

（一）《般若心經》漢譯諸本書目資料

資料來源：林光明，《心經集成》，6、30-32。
林光明，〈新發現智光漢譯廣本《心經》〉，42、44。
林光明，〈清康熙譯廣本心經〉，30。

編號簡稱	版本	譯者／編者	源本	題名 資料來源	備註
002 玄奘漢	短本	唐 玄奘 （602-664）	不詳	般若波羅蜜多心經》 《新修大正藏》第八冊，經號 251，848 頁 c 欄。	自唐朝以來流通的「定版本」，共 260 字。《新修大正藏》在咒文部分採用「僧莎訶」，而非通行的「娑婆訶」。 此外，譯本內容與今通行梵文本約20處內容不同林光明認為玄奘據以漢文的梵文版本，可能與今日之梵文本不同。再日本通行的漢譯本共 262 字，即在「遠離一切顛倒夢想」句中多了「一切」二字。

編號簡稱	版本	譯者／編者	源本	題名 資料來源	備註
115 法成漢	長本	唐 法成 （ca.760-860）	敦煌石室本	《般若波羅蜜多心經》 《新修大正藏》第八冊，經號 255，850 頁 b 欄-851 頁 a 欄。	
117 智光漢	長本	明 智光 （1348-1435）	梵文本	《大明新譯摩訶般若波羅蜜多心經》 印度迦濕彌羅國（Kashimir）板的達（paṇḍita）善世禪師薩訶咱釋理（Sahajashrī）集，明朝智光沙彌譯語。	據林光明考察此本譯於明太祖（1374-1381）時期。 林光明於1998年在北大圖書館發現，詳見林光明，〈新發現智光漢譯廣本《心經》〉。
118 康熙漢	長本	清康熙 （1662-1722） 〔譯者不明〕	藏文本	《大內譯般若波羅蜜多心經》 據西藏番字舊本所譯。（屈映光《金剛經‧心經詮釋合刊》著錄。）	據林光明考察，此本與「119 雍序漢」、「120 尚先漢」、「121 貢噶漢」正文相同（僅二、三字有異），但經名皆不同；另「120 尚先漢」無歸敬文及流通分，「118 康熙漢」、「119 雍序漢」無歸敬文，而有流通分，「121 貢噶漢」二者皆俱。

編號簡稱	版本	譯者／編者	源本	題名 資料來源	備註
119 雍序漢	長本	清雍正 （1723-1735） 〔譯者不明〕	藏文本	《摩訶般若波羅蜜多心經》 清聖祖時，據西藏番字舊本所譯（清世宗序）。	雍正元年（1723）十二月初八日製序印發「藏滿蒙漢對照版」，全文收錄於林光明《心經集成》。 林光明於1998年在北大圖書館發現，詳見林光明，〈清康熙譯廣本心經〉。 林士鉉〈清代滿文譯本《般若波羅密多心經》初探〉使用本（本書亦採用其簡稱「四合本」）
120 尚先漢	長本	清 郭尚先 （1785-1832）	（不詳）	《般若波羅蜜多心經》 （榛葉良男《般若心經大成》著錄。）	
121 貢噶漢	長本	清 貢噶呼圖克圖 （1893-1957）	藏文本	《薄伽梵母智慧到彼岸心經》 貢噶呼圖克圖37年（1948）於上海依藏文所譯之本。（屈映光《金剛經·心經詮釋合刊》著錄。）	

編號簡稱	版本	譯者／編者	源本	題名 資料來源	備註
123 方敦漢	長本	方廣錩（1948-）修訂	（不詳）	《般若波羅蜜多心經》 …… 據敦煌遺書異本修訂。（方廣錩編纂《般若心經譯注集成》著錄。）	方廣錩據敦煌遺書「伯三九一九號」、「北李五三號」、「北始五五號」、「北海七七號」、「斯五四四七號」、「伯三九〇八號」、「伯三三三二號」等錄文、校勘、標點撰成。

（二）《般若心經》梵文諸本書目資料

資料來源：林光明編著，《心經集成》，16、18、34、36。

編號簡稱	版本	譯者／編者	源本	題名 資料來源	備註
041 睿梵一	短本	Edward Conze（1904-1979）	梵文本	*The Heart Stura* …… Edward Conze, *Buddhist Wisdom Books Containing The Diamond Sutra and The Heart Sutra*, London: [sic.] September 1957, 77-102.	Conze 的梵文本及英譯本皆廣為西方學者使用。

編號簡稱	版本	譯者／編者	源本	題名 資料來源	備註
042 睿梵二	短本	Edward Conze	梵、尼泊爾、中、日等多本	*The Prajñāpāramitā-hṛdaya Sūtra* Edward Conze, *30 Years of Buddhist Studies*, Oxford: Bruno Cassirer (Publishers) LTD, 1967, 150-153.	較「041 睿梵一」晚十年出版，內容略有不同，故林光明一併收錄。
049 村略梵	短本	中村元（1912-1999）紀野一義（1922-2013）	梵文本	《般若心経》 中村元・紀野一義訳註《般若心経　金剛般若経》，東京：岩波書店，1992，第3刷，174-175。	中村元及紀野一義校訂的長、短梵文本廣為歐、美、中、日等地學者引用。
134 睿廣梵	長本	Edward Conze	梵、尼泊爾、中、日等多本	*The Prajñāpāramitā-hṛdaya Sūtra* Edward Conze, *30 Years of Buddhist Studies*, Oxford: Bruno Cassirer (Publishers) LTD, 1967, 149-153.	
145 村廣梵	長本	中村元、紀野一義	梵、藏、敦煌等多本	《般若心経》 中村元・紀野一義訳註《般若心経　金剛般若経》，東京：岩波書店，1992，第3刷，177-179。	依日本大和長谷寺所傳寫本校訂出版。

四、《御製增訂清文鑑》詞彙釋義

據《景印文淵閣四庫全書》本整理。

順次	滿文詞彙 羅馬拼音	漢文 詞義	滿文釋義羅馬拼音 漢文繙譯	卷：頁
1.	jahūdai	船	moo be adame uju uncehen sindame weilefi, dulimbade siltan ilibufi, ula bira de yaburengge be, jahūdai sembi. 接木首尾放作後，中間立桅杆後，行於江河者，謂船。	26:56a
2.	ada	筏子	golmin moo be adame hūwaitafi bira doore de baitalarangge be, ada sembi. 接拴長木後，用於渡河者，謂筏子。	26:61b
3.	gūnin	意	mujilen ci tucinjirengge be, gūnin sembi. 從心所出來者，謂意。	11:24b
4.	mujilen	心	eiten baita be sara ulhirengge be, mujilen sembi. 知曉一切事者，謂心。	11:26b
5.	gūninjambi	思量	yaya babe waliyame muterakū kemuni gūnire be, gūninjambi sembi. 不能棄各處總是思考的，謂思量。	11:25a-b

順次	滿文詞彙羅馬拼音	漢文詞義	滿文釋義羅馬拼音 漢文繙譯	卷：頁
6.	jaka	物件	eiten hacin be, jaka sembi. 一切樣數，謂物件。	18:42a
7.	doro	道	an kemun dorolon kooli be, doro sembi. 常規禮儀，謂道。	5:6a
8.	erdemu	德	mujilen giyan be yongkiyaha yabun doro de acanaha be, erdemu sembi. 合於全備心理的行道，謂德。	11:54a
9.	isitala	直至	ereci tede isibure be, isitala sembi. 從此到迄今的，謂直至。	2:10b
10.	turgun	緣故	yaya baita i dorgi hacin be, turgun sembi. 凡事的內項，謂緣故。	5:13a
11.	de	承上啟下	dergi gisun be alime fejergi gisun be deribure mudan. 承上言起下言的樣子。	18:67b
12.	sere	說是	gisun de aisilara mudan, donjici uttu sere, tuttu sere seme gisurembi. 幫助言語的樣子，聽時說「說是這樣」、「說是那樣」。	18:64b

順次	滿文詞彙 羅馬拼音	漢文 詞義	滿文釋義羅馬拼音 漢文繙譯	卷：頁
13.	ᠰᡠᡵᡝ sure	聰明	banitai genggiyen ulhisu be, sure sembi. 秉性清明穎悟，謂聰明。	11:51a
14.	ᡠᠯᡥᡳᠰᡠ ulhisu	穎悟	yaya baita be donjime uthai sara be, ulhisu sembi. 凡聞事即知的，謂穎悟。	11:52b
15.	ᠮᡝᡵᡤᡝᠨ mergen	智	sure dacun niyalma be, mergen sembi. 聰明敏捷的人，謂智。	11:51a
16.	ᡝᠯᡠᡵᡳ eluri	聰慧	se de teisu akū sara bahanara beye etuhun juse be, eluri sembi. 與年紀不相稱，知道、懂得，且身子強壯的男子們，謂聰慧。	10:34b
17.	ᠰᡝᡴᡨᡠ sektu	靈透	geli garsa juse be, sektu sembi. 又伶俐的男子們，謂靈透。	10:35b
			dolo getuken niyalma be, sektu sembi. 內心明白的人，謂靈透。	11:56a
18.	ᠨᡝᡵᡤᡳ nergi	伶透	sektu yebken niyalma be, saišame hendumbihede, ere nergi niyalmao sembi. 誇獎著說靈透英俊的人時，說這靈透的人啊！	11:55a

順次	滿文詞彙羅馬拼音	漢文詞義	滿文釋義羅馬拼音 漢文繙譯	卷：頁
19.	nomun	經	enduringge niyalmai toktobuha enteheme songkolome halaci ojorakū bithe be, nomun sembi. 聖人所定長遠遵照不能更換的書，謂經。	7:25a
20.	fusa	菩薩	inu fucihi i colo, fucihi i siramengge be, fusa sembi. 亦佛之號，佛之繼者，謂菩薩。	19:4b
21.	hacin	樣數	emu jaka emu baita be, emu hacin sembi, geli hacin tome seme holbofi gisurembi. 一物一事，謂一樣數。又連說謂逐樣。	18:41b-42a
22.	fulehu	布施	hūwašan doose de šeleme bure jiha menggun i jergi jaka be, fulehu sembi. 捨與錢銀等物給和尚、道士，謂布施。	19:9a
23.	samadi de toktombi	禪定	hūwašan sa samadi tefi gūnin mujilen cib seme bolgo ojoro be, samadi de toktombi sembi. 和尚們坐禪後，意、心悄然為淨者，謂禪定。	19:8a

順次	滿文詞彙 羅馬拼音	漢文 詞義	滿文釋義羅馬拼音 漢文繙譯	卷：頁
24.	ᡳᡴᡨᠠᠨ iktan	積下的	isabuha jaka labdu oho be, hendumbihede, iktan sembi. 說積聚之物很多了時，謂積下的。	21:55a
25.	ᡩᡠᡵᠰᡠᠨ dursun	體	banjiha arbun be, dursun sembi. 生的相，謂體。	11:5a
26.	ᠪᠣᠴᠣ boco	顏色	niyalmai cira be, boco sembi. 人的氣色，謂顏色。	11:21a
			yaya jakai fiyan be, boco sembi. 凡物的臉色，謂顏色。	23:37a
27.	ᠰᡝᡵᡝᠮᠪᡳ serembi	知覺	onggolo neneme ulhire be, serembi sembi. 預先曉得的，謂知覺。	12:34a
28.	ᠰᡝᡵᡝᠪᡠᠨ serebun	覺	onggolo sara ulhire be, serebun sembi. 預前知曉的，謂覺。	12:33b-34a
29.	ᠠᠯᡳᠮᠪᡳ alimbi	承當	baita hacin be beye dalafi icihiyara be, alimbi sembi. 自身為首辦理事項的，謂承當。	05:32b-33a

順次	滿文詞彙 羅馬拼音	漢文 詞義	滿文釋義羅馬拼音 漢文繙譯	卷：頁
30.	ᡤᡡᠨᡳᠮᠪᡳ gūnimbi	思想	seoleme bodoro amcame kidure be, gemu gūnimbi sembi. 思慮、籌畫、追問、想念的，皆謂思想。	11:25a
31.	ᡤᡡᠨᡳᠵᠠᠨ gūnijan	想	ereme gūnirengge be, gūnijan sembi. 指望思想者，謂想。	11:25a
32.	ᠸᡝᡳᠯᡝᠮᠪᡳ weilembi	作工	yaya arara be, weilembi sembi. 凡造作的，謂作工。	26:5b
33.	ᠸᡝᡳᠯᡝᠨ weilen	工程	yaya weilere arara hacin i uheri gebu. 凡造作類的總稱。	26:5b
34.	ᠶᠠᠪᡠᠮᠪᡳ yabumbi	行走	yaya feliyere be, yabumbi sembi. 凡走的，謂行走。	14:51a
35.	ᡠᠯᡥᡳᠮᠪᡳ ulhimbi	曉得	yaya baita be sara hafure be, ulhimbi sembi. 凡知道通曉事的，謂曉得。	12:33b

順次	滿文詞彙羅馬拼音	漢文詞義	滿文釋義羅馬拼音 漢文繙譯	卷：頁
36.	 ulhibun	誥	bithe arafi ulhibume alara gisun be, ulhibun sembi. 作文後使曉得告訴之言，謂誥。	7:27a
37.	 sambi	知道	ulhire be, sambi sembi. 曉得的，謂知道。	12:34a
38.	 sumbi	解	yaya hūwaitaha jaka be uksalara be, sumbi sembi. 凡解脫開拴上的物的，謂解。	26:50a
		脫	etuku be beye ci uksalara be, sumbi sembi. 從身體把衣服解脫開的，謂脫。	24:42b
39.	 uksalambi	解脫開	yaya jaka be sure tatara be, uksalambi sembi. 凡解、抽取物的，謂解脫開。	26:49a
40.	 doobumbi	使渡河	niyalma de hendufi doore be, doobumbi sembi. 叫人渡河的，謂使渡河。	2:63a
41.	 doombi	渡河	bira birgan be dulere be, doombi sembi. 過去河、小河溝的，謂渡河。	2:63a

順次	滿文詞彙 羅馬拼音	漢文 詞義	滿文釋義羅馬拼音 漢文繙譯	卷：頁
42.	ᠵᠣᠪᠣᠯᠣᠨ jobolon	憂患	yaya jobocuka babe, gemu jobolon sembi. 凡可憂之處，皆謂憂患。	13:57b
43.	ᡤᠣᠰᡳᡥᠣᠨ gosihon	苦	šari sogi i jergi jaka i amtan be, gosihon sembi 曲麻菜菜蔬等物的味道，謂苦。	28:22b
44.	ᡤᠠᠰᡥᠠᠨ gashan	災殃	tušaha nimeku be, gashan sembi. 遭際〔喪事〕、疾病，謂災殃。	6:55a
45.	ᡤᠠᠰᠠᠴᡠᠨ gasacun	怨	joboro akara ba bisire be, gasacun sembi, jai gūwa niyalma seyere korsoro be, inu gasacun sembi. 有辛苦傷心處的，謂怨；再別人懷恨的，亦謂怨。	13:53a
46.	ᠠᡵᠪᡠᠨ arbun	形相	beye banjiha uheri muru be, arbun sembi. 身體生的總模樣，謂形相。	11:4b
		象	jijun jijuha i muru be, arbun sembi. 爻畫的模樣，謂象。	7:37b
47.	ᠪᠠᠨᡳᠨ banin	生相	beyei arbun giru be, banin sembi. 身體的形相、骨骼，謂生相。	11:4b
		性	abkai hesebuhengge be, banin sembi. 天所命定的，謂性。	11:24a

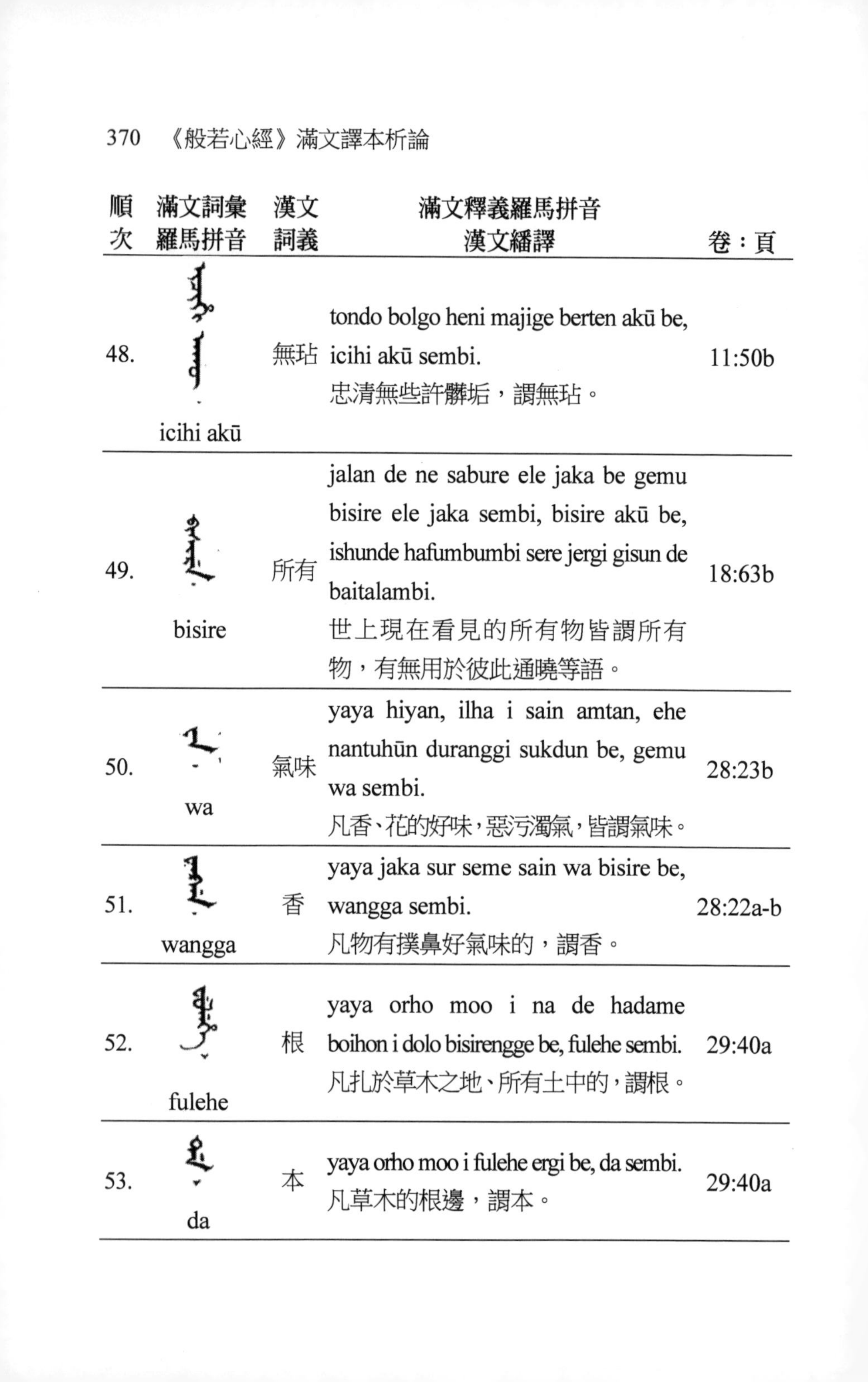

順次	滿文詞彙 羅馬拼音	漢文 詞義	滿文釋義羅馬拼音 漢文繙譯	卷：頁
48.	icihi akū	無玷	tondo bolgo heni majige berten akū be, icihi akū sembi. 忠清無些許髒垢，謂無玷。	11:50b
49.	bisire	所有	jalan de ne sabure ele jaka be gemu bisire ele jaka sembi, bisire akū be, ishunde hafumbumbi sere jergi gisun de baitalambi. 世上現在看見的所有物皆謂所有物，有無用於彼此通曉等語。	18:63b
50.	wa	氣味	yaya hiyan, ilha i sain amtan, ehe nantuhūn duranggi sukdun be, gemu wa sembi. 凡香、花的好味，惡污濁氣，皆謂氣味。	28:23b
51.	wangga	香	yaya jaka sur seme sain wa bisire be, wangga sembi. 凡物有撲鼻好氣味的，謂香。	28:22a-b
52.	fulehe	根	yaya orho moo i na de hadame boihon i dolo bisirengge be, fulehe sembi. 凡扎於草木之地、所有土中的，謂根。	29:40a
53.	da	本	yaya orho moo i fulehe ergi be, da sembi. 凡草木的根邊，謂本。	29:40a

順次	滿文詞彙 羅馬拼音	漢文詞義	滿文釋義羅馬拼音 漢文繙譯	卷：頁
54.	hešen	地界	gašan falga i faksalaha usin i ujan be, hešen sembi. 鄉村部落的分開的田地的地頭，謂地界。	21:29b-30a
55.	jecen	疆	juwe goloi gūsihiya acaha ba be, jecen sembi. 二省的交界會合處，謂疆。	19:43b
56.	takambi	認得	yaya jaka be same ilgame tūwara be, takambi sembi. 凡知道辨別看物的，謂認得。	12:29a
57.	mentuhun	愚	ulhicun akū niyalma be, mentuhun sembi. 無知識的人，謂愚。	17:35a
58.	hūlhi	糊塗	mentuhun farhūn niyalma be, hūlhi sembi, yaya jaka getuken akūngge be, inu hūlhi sembi. 愚昏的人，謂糊塗；凡物不明白者，也謂糊塗。	17:36a
59.	genggiyen	明	banitai sure eiten babe hafu sarangge be, genggiyen sembi, geli wesihun taifin jalan be gengiyen abka gehun šun i gese forgon seme tukiyeme gisurembi. 秉性聰明、諸處通徹知曉者，謂明；又稱揚興盛太平之世，似清天明日之時。	11:51b

順次	滿文詞彙 羅馬拼音	漢文 詞義	滿文釋義羅馬拼音 漢文繙譯	卷：頁
60.	 arambi	造作	yaya arbun tucibume weilere be, arambi sembi. 凡形相現出作工的，謂造作。	26:5b
61.	 teisulembi	逢	ucarara nashūlara be, teisulembi sembi. 相遇、逢機會，謂逢。	15:41b
62.	 buyembi	愛	dolori saišame gūnire be, buyembi sembi. 心中誇奬著思想的，謂愛。	13:22a
63.	 buyen	欲	gūnin i amuran be, buyen sembi. 意的喜好，謂欲。	13:22a
64.	 gonggibu	使去取	gūwa bade bisire jaka be niyalma de hendufi gana sere be, gonggibu sembi. 叫人去取在別處的物的，謂使去取。	12:65a
65.	 bi	有	yaya jaka kemuni bisire be, bi sembi. 凡物常有的，謂有。	18:63a

順次	滿文詞彙 羅馬拼音	漢文 詞義	滿文釋義羅馬拼音 漢文繙譯	卷：頁
66.	ᠪᠠᠨᠵᡳᠮᠪᡳ banjimbi	生長	niyalma, eiten ergengge, tumen jaka, abka na i sidende bisire be, banjimbi sembi, jai eiten ergengge deberen fusere be, inu banjimbi sembi, geli orho moo na ci fulhureme tucire be, inu banjimbi sembi. 人、一切生靈、萬物、天地間所有的，謂生長；再一切生靈雛崽繁殖的，亦謂生長；又草木從地伸出的，亦謂生長。	13:9a
67.	ᠶᠠᡵᡤᡳᠶᠠᠨ yargiyan	真實	gisun unenggi yabun akdun be, yargiyan sembi. 言誠行實，謂真實。	11:60b
		實	tašan akū be, yargiyan sembi. 不虛，謂實。	5:61a
68.	ᡠᠨᡝᠩᡤᡳ unenggi	誠	gūnin mujilen umesi yargiyan eitererakū be, unenggi sembi. 意心很真實不欺詐，謂誠。	11:60b
69.	ᠪᠠᠨᠵᡳᠨ banjin	生	banjire were be, banjin sembi. 過日子，謂生。	13:9a
		生相	uthai banin sere gisun. 即言生相。	11:4b
		生計	banjire doro be, banjin sembi, gurun i bodogon irgen i banjin seme gisurembi. 生的道，謂生計；言國之謀民生。	11:33b

順次	滿文詞彙 羅馬拼音	漢文 詞義	滿文釋義羅馬拼音 漢文繙譯	卷：頁
70.	ᠪᠠᠨᠵᡳᠪᡠᠮᠪᡳ banjibumbi	長養	abka, eiten ergengge tumen jaka be hūwašabume wembure be, banjibumbi sembi. 天成就化導諸民萬物的，謂長養。	13:9a-b
71.	ᡳᠰᠠᠪᡠᠮᠪᡳ isabumbi	積聚	yaya jaka be, komso ci iktambume labdu obure be, isabumbi sembi. 凡使物從少積蓄到多的，謂積聚。	21:55a
		使齊集	selgiyefi isara be, isabumbi sembi. 傳令齊集的，謂使齊集。	6:30a
		使編髮	niyalma de hendufi isara be, isabumbi sembi. 叫人編髮的，謂使編髮。	24:48b
72.	ᡤᡠᡴᡠᠪᡠᠮᠪᡳ gukubumbi	使亡	bata be wame mukiyebure be, gukubumbi sembi. 使殺滅敵人的，謂使亡。	08:34a
73.	ᠮᡠᡴᡳᠶᡝᠮᠪᡳ mukiyembi	滅	yaya tuwa i elden gukure be, mukiyembi sembi. 凡亡火的光的，謂滅。	23:13a
74.	ᠵᡠᡤᡡᠨ jugūn	路	niyalmai yabure feliyere ba be, jugūn sembi. 人的行走處，謂路。	19:45a

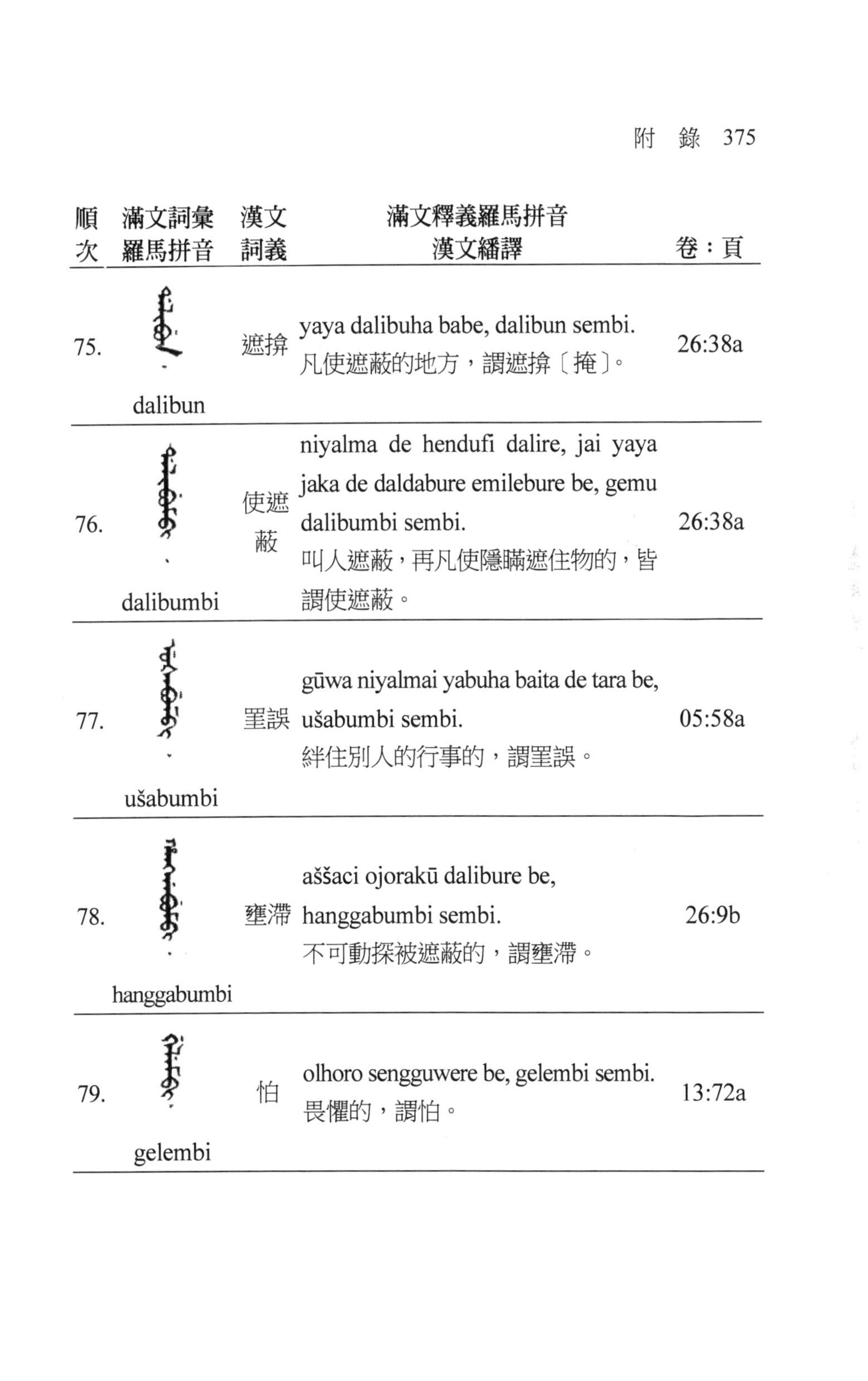

順次	滿文詞彙 羅馬拼音	漢文詞義	滿文釋義羅馬拼音 漢文繙譯	卷：頁
75.	dalibun	遮揜	yaya dalibuha babe, dalibun sembi. 凡使遮蔽的地方，謂遮揜〔掩〕。	26:38a
76.	dalibumbi	使遮蔽	niyalma de hendufi dalire, jai yaya jaka de daldabure emilebure be, gemu dalibumbi sembi. 叫人遮蔽，再凡使隱瞞遮住物的，皆謂使遮蔽。	26:38a
77.	ušabumbi	罣誤	gūwa niyalmai yabuha baita de tara be, ušabumbi sembi. 絆住別人的行事的，謂罣誤。	05:58a
78.	hanggabumbi	壅滯	aššaci ojorakū dalibure be, hanggabumbi sembi. 不可動探被遮蔽的，謂壅滯。	26:9b
79.	gelembi	怕	olhoro sengguwere be, gelembi sembi. 畏懼的，謂怕。	13:72a

順次	滿文詞彙 羅馬拼音	漢文 詞義	滿文釋義羅馬拼音 漢文繙譯	卷：頁
80.	ᠰᡝᠩᡤᡠᠸᡝᠮᠪᡳ sengguwembi	懼	gūnin de gelere be, sengguwembi sembi. 意怕的，謂懼。	13:72b-73a
81.	ᡤᠣᠯᠣᠮᠪᡳ golombi	驚	holkonde gelere be, golombi sembi. 忽然間怕的，謂驚。	13:72b
82.	ᡶᡠᡩᠠᠰᡳ fudasi	悖謬	gūnin mujilen murtashūn niyalma ci encu be, fudasi sembi. 意心悖謬從人異，謂悖謬。	18:04b
83.	ᠸᠠᡴᠠ waka	非	giyan akū be, waka sembi. 無理，謂非。	5:60b
84.	ᠵᡳᡩᡠᠵᡳ jiduji	到底	gūnin girkūi urunakū uttu obuki sere be, jiduji sembi. 專意必定想要如此的，謂到底。	18:40a-b
85.	ᡶᠣᡵᡤᠣᠨ forgon	季	erin ucuri be, forgon sembi. 時際，謂季。	02:06a

順次	滿文詞彙 羅馬拼音	漢文詞義	滿文釋義羅馬拼音 漢文繙譯	卷：頁
86.	ᡶᡝᡵᡤᡠᠸᡝᠴᡠᡴᡝ ferguwecuke	奇	encu hacin i sain sabi tucinjifi niyalma tome kiyakiyame saišame hendumbihede absi ferguwecuke sembi, ferguwecuke niyalma, ferguwecuke jaka sere jergi gisun de baitalambi, alimbaharakū saišame maktara gūnin. 別樣的吉祥出來後，每人讚美誇獎說了時，謂多麼奇；用奇人、奇事等語，有不勝誇獎稱讚的意思。	12:16b
87.	ᠴᠠᠯᠠ cala	那邊	uthai cargi sere gisun de adali. 即與那邊之語同。	02:68b
88.	ᠴᠠᡵᡤᡳ cargi	那邊	bakcin i ergi be, cargi sembi, jai dalibuha ergide bisirengge be, inu cargi de bi seme gisurembi 對頭的邊，謂那邊；再所有被遮蔽的邊上者，也說在那邊。	02:68b
89.	ᠠᡩᠠᠯᡳᡧᠠᠮᠪᡳ adališambi	彷彿	yaya adalikan ningge be hendumbihede, adališambi sembi. 凡說略同者時，謂彷彿。	25:57a-b
90.	ᡥᠣᠯᠣ holo	虛假	yaya yargiyan akū be, holo sembi. 凡不實，謂虛假。	17:56a

順次	滿文詞彙 羅馬拼音	漢文 詞義	滿文釋義羅馬拼音 漢文繙譯	卷：頁
91.	ᡨᠠᡧᠠᠨ tašan	虛	yargiyan akū be, tašan sembi. 不實，謂虛。	05:61a
92.	ᡳᠨᡝᡴᡠ ineku	本	uthai kemuni sere gisun, ineku aniya ineku sere jergi gisun de baitalambi. 即謂常之言，本年用本等語。	18:41a
93.	ᡤᡳᠩᡤᡠᠯᡝᠮᠪᡳ ginggulembi	致敬	ginggun be akūmbume yabure be, ginggulembi sembi, geli niyalma be kundulere be, inu ginggulembi sembi. 盡心行敬的，謂致敬；又待人恭敬的，亦謂致敬。	11:63a
		敬親	doro yoso be akūmbume, ajige mujilen i hing seme niyaman be uilere be, ginggulembi sembi. 盡道、以小心誠心事親的，謂敬親。	11:38b

參考書目

一、工具書及網路資料庫

《大正新修大藏經》。100 冊。大藏經刊行會編。臺北市：新文豐出版股份有限公司，民 72。

《佛光大辭典》。第二版。3 冊。慈怡法師主編、星雲大師監修。高雄市：佛光出版社，1988。

《佛學大辭典》。丁福保編。臺北市：新文豐出版股份有限公司，1985。

《乾隆大藏經》。121 冊。世樺國際股份有限公司編。台北縣：世樺國際公司，2003。

《梵漢大辭典》。2 冊。林光明、林怡馨編譯。臺北市：嘉豐出版社，2005。

《新滿漢大詞典》。第二版。胡增益主編。北京市：商務印書館，2020。

《滿和辭典》。第二版。羽田亨編著。高雄市：學海出版社股份有限公司，民 100。

《滿漢大辭典》。安雙成主編。瀋陽市：遼寧民族出版社，1993。

《蒙古語大辭典》。3 卷。陸軍省編。東京市：財團法人偕行社編纂部，昭和 8［1933］。

《辭源》。臺四版。商務印書館編審部編纂。臺北市：商務印書館，1969。

Bingenheimer, Marcus, Zheng Baolian 鄭寶蓮 and Simon Wiles. *Research Material for the Manchu Buddhist Canon*. Dharma Drum Buddhist College [法鼓佛教學院], 2007-2011. <http://buddhistinformatics.dila.edu.tw/manchu/>.

Encyclopedia of Buddhism. Edited by Robert E. Buswell, Jr. et al. New York: Macmillan Reference USA, 2004.

Encyclopedia of language & linguistics. 2nd ed. 5 vols. Edited by Keith Brown et al. Boston: Elsevier, 2006.

Gallica. Bibliothèque nationale de France, 1997-2022. <https://gallica.bnf.fr/accueil/fr/content/accueil-fr?mode=desktop>.

Mongolian-English Dictionary. Edited by Ferdinand D. Lessing et al. Berkeley: University of California Press, 1960.

Pentaglot Dictionary of Buddhist Terms: In Sanskrit, Tibetan, Manchurian, Mongolian and Chinese[五譯合璧集要]. Edited by Dr. Raghu Vira. New Delhi: International Academy of Indian Culture, 1961.

法鼓文理學院圖書資訊館數位典藏組。《CBETA Online》。中華電子佛典協會，1998-2022。<https://cbetaonline.dila.edu.tw/zh/>。

國立故宮博物院。《Open Data 專區》。<https://theme.npm.edu.tw/opendata/index.aspx>。

國立臺灣大學數位人文研究中心。《國立臺灣大學佛學數位圖書館》。國立臺灣大學，1995-2022。<http://doi:10.6681/NTURCDH.DB_DLMBS/Collection>。

黃潤華、屈六生主編。《全國滿文圖書資料聯合目錄》。北京：書目文獻出版社，1991。

二、檔案文獻

（清）王杰等輯。《欽定秘殿珠林續編》。收錄於《續修四庫全書》編纂委員會編《續修四庫全書》，第 1069-1074 冊，上海市：上海古籍，1995。

（清）英和等輯。《欽定秘殿珠林三編》。收錄於《續修四庫全書》編纂委員會編，《續修四庫全書》，第 1075-1081 冊。上海市：上海古籍出版社，1995。

（清）張照、梁詩正等奉敕撰。《秘殿珠林》。收錄於《景印文淵閣四庫全書》，第 823 冊。臺北市：臺灣商務印書館，民 72。

（清）傅恆等奉敕撰。《御製增訂清文鑑》。收錄於《景印文淵閣四庫全書》，第 232-233 冊。臺北市：臺灣商務印書館，民 72。

（清）昭槤。《嘯亭雜錄、嘯亭續錄》。收錄於《續修四庫全書》編纂委員會編，《續修四庫全書》，第 1179 冊。上海市：上海古籍出版社，1995。

（清）萬福編著。《重刻清文虛字指南編》。2 冊。王曉娜滿文校注，劉雲、郝小煥漢文校注。北京市：北京大學出版社，2018。

三、研究論著

Bailey, H. W. "*Mahāprajñāpāramitā-sūtra*." In *Prajñāpāramitā and Related Systems: Studies in honor of Edward Conze*, edited by Lewis Lancaster, 153-162. Berkeley : University of California, 1977.

Bingenheimer, Marcus. "History of the Manchu Buddhist Canon and First Steps towards its Digitization." *Central Asiatic Journal* 56 (2012/2013): 203-217.

Brough, John. "Thus Have I Heard…" *Bulletin of the School of Oriental and African Studies* 13:2 (1950): 416-426.

Chuang, Chi-fa[莊吉發]. "A Study of the Ch'ing Dynasty Manchu Translation of the Tah Tsang Ching." In *Proceedings of the 35th Permanent International Altaistic Conference*, edited by Ch'en Chieh-hsien[陳捷先], 59-71. Taipei: Center for Chinese Studies Materials, United Daily News Cultural Foundation, 1993.

Conze, Edward. "Text, Sources, and Bibliography of the Prajñāpāramitā-hṛdaya." *The Journal of the Royal Asiatic Society of Great Britain and Ireland* 1 (1948): 33-51.

Conze, Edward. "The Heart Sutra: Sanskrit Text, Translation and Commentary." In *Buddhist wisdom: containing the Diamond Sutra and the Heart Sutra*, 79-119. New York: Vintage Books, 2001.

Conze, Edward. "The Prajñāpāramitā-hṛdaya Sūtra." In *Thirty Years of Buddhist Studies: Selected Essays*, 148-167. Columbia S. C.: University of South Carolina Press, 1968.

Conze, Edward. *Perfect Wisdom: The Short Prajñāpāramitā Texts*. England: Buddhist Publishing Group, 1993.

Conze, Edward. *The Prajñāpāramitā Literature: Second Edition Revised and Enlarged*. Tokyo: The Reiyukai, 1978.

Eckel, Malcolm David. "Indian Commentaries on the *Heart Sūtra*: The Politics of Interpretation." *The Journal of the International Association of Buddhist Studies* 10:2 (1987): 69-79.

Hurvitz, Leon. "Hsuän-tsang 玄奘 [sic.](602-664) and the *Heart Scripture*." In *Prajñāpāramitā and Related Systems: Studies in honor of Edward Conze*, edited by Lewis Lancaster, 103-122. Berkeley: University of California, 1977.

Lanscaster, L. "A Study of a Khotanese *Prajñāpāramitā* Text: After the Work of Sir Harold Bailey." In*Prajñāpāramitā and Related Systems: Studies in honor of Edward Conze*, edited by Lewis Lancaster, 163-183. Berkeley: University of California, 1977.

Lopez, Donald S., Jr. *Elaborations on Emptiness: Uses of the Heart Sūtra*. Princeton: Princeton University Press, 1996.

Lopez, Donald S., Jr. *The Heart Sūtra Explained: Indian and Tibetan Commentaries*. Albany: State University of New York Press, 1988.

Lusthaus, Dan. "The *Heart Sūtra* in Chinese Yogācāra: Some Comparative Comments on the *Heart Sūtra Commentaries* of Wŏnch'ŭk and K'uei-chi." *International Journal of Buddhist Thought & Culture* 3 (2003): 59-103.

McRae, John R. "Ch'an Commentaries on the *Heart Sūtra: Preliminary Inferences on the Permutation of Chinese Buddhism.*" *The Journal of the International Association of Buddhist Studies* 11:2 (1988): 87-115.

Müller, F. Max and Bunyiu Nanjio eds, G. Bühler appendix. "The Ancient Palm-Leaves: containing the Pragñâ-Pâramitâ-Hridaya-Sûtra and the Ushnîsha-Vigaya-Dhâranî." *Anecdota Oxoniensia. Aryan series* 1:3 (1884): 3-95.

Müller, F. Max ed. "Buddhist Texts from Japan." *Anecdota Oxoniensia. Aryan series* 1:1 (1881): 1-46.

Nattier, Jan. "The Heart Sūtra: A Chinese Apocryphal Text?" *The Journal of the International Association of Buddhist Studies* 15:2 (1992): 153-223.

Pye, Michael. "The *Heart Sutra* in Japanese Context." In *Prajñāpāramitā and Related Systems: Studies in honor of Edward Conze*, edited by Lewis Lancaster, 123-134. Berkeley: University of California, 1977.

Red Pine (Bill Porter, 1943-) translation and commentary. *The Heart Sutra: The Womb of Buddhas*. Washington, D. C.: Shoemaker & Hoard, 2004.

Rudolph, Richard C. initiated, Hartmut Walravens enlarged and edited. "Comprehensive Bibliography of Manchu Studies." *Monumenta Serica* 57 (2009): 231-494.

Shih Heng-ching and Dan Lusthaus translation. *A comprehensive commentary on the Heart Sutra (Prajñāpāramita-hṛdaya-sūtra)*. Berkeley, Calif.: Numata Center for Buddhist Translation and Research, 2001.

Tanahashi Kazuaki [棚橋一晃]. *The Heart Sutra: A Comprehensive Guide to the Classic of Mahayana Buddhism*. Boston: Shambhala Publications, Inc., 2014.

Watanabe Shogo［渡辺章悟］。〈Some Questions Concerning the Title of the *Prajñāpāramitā-hṛdaya[-sūtra]*〉。《智山学報》65（2016）：（21）-（33）。

Wayman, Alex. "Secret of the *Heart Sutra*." In *Prajñāpāramitā and Related Systems: Studies in honor of Edward Conze*, edited by Lewis Lancaster, 135-152. Berkeley : University of California, 1977.

Xiao Chun. "Three Versions of 'Heart Sutra' Manchu Translation [《摩訶般若波羅蜜多心經》的三種滿文譯本]," abstract, presented at The 6th International Symposium on Oriental Ancient Documents Studies, Saint Petersburg: Saint Petersburg State University, Oct. 2nd-6th, 2016, 96-97. <https://www.orient.spbu.ru/books/6th_International_Symposium_Oriental_Studies/>.

工藤順之・吹田隆道訳。〈ジャン．ナティエ著『般若心経』は中国偽経か？〉《三康文化研究所年報》37（2007）：17-83。

干潟龍祥。〈佛頂尊勝陀羅尼經諸傳の研究〉。《密教研究》68（1939）：34-72。

中村元、紀野一義。《般若心経．金剛般若経》。東京都：株式会社岩波書店，昭和36［1961］。

中村元。《般若経典》。東京都：東京書籍株式会社，2004。

王敵非。〈滿譯藏傳《般若波羅蜜多心經》研究〉。《黑河學院學報》1:4（2010）：111-114。

白石真道。〈般若心経梵本の解釈について〉。《印度學佛教學研究》28：1（1979）：417-412。

石井公成。〈『般若心経』をめぐる諸問題――ジャン．ナティエ氏の玄奘創作説を疑う〉《印度學佛教學研究》64：1（平成27）：499-492。

印順。〈般若波羅蜜多心經講記〉。收錄於《般若經講記》，143-205。新竹縣：正聞出版社，民92。

李之檀。〈《大藏經》藏、滿文版現存故宮〉。《文獻》4（1991）：286-287。

李之檀。〈滿文《大藏經》經版今安在〉。《紫禁城》4（2001）：2-8。

東初老和尚。《般若心經思想史》。臺北市：法鼓文化事業股份有限公司，2011。

林士鉉。〈《滿文大藏經・維摩經》之繙譯考察及繙譯特色――以〈文殊師利問疾品〉、〈不思議品〉為中心〉。《佛光學報》2（2016）：123-188。

林士鉉。〈清代滿文譯本《般若波羅密多心經》初探〉。收錄於華嚴蓮社趙氏慈孝大專學生佛學獎學金會，《大專學生佛學論文集》，第十二集，511-567。臺北市：財團法人臺北市華嚴蓮社，民91。

林士鉉。〈滿文本《維摩經・佛國品》偈頌之繙譯研究――兼與蒙古文本比較〉。《佛光學報》4（2018）：141-182。

林光明。〈清康熙譯廣本心經〉。《十方雜誌》17：5（1999）：29-35。

林光明。〈新發現智光漢譯廣本《心經》〉。《十方雜誌》17：3（1998）：41-45。

林光明編著。《心經集成》。臺北市：嘉豐出版社，2000。

林光明編著。《梵藏心經自學修訂版》。臺北市：嘉豐出版社，2008。

哈勘楚倫編著。《蒙文入門》。臺北市：文史哲出版社，民 101，2 刷。

星雲大師。《般若心經的生活觀》。臺北市：有鹿文化事業有限公司，2010。

春花。〈論《滿文大藏經》的語言學價值〉。《故宮博物院院刊》6（2001）：66-69。

洪曄。〈滿文《大藏經》之《阿含經》翻譯源流考〉。《滿語研究》2（2021）：37-43。

洪曄。〈滿文《大藏經》研究綜述〉。《滿族研究》3（2020）：51-57、70。

洪曄。〈滿文《大藏經》焦點問題新証〉。《滿族研究》4（2020）：54-62。

紀贇。〈《心經》疑偽問題再研究〉。《福嚴佛學研究》7（民 101）：115-182。

原田和宗。〈梵文『小本 般若心経』和訳〉。《密教文化》209（2002）：124-79。

宮脇淳子。《モンゴルの歴史 ： 遊牧民の誕生からモンゴル国まで》。東京都：刀水書房，2002。

宮脇淳子著。《最後的遊牧帝國：準噶爾部的興亡》。曉克譯。呼和浩特市：內蒙古人民出版社，2005。

翁連溪。〈清內府刊刻的滿文大藏經〉。《收藏家》3（2000）：20-22。

翁連溪。〈滿文《大藏經》中的插圖版畫〉。《紫禁城》4（2001）：17-19。

翁連溪。〈滿文《大藏經》的譯刻〉。《紫禁城》1（1993）：22-23。

張曼濤主編。《佛教與中國文學》。臺北市：大乘文化出版社，民 67。

張楠、江英。〈重印本《滿文大藏經》〉。《紫禁城》1（2003）：47-48。

梅維恆〔Victor H. Mair〕。〈《心經》與《西遊記》的關係〉。《唐研究》10（2004）：45-64。

章宏偉。〈《清文繙譯全藏經》書名、修書機構、翻譯刊刻時間考〉。《法鼓佛學學報》2（民 97）：311-355。

莊吉發。〈佛門孝經《地藏菩薩本願經》滿文譯本校註導讀〉。收錄於《清史論集》，第二十四集，337-369。臺北市：文史哲出版社，2015。

莊吉發。〈國立故宮博物院典藏《大藏經》滿文譯本研究〉。收錄於《清史論集》，第三集，27-96。臺北市：文史哲出版社，民 87。

莊吉發。〈清高宗敕譯《四書》的探討〉。收錄於《清史論集》，第四集，61-76。臺北市：文史哲出版社，2000。

莊吉發。〈繙譯四書——四書滿文譯本與清代考證學的發展〉。收錄於《清史論集》，第二十七集，99-117。臺北市：文史哲出版社，民 106。

莊吉發。《佛門孝經：〈地藏菩薩本願經〉滿文譯本校註》。臺北市：文史哲出版社，民 104。

陳芳。〈滿文《大藏經》的裝潢〉。《紫禁城》4（2001）：15-16。

陳寅恪。〈唐梵翻對字音般若波羅蜜多心經跋〉。《國學論叢》2:2（1930）：1-2。

渡辺章悟。〈空性表現から見た『般若心経』の成立〉。《東洋思想文化》4（2017）：134-93。

馮術東。〈殊像寺與滿文大藏經〉。《文物春秋》1（2005）：41-43。

聖嚴法師。《心經新釋》。收錄於《法鼓全集》，第七輯第一冊。第二版。臺北市：法鼓文化事業股份有限公司，2005。

達賴喇嘛。《達賴喇嘛談心經》。臺北市：圓神出版社有限公司，2004。

廖本聖。〈蓮花戒《般若波羅蜜多心經釋》之譯注〉。《中華佛學學報》10（1997）：83-123。

福井文雅。〈般若心経の核心〉。《東洋の思想と宗教》4（1987）：20-28。

福井文雅。《般若心経の総合的研究——歴史．社会．資料》。東京都：株式会社春秋社，2000。

福井文雅撰。〈般若心經觀在中國的變遷〉。郭自得、郭長城合譯。《敦煌學》6（1983）：17-30。

劉蒙林。〈滿文《大藏經》概述〉。《蒙古學信息》4（2003）：61-62。

羅文華。〈《滿文大藏經》藏傳佛教繪畫——兼及尊神名號中的滿文阿禮嘎禮字〉。《故宮博物院院刊》3（2003）：32-42。

羅文華。〈滿文《大藏經》編纂考略〉。《中國歷史文物》3（2005）：72-81。

羅文華。〈滿文《大藏經》藏傳佛教繪畫〉。《中國書畫》3（2004）：66-71。

藤田真道。〈廣本般若心經の研究〉。《密教研究》70（1939）：L1-L32。

藤田真道。〈廣梵本般若心經の研究（補遺）〉。《密教研究》72（1940）：1-8。

關銳。〈《清文翻譯全藏經》編纂時間考辨〉。《滿族研究》2（2020）：77-82。

關銳。〈滿文《大藏經》編修人員考訂〉。《滿語研究》2（2021）：32-36。

蘇南望傑。〈藏譯佛典譯語初探——以藏文《心經》為中心〉。《正觀》96（2021）：55-154。